プリント形式のリアル過去問で本番の臨場感！

愛媛県

済美平成中等教育学校

2025年春 受験用 解答集

本書は，実物をなるべくそのままに，プリント形式で年度ごとに収録しています。
問題用紙を教科別に分けて使うことができるので，本番さながらの演習ができます。

■　収録内容

・解答集(この冊子です)

書籍ＩＤ番号，この問題集の使い方，最新年度実物データ，リアル過去問の活用，
解答例と解説，ご使用にあたってのお願い・ご注意，お問い合わせ

・2024(令和６)年度 ～ 2021(令和３)年度　学力検査問題

JN131813

○は収録あり	年度	'24	'23	'22	'21		
■ 問題(一般入試)		○	○	○	○		
■ 解答用紙		○	○	○	○		
■ 配点							

算数に解説があります

注)問題文等非掲載:2024年度国語の(一)と(二)，社会の(三)，2023年度国語の(一)，2022年度国語の(二)，2021年度国語の(二)

問題文などの非掲載につきまして

著作権上の都合により，本書に収録している過去入試問題の本文や図表の一部を掲載しておりません。ご不便をおかけし，誠に申し訳ございません。

本文の一部を掲載できなかったことによる国語の演習不足を補うため，論説文および小説文の演習問題のダウンロード付録があります。弊社ウェブサイトから書籍ＩＤ番号を入力してご利用ください。

なお，問題の量，形式，難易度などの傾向が，実際の入試問題と一致しない場合があります。

教英出版

■ 書籍ＩＤ番号

入試に役立つダウンロード付録や学校情報などを随時更新して掲載しています。
教英出版ウェブサイトの「ご購入者様のページ」画面で，書籍ＩＤ番号を入力してご利用ください。

書籍ＩＤ番号　103438

（有効期限：2025年9月30日まで）

【入試に役立つダウンロード付録】
「要点のまとめ（国語／算数）」
「課題作文演習」ほか

■ この問題集の使い方

年度ごとにプリント形式で収録しています。針を外して教科ごとに分けて使用します。①片側，②中央のどちらかでとじてありますので，下図を参考に，問題用紙と解答用紙に分けて準備をしましょう（解答用紙がない場合もあります）。

針を外すときは，けがをしないように十分注意してください。また，針を外すと紛失しやすくなりますので気をつけましょう。

① 片側でとじてあるもの

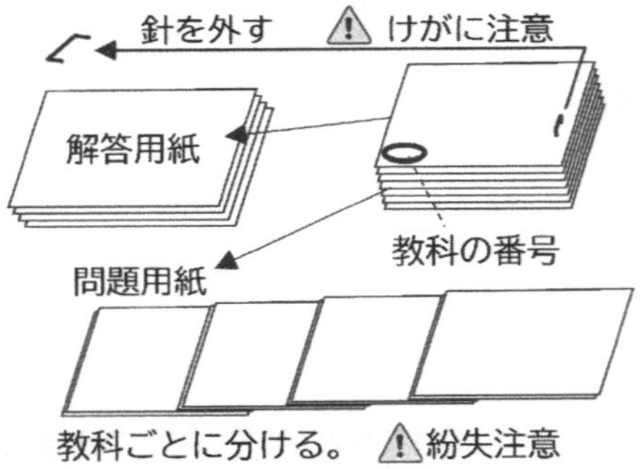

② 中央でとじてあるもの

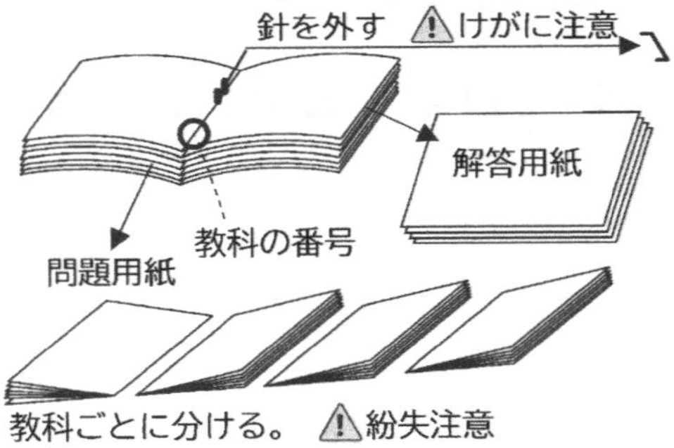

※教科数が上図と異なる場合があります。
解答用紙がない場合や，問題と一体になっている場合があります。
教科の番号は，教科ごとに分けるときの参考にしてください。

■ 最新年度 実物データ

実物をなるべくそのままに編集していますが，収録の都合上，実際の試験問題とは異なる場合があります。実物のサイズ，様式は右表で確認してください。

問題用紙	Ｂ４片面プリント
解答用紙	Ｂ４片面プリント

リアル過去問の活用

～リアル過去問なら入試本番で力を発揮することができる～

本番を体験しよう！

問題用紙の形式（縦向き / 横向き），問題の配置や余白など，実物に近い紙面構成なので本番の臨場感が味わえます。まずはパラパラとめくって眺めてみてください。「これが志望校の入試問題なんだ！」と思えば入試に向けて気持ちが高まることでしょう。

入試を知ろう！

同じ教科の過去数年分の問題紙面を並べて，見比べてみましょう。

① 問題の量

毎年同じ大問数か，年によって違うのか，また全体の問題量はどのくらいか知っておきましょう。どのくらいのスピードで解けば時間内に終わるのか，大問ひとつにかけられる時間を計算してみましょう。

② 出題分野

よく出題されている分野とそうでない分野を見つけましょう。同じような問題が過去にも出題されていることに気がつくはずです。

③ 出題順序

得意な分野が毎年同じ大問番号で出題されていると分かれば，本番で取りこぼさないように先回りして解答することができるでしょう。

④ 解答方法

記述式か選択式か（マークシートか），見ておきましょう。記述式なら，単位まで書く必要があるかどうか，文字数はどのくらいかなど，細かいところまでチェックしておきましょう。計算過程を書く必要があるかどうかも重要です。

⑤ 問題の難易度

必ず正解したい基本問題，条件や指示の読み間違いといったケアレスミスに気をつけたい問題，後回しにしたほうがいい問題などをチェックしておきましょう。

問題を解こう！

志望校の入試傾向をつかんだら，問題を何度も解いていきましょう。ほかにも問題文の独特な言いまわしや，その学校独自の答え方を発見できることもあるでしょう。オリンピックや環境問題など，話題になった出来事を毎年出題する学校だと分かれば，日頃のニュースの見かたも変わってきます。

こうして志望校の入試傾向を知り対策を立てることこそが，過去問を解く最大の理由なのです。

実力を知ろう！

過去問を解くにあたって，得点はそれほど重要ではありません。大切なのは，志望校の過去問演習を通して，苦手な教科，苦手な分野を知ることです。苦手な教科，分野が分かったら，教科書や参考書に戻って重点的に学習する時間をつくりましょう。今の自分の実力を知れば，入試本番までの勉強の道すじが見えてきます。

試験に慣れよう！

入試では時間配分も重要です。本番で時間が足りなくなってあわてないように，リアル過去問で実戦演習をして，時間配分や出題パターンに慣れておきましょう。教科ごとに気持ちを切り替える練習もしておきましょう。

心を整えよう！

入試は誰でも緊張するものです。入試前日になったら，演習をやり尽くしたリアル過去問の表紙を眺めてみましょう。問題の内容を見る必要はもうありません。どんな形式だったかな？受験番号や氏名はどこに書くのかな？…ほんの少し見ておくだけでも，志望校の入試に向けて心の準備が整うことでしょう。

そして入試本番では，見慣れた問題紙面が緊張した心を落ち着かせてくれるはずです。

※まれに入試形式を変更する学校もありますが，条件はほかの受験生も同じです。心を整えてあせらずに問題に取りかかりましょう。

2024 解答例 令和6年度　済美平成中等教育学校

《国　語》

(一)　1．①みなもと　②ぞうきばやし　③負傷　④保存　⑤従えて　2．［誤／正］　①［丁／鳥］　②［蔵／臓］　③［問／門］　④［句／口］　⑤［身／心］　3．①人は何か～ば出来る　②ア　③(1)自負　(2)ア　(3)ウ　(4)ウ　(5)Ⅲ．白　Ⅳ．知　Ⅴ．イ

(二)　1．Ⅰ．エ　Ⅱ．ウ　Ⅲ．イ　2．ア　3．祖先たちが大勢で集まって、この物はこの名で呼ぼうと決めた　4．エ　5．ウ　6．言葉は人間が生まれるよりも前からあり、万物を創造する力があったということ。

7．言葉は人間がつくった便利な道具ではなく、ものを創造することのできる力をもった神様のような存在であるとして、尊敬するべきだという考え。

(三)　1．エ　2．ⓐア　ⓑウ　3．オ　4．ランナーのためではなく、自分の喜びのために走る点。

5．伴走者として、視力を失った朔を支え、役に立っているように見えるかもしれないが、自分の方が朔から走る喜びを教えてもらっているのだということ。　6．強くなるために、逃げずに自分と向き合い、新とともに前に進もう　7．D

《算　数》

(一)　1．(1)75　(2)1.5　(3)$1\frac{41}{70}$　(4)2　(5)1275　(6)$\frac{21}{25}$　※2．4.8　※3．31.4　4．33　※5．120　※6．37　※7．19，22　8．エ　※9．2時間55分　10．右図

(二)　1．右表　2．A＋C－B＝2

※(三)　1．24　2．256　3．84　4．144

※(四)　1．1316　2．6000　3．17　4．210

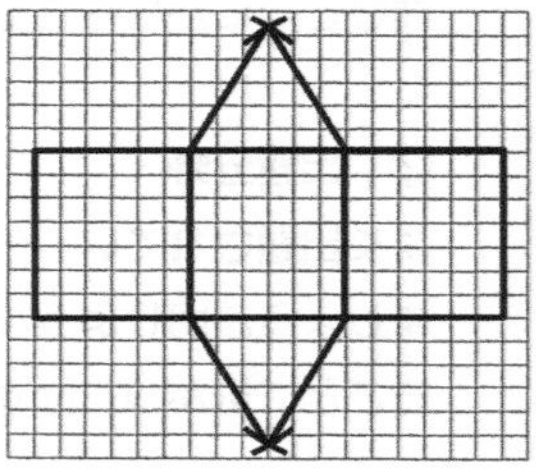

	頂点の数	辺の数	面の数
立体①	8	12	6
立体②	6	12	8
立体③	20	30	12

※の計算は解説を参照してください。

《理　科》

(一)　1．ア　2．エ　3．エ　4．イ　5．エ　6．ア　7．ウ　8．イ

(二)　1．右図　2．④　3．②，④　4．0.35　5．5.25　6．2.25

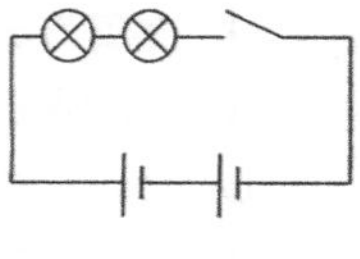

(三)　1．イ　2．40　3．イ　4．④長さ　⑤25　5．カ　6．ケ

(四)　1．ジオ　2．ア，イ，オ　3．ウ　4．オ　5．56

(五)　1．黄色　2．手であおぐようにして　3．B．アルカリ性　C．とけない　D．とける　E．残らない　4．F．3　G．4.5　5．①→②／6.5

《社　会》

(一)　1．イ　2．土偶　3．ウ　4．イ　5．ウ　6．エ　7．エ〔別解〕イ　8．(1)少子　(2)過疎
((1)，(2)は順不同)

(二)　1．ウ　2．ア　3．(1)ウ　(2)エ　4．(1)場所…A　説明…ア　(2)イ　(3)外国との関係でエネルギー資源が手に入りにくくなることがある。　5．(1)エ　(2)ア　6．(1)記号…イ　説明…家が密集していないため。
(2)ウ　(3)イ

(三)　1．【あ】沖縄　【い】1945　【う】紫式部　2．ウ　3．(1)【え】北里柴三郎　【お】福沢諭吉　(2)女性の選挙権の有無。／納税額による選挙権の制限の有無。などから1つ　4．ア　5．ウ　6．ウ　7．エ
8．エ　9．イ　10．ア

(四)　1．(1)ウ，オ，カ　(2)イ　(3)インド　2．(1)国会　(2)○　(3)3　(4)京都　3．(1)イ　(2)エ　(3)ア

【算数の解説】

(一)　1(1)　与式$=54+15\times7\times\frac{1}{5}=54+3\times7=54+21=\mathbf{75}$

(2)　与式$=3\div10\times5=0.3\times5=\mathbf{1.5}$

(3)　与式$=\frac{35}{70}+2\frac{20}{70}-1\frac{14}{70}=\mathbf{1\frac{41}{70}}$

(4)　与式$=(2\frac{1}{4}\times8+2\frac{3}{4}\times16)\div31=(\frac{9}{4}\times8+\frac{11}{4}\times16)\div31=(18+44)\div31=62\div31=\mathbf{2}$

(5)　与式$=25\times(33+5\times18-3\times24)=25\times(33+90-72)=25\times51=\mathbf{1275}$

(6)　与式$=7-(\frac{16}{5}-\frac{14}{25})\times\frac{7}{3}=7-(\frac{80}{25}-\frac{14}{25})\times\frac{7}{3}=7-\frac{66}{25}\times\frac{7}{3}=7-\frac{154}{25}=7-6\frac{4}{25}=6\frac{25}{25}-6\frac{4}{25}=\mathbf{\frac{21}{25}}$

2　**【解き方】(平均の速さ)＝$\frac{(進んだ道のりの合計)}{(かかった時間の合計)}$で求める。**

進んだ道のりの合計は$24\times2=48$(km)，かかった時間の合計は，$\frac{24}{6}+\frac{24}{4}=10$(時間)だから，平均の速さは，時速$\frac{48}{10}$km＝時速**4.8km**　なお，平均の速さを，$(6+4)\div2=5$より時速5kmとするのはよくある間違《まちが》いなので，気をつけること。

3　小さい方の立体は右図の立体である。これを2つ用意して切り口で向きを反対にして合わせると，高さが5cmの円柱ができる。よって，この立体の体積は，高さが5cmの円柱の体積の$\frac{1}{2}$だから，$2\times2\times3.14\times5\times\frac{1}{2}=10\times3.14=\mathbf{31.4}$(cm³)

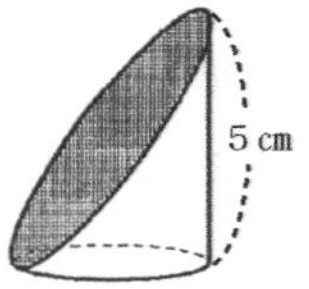

4　**【解き方】右図のように折り返す前の図形をかきこみ，折り返したときに重なる角度は等しいことを利用する。**

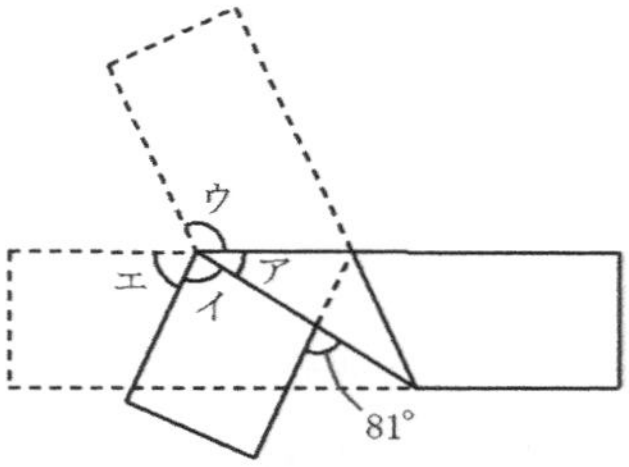

平行線の同位角は等しいから，イ＝81°

ウを折り返してア＋イに重なったから，ウ＝ア＋イ＝ア＋81°

イ＋エを折り返してア＋ウに重なったから，81°＋エ＝ア＋(ア＋81°)より，

エ＝ア×2　ア＋イ＋エ＝180°だから，ア＋エ＝180°－81°＝99°なので，

ア＋ア×2＝99°　ア×3＝99°　ア＝99°÷3＝**33°**

5　4%の食塩水200gには食塩が$200\times\frac{4}{100}=8$(g)ふくまれている。食塩を8gふくむ10%の食塩水の量は，$8\div\frac{10}{100}=80$(g)だから，水を$200-80=$**120**(g)蒸発させればよい。

6　母，姉，妹の年齢をそれぞれ母⃝，姉⃝，妹⃝とする。母⃝＋姉⃝＝53，母⃝＋妹⃝＝47だから，
(母⃝＋姉⃝)＋(母⃝＋妹⃝)＝母⃝×2＋姉⃝＋妹⃝＝53＋47＝100

ここから(姉)＋(妹)＝26を引くと，100－26＝74になるから，(母)×２＝74より，(母)＝74÷２＝**37(歳)**

７　**【解き方】バスを利用していない34－31＝３(人)が電車を利用しているかいないかを考える。**

バスを利用していない３人が全員電車を利用しているとき，電車を利用しているうちの22－３＝19(人)がバスも利用している。バスを利用していない３人が全員電車を利用していないとき，電車を利用している22人が全員バスも利用している。よって，両方を利用している人は**19人以上22人以下**である。

８　**【解き方】時間を小さい順に並べると，５年生は０，30，40，45，55，６年生は10，45，50，60，60となる。**

ア．平均値は，５年生が(０＋30＋40＋45＋55)÷５＝34(分)，６年生が(10＋45＋50＋60＋60)÷５＝45(分)だから，正しい。

イ．中央値はちょうど真ん中の値《あたい》だから，５年生が40分，６年生が50分なので，正しい。

ウ．最小値は，５年生が０分，６年生が10分なので，正しい。

エ．(範囲)＝(最大値)－(最小値)だから，５年生が55－０＝55(分)，６年生が60－10＝50(分)なので，適当でない。

よって，**エ**を選ぶとよい。

９　**【解き方】必要な枚数を７と５の最小公倍数の㉟とする。**

Aは１時間に㉟÷７＝⑤，Bは１時間に㉟÷５＝⑦印刷するから，同時に使うと，１時間に⑤＋⑦＝⑫印刷する。

よって，㉟÷⑫＝$\frac{35}{12}$＝$2\frac{11}{12}$(時間)，つまり，２時間($\frac{11}{12}$×60)分＝**２時間55分**かかる。

10　３つの側面は縦７cm，横６cmの長方形である。２つの底面は１辺が６cmの正三角形である。

㈡　１　立体①は，正方形の面が全部で**６**面ある。

１面ごとに頂点が４個あり，１個の頂点には３面が集まっているから，頂点の数は全部で，４×６÷３＝**８**(個)

１面ごとに辺が４本あり，１本の辺は２面に共有されているから，辺の数は全部で，４×６÷２＝**12**(本)

立体②，③も同様に求める。立体②は，正三角形の面が全部で**８**面あり，頂点の数は，３×８÷４＝**６**(個)，辺の数は３×８÷２＝**12**(本)である。立体③は，正五角形の面が全部で**12**面あり，頂点の数は，５×12÷３＝**20**(個)，辺の数は５×12÷２＝**30**(本)である。

２　A，B，Cのうち，いずれの立体もBが最も多く，A＋CはBよりも２大きい。よって，**A＋C－B＝２**となる。なお，これはオイラーの多面体定理とよばれるもので，へこみのない多面体であればつねに成り立つ。

㈢　以下の解説では，１時間目，２時間目，３時間目，４時間目をそれぞれ①，②，③，④とし，国語，数学，英語，道徳をそれぞれ国，数，英，道とする。

１　①は４教科から１つ選ぶので４通り，②は３教科から選ぶので３通り，③は２通り，④は１通りの選び方がある。よって，全部で，４×３×２×１＝**24**(通り)

２　①～④それぞれで４通りの選び方があるので，全部で，４×４×４×４＝**256**(通り)

３　**【解き方】２つの教科の選び方の数と，２つ決めた後の時間割の組み方の数をかければよい。**

４教科から２つ選ぶ選び方は，国数，国英，国道，数英，数道，英道の６通りある。

国数を選んだ場合，国を何回行うかでさらに場合分けをする。

国が１回の場合，国を①～④のどこに配置するかで，時間割は４通りある。

国が２回の場合，国国数数，国数国数，国数数国，数国国数，数国数国，数数国国の６通りある。

国が３回の場合，数が１回だから，国が１回の場合と同様に４通りある。

したがって，国数を選んだ場合の時間割の組み方は，４＋６＋４＝14(通り)ある。

以上より，時間割の組み方は全部で，６×14＝**84**(通り)

４　【解き方】２で求めた256通りは，１つの教科を選んで組む場合，２つの教科を選んで組む場合，３つの教科を選んで組む場合，４つの教科を選んで組む場合，それぞれの組み方の数の和である。したがって，256通りから，３つの教科を選んで組む場合以外の組み方の数を引けばよい。

１つの教科を選んで組む場合，教科の選び方は４通りあり，教科を選べば時間割は１通りに決まる。したがって，１つの教科を選んで組む場合の組み方は４通りある。

２つの教科を選んで組む場合は３より84通り，４つの教科を選んで組む場合は１より24通りある。

よって，３つの教科を選んで組む場合の組み方の数は，256－４－84－24＝**144**(通り)

(四)　**１　【解き方】Ｂさんが５日目で本をちょうど読み終えたことから考える。**

Ｂさんが３日目，４日目，５日目に読んだページ数の合計は，148＋255×２＝658(ページ)である。

１日目は全体の$\frac{1}{4}$を読み，２日目は全体の$(1-\frac{1}{4})\times\frac{1}{3}=\frac{1}{4}$を読んだから，２日目までに全体の$\frac{1}{4}+\frac{1}{4}=\frac{1}{2}$を読んだ。したがって，３日目以降に読んだ658ページは全体の$1-\frac{1}{2}=\frac{1}{2}$にあたるから，全体のページ数は，$658\div\frac{1}{2}=$**1316**(ページ)

２　【解き方】Ａさんがレポートを書いた日数から求める。

Ａさんが本を読み終わるのにかかった日数は，1316÷85＝15余り41より，16日である。したがって，レポートを書いた日数は，31－16＝15(日)だから，必要な最低文字数は，400×15＝**6000**(字)

３　Ｂさんは５日目までは本を読み，レポートを必要なだけ書くのに6000÷500＝12(日)かかったから，必要な最低文字数に到達したのは，５＋12＝**17**(日目)

４　【解き方】Ｃさんが最初の３日間に読んだページ数の１日平均を②とすると，４日目以降は②÷２＝①ずつ読んだことになる。

Ｃさんがレポートに必要な最低文字数に到達したのは，17－７＝10(日目)だから，本を読むのに全部で10日かかった。最初の３日間に読んだのは②×３＝⑥で，その後の10－１－３＝６(日間)に①ずつ，最後に56ページ読んだから，⑥＋①×６＋56＝⑫＋56(ページ)が1316ページにあたる。よって，①＝(1316－56)÷12＝105(ページ)だから，最初の３日間に読んだページ数の１日平均は，105×２＝**210**(ページ)

済美平成中等教育学校

《国　語》

(一)　1．①かんか　②ひかく　③にんぴ　④おうりょう　⑤のこ　⑥格調　⑦務める　⑧授賞式　⑨粉骨　⑩改装　2．①ク　②エ　③イ　④キ　⑤ア　3．①エ　②オ　③イ　④ア　⑤カ　4．①目標　②A．ウ　B．オ　③(3)　④オ→ア→イ→カ→エ→ウ

(二)　1．ウ　2．見た目がきれいなうえに、便利な食品　3．バッタに食べさせた小松菜の中に、多くの農薬が残留していたから。　4．エ　5．人間の欲望のままに高品質高機能の食品を作り出してきた結果、最も重要な安全性に欠けた食品が出回り、　6．売れ残った弁当が堆肥になり、また野菜となって弁当に入るというような、無駄な循環によって形成されている経済が進行しているということ。　7．イ　8．文章【Ⅰ】では、消費者の欲望に基づいて商品が出回るとされているのに対し、文章【Ⅱ】では、商品は生産者の事情によって供給されるとされているという違い。

(三)　1．ⓐウ　ⓑア　ⓒイ　2．シャンデリヤ…夏の日が強くきらめいている様子。　燈籠…秋の日がぼんやりとやわらかに照る様子。　3．(1)夏という季節の中にも秋の風情が感じられる様子。　(2)物事の本質を見抜く力。またそれを持っている人。　4．ウ　5．エ　6．わたしは「人は、炎熱にだまされて、それを見破ることが出来ぬ。」というところと「夏だというのに涼しい風が吹く」というのが似ていると思います。何故なら本文と短歌のどちらも夏であるのにもう秋の気配がすることに触れているからです。

《算　数》

(一)　1．(1)2　(2)$\frac{3}{4}$　(3)162　(4)7　2．(1)$\frac{49}{6}$，$\frac{7}{6}$　(2)$\frac{64}{9}$，$\frac{8}{9}$　3．(1)三角柱　(2)点C，点G　(3)㋑，㋓
※4．15　5．(1)19　(2)4.5　※6．(1)24　(2)6　7．右図　※8．16　※9．17
10．(1)③　(2)⑦　(3)⑩

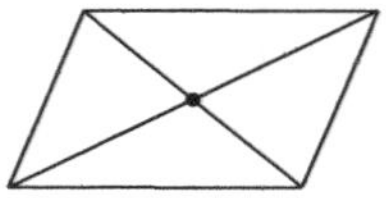

(二)　※1．200　※2．34200　3．(1)1200　(2)83　※4．ひもの長さ…142.8　面積…258

※(三)　1．B／5　2．ア

※(四)　1．76　2．2.25　3．10，14

※の計算は解説を参照してください。

《理　科》

（一）　1．エ　2．ア　3．ア　4．イ　5．ウ　6．イ　7．ア，エ　8．イ→ウ→ア

（二）　1．百葉箱　2．ア，イ　3．アメダス　4．①オ　②イ　③ウ　5．温度計の目盛りをよむ角度が違う／温度計の上部におおいをかけていない　6．グラフ…ウ　理由…太陽の熱は地面から空気へ伝わるため最高温度になる時刻も地温の方が気温よりも早くなるから。

（三）　1．⑴子宮　⑵羊水　⑶たいばん　2．ウ　3．エ→ウ→イ→ア　4．ツバメやウシは親に保護されて育つ。
5．ウ　6．①にくく　②にくい　③1280

（四）　1．変化しない　2．4.8　3．オ　4．⑴ウ　⑵変わらない　5．銅

（五）　1．ウ　2．120　3．①17.8　②12.4　③17.2　④11.8　4．6　5．〔6／1〕，〔7／3〕，〔8／5〕，〔9／7〕，〔10／9〕，〔11，11〕のうち2つ　6．8，7

《社　会》

（一）　1．⑴古墳　⑵羊　⑶東照宮　2．エ　3．イ　4．農林水産省　5．ウ　6．オ
7．エ〔別解〕イ

（二）　1．⑴山形　⑵秋田　⑶愛知　⑷静岡　⑸石川　⑹岡山　⑺広島　2．ウ　3．ア　4．ア，ウ
5．ローリングストック法〔別解〕循環備蓄　6．イ　7．与那国島　8．対馬海流　9．B，C

（三）　1．南蛮貿易　2．イ　3．菅原道真　4．エ　5．領事裁判権　6．御成敗式目　7．聖徳太子
8．隋　9．第二次世界大戦　10．⑴夏目漱石　⑵ウ，オ　11．ア　12．E→B→D→A→C

（四）　1．⑴ア　⑵エ　⑶ア　⑷ウ，オ　2．地産地消　3．A．エ　B．ア　C．ウ　4．イ

(一)　１(1)　与式＝８－６＝２

(2)　与式＝$\frac{8+10-9}{12}=\frac{9}{12}=\frac{3}{4}$

(3)　与式＝$54\times2.72+2\times27\times2\times0.14=54\times2.72+54\times0.28=54\times(2.72+0.28)=54\times3=162$

(4)　与式＝$(4\frac{4}{6}-3\frac{3}{6})\div(\frac{1}{4}\times\frac{2}{3})=1\frac{1}{6}\div\frac{1}{6}=\frac{7}{6}\times6=7$

２(1)　**【解き方】㋐，㋑，㋒の計算結果はすべて，小さい方の分数の分子となっているから，片方を$\frac{7}{6}$としてみる。**

大きい方の分数を$\frac{a}{6}$とすると，$\frac{a}{6}-\frac{7}{6}=7$より$\frac{a}{6}-\frac{7}{6}=\frac{42}{6}$だから，ａ＝42＋７＝49

$\frac{49}{6}\div\frac{7}{6}$を計算してみると，７になる。よって，求める２つの分数は，$\frac{49}{6}$と$\frac{7}{6}$である。

(2)　**【解き方】(1)と同様に，小さい方の分数を$\frac{8}{9}$としてみる。**

大きい方の分数を$\frac{b}{9}$とすると，$\frac{b}{9}+\frac{8}{9}=8$より$\frac{b}{9}+\frac{8}{9}=\frac{72}{9}$だから，ｂ＝72－８＝64

$\frac{64}{9}\div\frac{8}{9}$を計算してみると，８になる。よって，求める２つの分数は，$\frac{64}{9}$と$\frac{8}{9}$である。

３(1)　組み立てると，右図のような三角柱ができる。

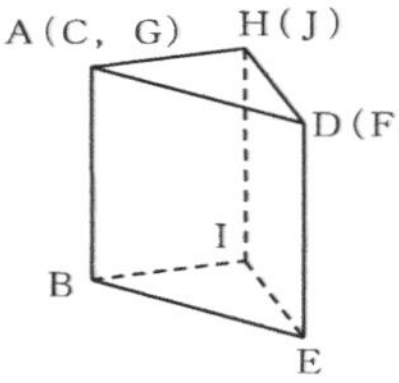

(2)　右図より，点Ａと点Ｃ，点Ｇが重なる。

(3)　四角形ＢＣＤＥと垂直な面は，直角二等辺三角形の面だから，㋑と㋓である。

４　**【解き方】食塩水の問題は，うでの長さを濃度《のうど》，おもりを食塩水の重さとしたてんびん図で考えて，うでの長さの比とおもりの重さの比がたがいに逆比になることを利用する。**

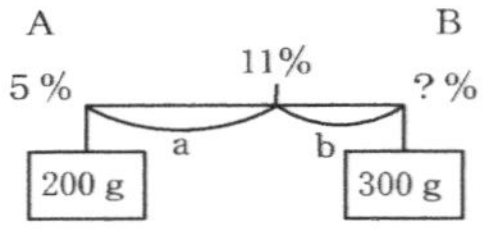

右のようなてんびん図がかける。ａ：ｂは，食塩水の量の比である200：300＝２：３の逆比に等しくなるので，ａ：ｂ＝３：２となる。

よって，$b=(11-5)\times\frac{2}{3}=4$(％)なので，求める濃度は，11＋４＝15(％)

５(1)　求める値《あたい》は，80－３－７－11－20－８－６－３－２－１＝19

(2)　**【解き方】80個のデータの中央値は，80÷２＝40より，大きさ順に並べたときの40番目と41番目の値の平均である。**

４点以下が３＋７＋11＋19＝40(人)だから，小さい方から40番目は４点，41番目は５点である。

よって，中央値は，(４＋５)÷２＝4.5(点)

６(1)　１人目の選び方は４人いるから４通り，その１通りごとに２人目は残りが３人だから３通り，その１通りごとに３人目は残りが２人だから２通り，その１通りごとに４人目は残りが１人だから１通りである。

よって，全部で，４×３×２×１＝24(通り)

(2)　「もときさん→あおいさん」「あきらさん」「ゆうなさん」の３つを並べかえると考えると，３×２×１＝６(通り)

７　平行四辺形は点対称な図形であり，対称の中心で180°回転移動させると，向かい合う頂点どうしが重なる。対称の中心は，対応する２点を結んだ直線の真ん中の点だから，解答例のように２本の直線を引くと，それらが交わる点が対称の中心となる。

８　**【解き方】仕事全体の量を，30と45と100の最小公倍数の900とする。**

１日あたりに行う仕事量は，Ａさんが900÷30＝30，Ｂさんが900÷45＝20，Ｃさんが900÷100＝９だから，３人で協力すると，30＋20＋９＝59となる。900÷59＝15余り15より，16日目に仕上がる。

9　**【解き方】２人の年齢の差は50−17＝33(歳)のまま変わらないことに注目する。**

子どもの年齢が父の年齢のちょうど半分になるとき，子どもの年齢は年齢差と同じく33歳である。

これは33−17＝16(年後)だから，半分をこえるのは17年後である。

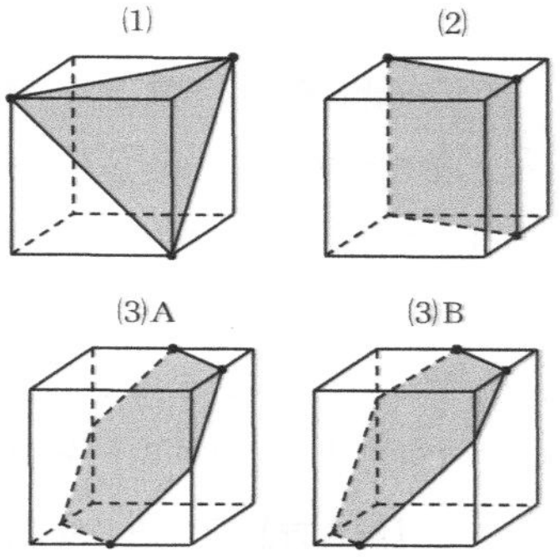

10　(1)同一平面上にある切り口の頂点は直線で結ぶので，切断面は右図のように正三角形になる。

(2)　向かい合う面上の切り口の線は平行になるので，切断面は右図のように長方形になる。

(3)　下の方にある●が辺の真ん中の位置にある場合，切断面は右の図(3)Aのように正六角形になる。下の方にある●は辺の真ん中の位置からずれているので，切断面は図(3)Bのように六角形になる。

(二)　1　**【解き方】正方形はひし形でもあるから，その面積は(対角線)×(対角線)÷２で求められることを利用する。**

切り口の正方形の対角線の長さは円の直径に等しく20㎝だから，面積は，20×20÷２＝200(㎠)

2　**【解き方】１の図の色をつけていない部分を底面とする，高さが３m＝300㎝の柱体の体積を求めればよい。**

正方形の角材以外の部分の底面積は，10×10×3.14−200＝114(㎠)だから，求める体積は，114×300＝34200(㎤)

3(1)　**【解き方】割りばしを，３の図で見える面が底面で高さが20㎝の角柱と考える。**

３の図は割りばし20本の底面を上から見たものであり，３の図の材木からは割ばし20本のセットが300÷20＝15とれる。よって，割りばしは全部で，20×15×４＝1200(本)つくることができる。

(2)　**【解き方】丸太の底面積のうち，正方形の角材の底面積と，割りばしの底面積の合計が何％にあたるかを求めればよい。**

３の図で割りばしの底面積の合計は，1.5×(0.5×20)＝15(㎠)である。

したがって，丸太の底面積のうち，正方形の角材の底面積と，割りばしの底面積の合計は，200＋15×４＝260(㎠)

よって，求める割合は，$\frac{260}{314}$×100＝82.8…より，およそ83％である。

4　**【解き方】右のように作図する。太線がひもであり，曲線部分と直線部分に分けられる。色をつけた部分の面積は，㋐の面積の３×４＝12(倍)である。**

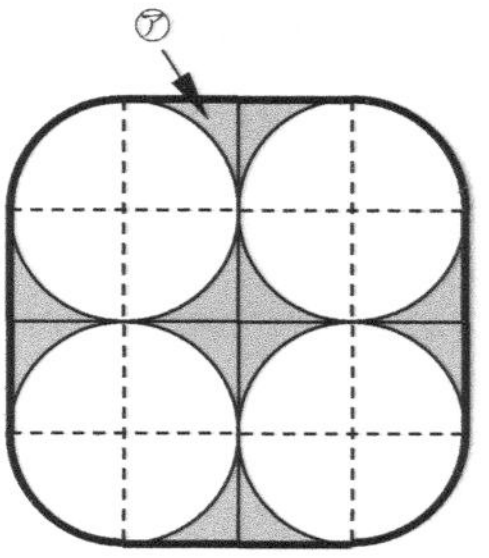

太線のうち４つの曲線部分を合わせると半径10㎝の円になるから，その長さの合計は，10×２×3.14＝62.8(㎝)

直線部分はすべて長さが20㎝だから，その長さの合計は，20×４＝80(㎝)

よって，ひもの長さは，62.8＋80＝142.8(㎝)

㋐の部分の面積は，１辺が10㎝の正方形の面積から，半径10㎝の円の面積の$\frac{1}{4}$を引いた値となるから，10×10−10×10×3.14×$\frac{1}{4}$＝100−78.5＝21.5(㎠)

よって，色をつけた部分の面積は，21.5×12＝258(㎠)

(三)　1　**【解き方】Ａ店，Ｂ店それぞれの肉の，特売日でない雨の日の19時30分の値段を求め，3000円で何パック買えるかを調べる。**

Ａ店では，100ｇのパックが500−100＝400(円)になっている。3000÷400＝７余り200より，７パック買えるので，100×７＝700(ｇ)の肉を買える。Ｂ店では，150ｇのパックが700×(１−$\frac{20}{100}$)＝560(円)になっている。

3000÷560＝５余り200より，５パック買えるので，150×５＝750(ｇ)の肉を買える。

よって，より多くの肉を買えるのはＢ店で，５パック買える。

2　【解き方】A店で最も安く買う場合とB店で最も安く買う場合の買える肉の量を比べる。より多く買える方の肉の量が，1パック80gだと何パックぶんかを考える。

A店で最も安くなる場合は，雨の日の20時以降で，100gのパックが$400\times(1-\frac{25}{100})=300$(円)になっている。

B店で最も安くなる場合は，特売日の19時以降で，150gのパックが$(700-200)\times(1-\frac{20}{100})=400$(円)になっている。

A店では$3000\div300=10$(パック)買えるので，$100\times10=1000$(g)の肉を買える。

B店では，$3000\div400=7$余り200より，7パック買えるので，$150\times7=1050$(g)の肉を買える。したがって，B店の方が，より多くの肉を買えるので，この1050gを80gずつ分けると，$1050\div80=13$余り10より，13パックになる。よって，C店で14パック買えればよい。$210\times14=2940$(円)，$230\times14=3220$(円)だから，C店で1パック230円または250円だと14パック買えない。よって，正しいものはアだけである。

(四)　1　**【解き方】同じ道のりを進むとき，かかる時間と速さは反比例することを利用する。**

Aさんが港に着くのは8時42分だから，分速56mで港からホテルまで歩くと，9時20分－8時42分＝38分かかる。9時10分に着くためには，$38-10=28$(分)で移動しなければならないから，時間を$\frac{28}{38}=\frac{14}{19}$(倍)にしなければならない。よって，速さを$\frac{19}{14}$倍にすればいいから，求める速さは，分速$(56\times\frac{19}{14})$m＝分速76m

2　【解き方】Bさんがレンタサイクル店を出るのは，8時15分＋35分＋6分＋5分＝9時1分である。

Bさんは9時10分－9時1分＝9分でレンタサイクル店からホテルまで移動する。

9分$=\frac{9}{60}$時間$=\frac{3}{20}$時間だから，求める距離は，$15\times\frac{3}{20}=\frac{9}{4}=2.25$(km)

3　【解き方】Bさんが港からホテルまで歩く場合と，レンタサイクル店で自転車を借りる場合それぞれの，ホテルに着く時間を調べる。

Bさんの船は予定より$45-35=10$(分)おくれたので，レンタサイクル店で自転車を借りる場合，前の問題より10分おくれて，9時10分＋10分＝9時20分に着く。また，港からレンタサイクル店までの距離は，$75\times6=450$(m)，つまり0.45kmである。港からホテルまでの距離は，$2.25-0.45=1.8$(km)，つまり1800mだから，港からホテルまで歩く場合，8時15分＋45分$+\frac{1800}{75}=$9時24分にホテルに着く。

よって，Bさんがホテルに着くのは9時20分か9時24分だから，Aさんは，短くて10分，長くて14分待つ。

2022 解答例 令和４年度　済美平成中等教育学校

《国　語》

(一)　1．①かいこ　②ほが　③そんちょう　④あやつ　⑤はっき　⑥**潔く**　⑦**採用**　⑧**同盟**　⑨**印刷**　⑩**兆候**
〔別解〕**徴候**　　2．①エ　②A．ウ　C．オ　③イ　④エ　⑤ウ→オ→イ→エ→ア　⑥ア　⑦ウ

(二)　1．ア　　2．イ　　3．保健所や医療機関が不足し、感染拡大という予想外の事態に対応できなくなっている状況。　　4．好成績を上げている分野を選んで、多くの人やお金をつぎこむこと。　　5．エ
6．名前…ゆうき(さん)／他人の決めた計画に従うだけのみどりさんに比べて、ゆうきさんは班の中でよく話し合い、失敗を恐れずに一人一人の「自由度」がより高くなるように考えて計画を立てているから。

(三)　1．ⓐエ　ⓑア　　2．A．イ　B．オ　　3．山上にとっては大人になっても夏見と一緒にいることが幸せなのに、夏見は自分の誘いを断り将来に向けて勉強すると言ったことに反発を覚えたから。　　4．夏見の障がいについてすぐに理解はできない歯がゆさがあるが、一生懸命な夏見に対して誠実に答える必要があると思ったから。　　5．ウ　　6．障がいを持っていてそれが周囲に気づかれにくいこと。　　7．エ，カ

《算　数》

(一)　1．(1)19　(2)14　(3)16　(4)$\frac{9}{70}$　※2．(1)きまり…④　答…606300　(2)きまり…⑤　答…271.8　※3．280
4．30　　5．平均値…4.2　中央値…4.5　最頻値…5
6．135　　7．右図／120　　8．(1)60　(2)12　※9．220　※10．900

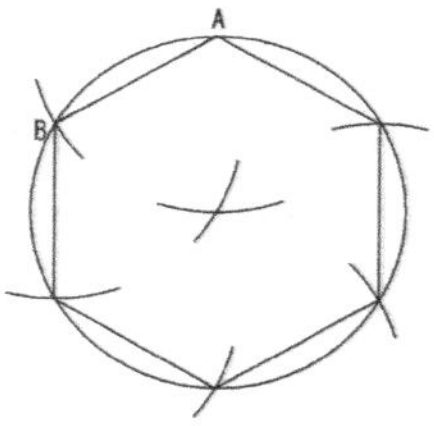

(二)　1．19　※2．$\frac{5}{11}$　※3．39

※(三)　1．23　　2．10　　3．48

(四)　※1．1440　※2．240　　3．ア　※4．5，30

※の計算は解説を参照してください。

《理　科》

(一)　1．エ　　2．ウ　　3．イ　　4．イ　　5．ア　　6．オ　　7．ア　　8．カ

(二)　1．S　　2．オ　　3．B　　4．D　　5．(1)あ　(2)⑥　(3)②，④

(三)　1．イ，エ，オ　　2．⑥　　3．(C)入道雲〔別解〕かみなり雲　(D)西　　4．ア，イ，エ　　5．(1)12　(2)3.8

(四)　1．②　　2．C，G　　3．BとC／FとG　　4．畑の土を耕すことにより，土の中に空気を入れる。
5．ウ　　6．A，B，C　　7．⑤光合成　⑥呼吸　⑦酸素　⑧二酸化炭素　　8．C／黄

(五)　1．［A／B］［鉄／うすい塩酸］，［アルミニウム／うすい塩酸］，［アルミニウム／うすい水酸化ナトリウム水溶液］のうち１組　　2．エ，キ　　3．(1)ウ　(2)ア　　4．150　　5．400　　6．(1)156　(2)1300

《社　会》

(一)　1．ア　　2．イ　　3．(1)ウ　(2)平泉が世界遺産に指定されたため。　　4．農作業が始まり，川から水田に水が引かれたため。　　5．エ　　6．(1)文部科学　(2)奈良市／京都市 などから１つ　(3)イ　(4)大勢の観光客の

出すごみの処理に，多額の費用と手間がかかること。

(二)　1．(1)瀬戸内　(2)鳥取　(3)果樹園　(4)水田　(5)熊本　(6)いぐさ　　2．エ　　3．ウ　　4．イ　　5．生活用水をためておくこと。／洪水をふせぐこと。　　6．ハザードマップ　　7．(1)和歌山県　(2)エ

(三)　1．(1)唐　(2)北条時宗　(3)スペイン　(4)アイヌ　(5)ノルマントン　(6)国際連盟　　2．イ　　3．唐招提寺　　4．イ　　5．④　　6．鉄砲を使って，戦争を行っていたため。　　7．ウ　　8．イ　　9．エ→ア→ウ→イ　　10．ア

(四)　1．(1)ミャンマー　(2)イ　　2．(1)オ　(2)エ　　3．(1)環境　(2)ア　(3)クローン　(4)イ　(5)ウ

【算数の解説】

(一)　1(1)　与式＝27－8＝19

(2)　与式＝$24\times(\frac{3}{4}-\frac{1}{6})=24\times\frac{3}{4}-24\times\frac{1}{6}=18-4=14$

(3)　与式＝16.38－0.38＝16

(4)　与式＝$(1+\frac{16}{20}-\frac{15}{20})\div(7+\frac{4}{6}+\frac{3}{6})=1\frac{1}{20}\div7\frac{7}{6}=\frac{21}{20}\div\frac{49}{6}=\frac{21}{20}\times\frac{6}{49}=\frac{9}{70}$

2(1)　④のきまりを利用して，与式＝2021×3×25×4＝6063×100＝606300

(2)　⑤のきまりを利用して，与式＝(34.56＋65.44)×2.718＝100×2.718＝271.8

3　**【解き方】バラを買ったあとの残りのお金は，$390\div\frac{13}{14}=390\times\frac{14}{13}=420$(円)である。**

バラを買ったとき，バラの代金と残りのお金の金額の比は，$\frac{2}{5}:(1-\frac{2}{5})=2:3$だから，バラの代金は，$420\times\frac{2}{3}=280$(円)

4　**【解き方】直角三角形の3つの頂点は，斜辺(最も長い辺)の真ん中の点を中心とした半径が斜辺の半分の長さの円周上にあることを利用する。**

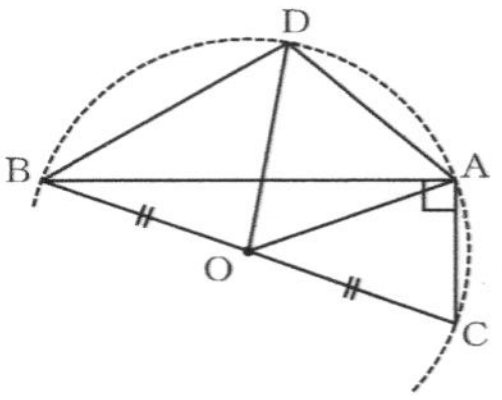

右のように作図すると，ＡＯ＝ＢＯ＝ＣＯ＝8÷2＝4(cm)になるから，

角ＯＡＢ＝角ＯＢＡ＝20°である。三角形ＡＤＯは，ＡＤ＝ＡＯ＝4cm，

角ＤＡＯ＝40°＋20°＝60°の二等辺三角形，つまり，正三角形になる。

角ＡＯＢ＝180°－20°×2＝140°で，角ＡＯＤ＝60°だから，角ＢＯＤ＝140°－60°＝80°

三角形ＢＯＤは，角ＢＯＤ＝80°，ＢＯ＝ＤＯの二等辺三角形だから，角ＯＢＤ＝(180°－80°)÷2＝50°

よって，角㋐＝50°－20°＝30°

5　**【解き方】表にまとめてみる。**

点	0	1	2	3	4	5	6	7	8	9	計
人	1	2	3	2	2	4	3	1	1	1	20

得点の合計は，1×2＋2×3＋3×2＋4×2＋5×4＋6×3＋7×1＋8×1＋9×1＝84(点)だから，平均値は，84÷20＝4.2(点)

20人の資料の中央値は，資料を大きさの順に並べたときの10番目と11番目の資料の平均値になる。

資料の小さい方から10番目が4点，11番目が5点だから，中央値は，(4＋5)÷2＝4.5(点)

最頻値は，最も人数が多い5点である。

6　**【解き方】右のように作図する。**

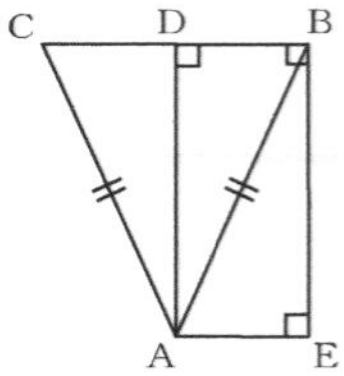

三角形ＡＢＣは，ＡＢ＝ＡＣの二等辺三角形だから，ＡからＢＣに垂直なＡＤを引くと，

三角形ＡＢＤと三角形ＡＣＤは合同になる。また，四角形ＡＥＢＤは長方形になるから，

ＢＤ＝ＡＥ＝6cmなので，ＣＤ＝ＢＤ＝6cmより，ＣＢ＝6＋6＝12(cm)

よって，求める面積は，(12＋6)×15÷2＝135(cm²)

7　【解き方】正六角形の対角線を引くと，合同な正三角形が6個できる。

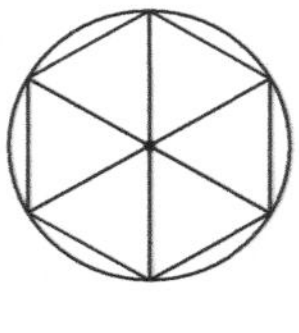

まず，ＡＢを１辺とした正三角形のもう１つの頂点を作図する。この頂点を中心として，半径がＡＢの円をかく。最後に，円周をＡＢの長さで区切っていけば，円周が６等分されるので，それらの点を結べば正六角形になる。右図より，正三角形の１つの角の大きさは60°だから，正六角形の１つの角の大きさは，60°×２＝120°

8⑴　【解き方】（色の選び方）×（色の塗り方）で求める。

５色から３色を選ぶときの選び方は，選ばない２色の選び方に等しく，(赤，青)(赤，黄)(赤，緑)(赤，白)(青，黄)(青，緑)(青，白)(黄，緑)(黄，白)(緑，白)の10通りある。

例えば(赤，青，黄)の３色を選んだとき，＜左，中，右＞の塗り方は，＜赤，青，黄＞＜赤，黄，青＞＜青，赤，黄＞＜青，黄，赤＞＜黄，赤，青＞＜黄，青，赤＞の６通りある。

よって，色の選び方が10通り，色の塗り方が６通りあるから，塗り方は全部で，10×６＝60(通り)

⑵　【解き方】⑴と同様に考えていく。２色を選んで，左と右に塗っていく。

２色の選び方は，(赤，青)(赤，黄)(赤，緑)(青，黄)(青，緑)(黄，緑)の６通りある。

例えば(赤，青)の２色を選んだとき，＜左，右＞の塗り方は，＜赤，青＞＜青，赤＞の２通りある。

よって，白以外の色の選び方が６通り，色の塗り方が２通りあるから，塗り方は全部で，６×２＝12(通り)

9　【解き方】えんぴつ１本とノート５冊の買い方から，えんぴつ３本の場合を考える。

えんぴつ１本とノート５冊で602円だから，えんぴつ３本とノート15冊の代金は，602×３＝1806(円)である。

15－２＝13(冊)のノートの代金は，1806－376＝1430(円)だから，ノート１冊の代金は，1430÷13＝110(円)

ノート２冊の代金は，110×２＝220(円)

10　【解き方】天びん図を使って考える。天びん図では，うでの長さとおもりの重さは反比例する。

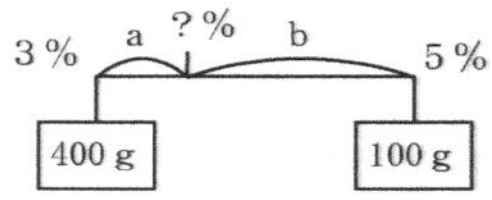

右図で，おもりの重さの比が，400：100＝４：１だから，ａ：ｂ＝１：４になる。

比の数の和の１＋４＝５が，ａ＋ｂ＝５－３＝２(％)にあたるから，

ａ＝２×$\frac{1}{5}$＝0.4(％)より，３％の食塩水400ｇと５％の食塩水100ｇを混ぜると，３＋0.4＝3.4(％)になる。

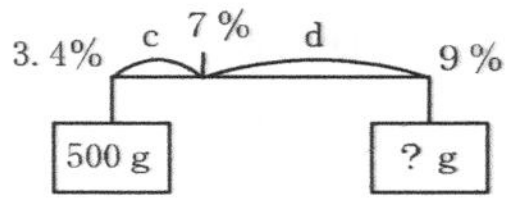

右図で，ｃ：ｄ＝(７－3.4)：(９－７)＝９：５だから，3.4％の食塩水と９％の食塩水の重さの比は，５：９になる。

よって，９％の食塩水は，500×$\frac{9}{5}$＝900(ｇ)

㈡　**1　【解き方】$\frac{1}{2}$ | $\frac{1}{3}$，$\frac{2}{3}$ | $\frac{1}{4}$，$\frac{2}{4}$，$\frac{3}{4}$ | $\frac{1}{5}$，$\frac{2}{5}$，$\frac{3}{5}$，$\frac{4}{5}$ | $\frac{1}{6}$，…とし，第１群，第２群，第３群，…と呼ぶことにすると，第ｎ群には，分母がｎ＋１の分数がｎ個あることになる。**

$\frac{4}{7}$は，第６群の４番目の分数だから，１＋２＋３＋４＋５＋４＝19(番目)

2　【解き方】１をふまえる。

第１群から第９群までの分数は，１＋２＋…＋９＝45(個)あるから，50番目は第10群の50－45＝５(番目)の分数になる。これは，$\frac{5}{11}$である。

3　【解き方】第10群までが45＋10＝55(個)，第11群までが55＋11＝66(個)，第12群までが66＋12＝78(個)だから，第12群までの分数の和を求めればよい。

第1群は$\frac{1}{2}$，第2群の和は$\frac{1}{3}+\frac{2}{3}=1$，第3群の和は，$\frac{1}{4}+\frac{2}{4}+\frac{3}{4}=1\frac{1}{2}$，…と考えると，群の数が1増えるごとに，和は$\frac{1}{2}$だけ増えることがわかるから，第12群の和は，$\frac{1}{2}+(12-1)\times\frac{1}{2}=6$になる。

ａからｂまで等間隔《とうかんかく》に並ぶｍ個の数の和は，（ａ＋ｂ）×ｍ÷２で求められるから，$\frac{1}{2}$から６までの等間隔に並ぶ12個の数の和は，$(\frac{1}{2}+6)\times12\div2=39$

㈢　１　**【解き方】16時45分までに接種が終わればよい。**

12時から16時45分までは４時間45分＝285(分)あるから，285÷12＝23余り９より，最大で23人である。

２　**【解き方】この接種会場では，15×14＝210(回)分のワクチンがある。**

210÷23＝９余り３より，用意したワクチンをすべて使い切るには，最低でも９＋１＝10(人)の医師が必要である。

３　**【解き方】１人の医師が210÷10＝21(人)担当すればよい。12時から17時とあるので，４時45分からの15分間も休けい時間に数える。**

21人の接種希望者に接種するための時間は，12×21＝252(分)だから，12時から17時までの５時間＝(60×５)分間＝300分間で，休けい時間は，300－252＝48(分)

㈣　１　**【解き方】立体Ｓは，底面をＤＣＯＰＬＫＧＨとしたとき，高さが12㎝の角柱になる。**

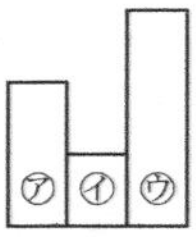

右図のように底面を㋐，㋑，㋒の３つに分けると，㋐の面積は10×４＝40(㎠)，㋑の面積は５×４＝20(㎠)，㋒の面積は15×４＝60(㎠)だから，底面積の合計は，40＋20＋60＝120(㎠)

よって，体積は，120×12＝1440(㎤)

２　**【解き方】(空の水そうの容積)－(立体Ｓの体積)を18分でいっぱいにしたことになる。**

空の水そうの容積は，18×20×16＝5760(㎤)だから，18分間に入れた水の量は，5760－1440＝4320(㎤)になる。

よって，１分あたりに入れる水の量は，4320÷18＝240(㎤)

３　**【解き方】グラフを見ると，０～４分の４分間に４㎝，４～９分の５分間に４㎝，９～12分の３分間に４㎝，12～18分の６分間に４㎝だけ，水面が上昇していることがわかる。**

水面の高さが変化する割合が最後に変わった(グラフが最後に折れた)のは，水面が12㎝になったときだから，立体Ｓの高さが12㎝になるように置いているので，イの面ＢＣＯＮではない。さらに，水面の高さが変化する割合を３回変える(グラフが３回折れる)立体Ｓの置き方は，アの面ＡＢＣＤまたはウの面ＭＮＯＰを下にしたときである。面ＭＮＯＰを下にして正面から見た図が図①，面ＡＢＣＤを下にして正面から見た図が図②である。それぞれ色のついた部分が水の入っている部分とすると，図１の水が入る部分の面積は，下から小→大→中→最大になり，図２の水が入る部分の面積は，下から中→大→小→最大になる。水の入る部分の面積が大きいほど，同じ高さまで水をためるのにかかる時間は長くなるから，グラフより，４㎝の深さの水をためるのに，４分→５分→３分→６分とかかっているということは，水を入れる部分の面積は，中→大→小→最大となっていることになる。よって，アの面ＡＢＣＤを下にしている。

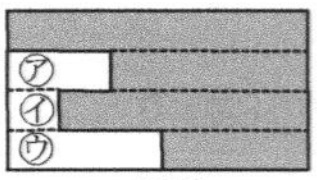

図①

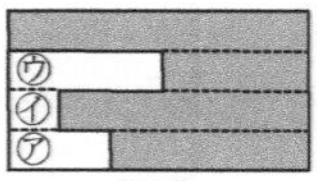

図②

４　**【解き方】３をふまえる。**

３のときと上下逆にするので，３の解説図の図①のように置くことになる。図②において，㋒と高さが同じ部分に水をためるのにかかる時間は３分で，㋑と高さが同じ部分に深さ６－４＝２(㎝)の水をためるのにかかる時間は$5\times\frac{2}{4}=2.5$(分)＝２分30秒だから，図①のように置いたとき，水面の高さが６㎝になるのは，

３分＋２分30秒後＝５分30秒後

済美平成中等教育学校

《国　語》

(一)　1．①げんいん　②とろう　③こういき　④とうと〔別解〕たっと　⑤おうぼう　**⑥沿線　⑦誤作動　⑧刊行　⑨宣伝　⑩効いて**　　2．①エ　②ア，オ　③ア　④オ　⑤イ　⑥ウ　⑦エ→イ→ウ→ア→オ　⑧エ

(二)　1．エ　　2．実現不可能なことに対して、諦めがつかないことですら見苦しいのに、失敗という結果が出た後でもまだ諦めがついていないから。　　3．物事をもう少し続けようとするのか、それとも中止したり転換したりするのかという、つきつめられた選択をすること。　　4．Ⅰ．ア　Ⅱ．イ　　5．(例文)私は見きりを錬磨するという考え方に賛成します。なぜなら、物事の判断をきちんとつける見きりの力を高めることは、自分が持つ能力のはん囲を理解することにつながるし、できないことを理解することで成長の機会を生むという筆者の論に納得したからです。

(三)　1．ⓐウ　ⓑイ　　2．エ　　3．母から一哉にあてた手紙　　4．オ　　5．ア　　6．帰ってこない息子が心配でたまらないと同時に、自分の身勝手な行動のせいで息子が母からの手紙を読むことなく死んでしまったらどうしようかと後かいし、追いつめられている状態。　　7．父からの愛情を感じていないわけではなかったが、心を開いて語り合ううちに、父らしくないわがままや見栄や嫉妬といった感情を見ることができて嬉しいという気持ち。

《算　数》

(一)　1．(1)0　(2)12　(3)30.314　(4)20　(5)$8\frac{1}{3}$　(6)$2\frac{26}{29}$　※2．27　※3．1600　※4．40　※5．2％高い　※6．2　※7．300　※8．35　※9．日　10．角㋐…22.5　角㋑…67.5

※(二)　1．106　　2．6　　3．34

(三)　1．３階で降りた人数…２　４階で乗った人数…７　　2．6

※(四)　1．18　　2．1，10.6　　3．2，25.9　　4．最後の走者…Ｂ　地点Ｓから…130

※の計算は解説を参照してください。

《理　科》

(一)　1．ウ　　2．イ　　3．エ　　4．イ　　5．ア　　6．ア　　7．エ　　8．ウ

(二)　1．イ　　2．4　　3．クレーター　　4．「地球」から見える月の面に「太陽の光」が当たっていないから。　5．形…エ　方角…南西　　6．イ　　7．ウ　　8．①エ，オ，カ　②朝６時ごろ

(三)　1．Ａ．めしべ　Ｂ．がく　　2．Ｆ　　3．(1)イ，ウ　(2)オ　　4．１つ目…おばなには実ができないから。２つ目…めばなが受粉しなかったから。　　5．おばな…Ｂ　理由…花粉をつけた虫がすき間から出て，めばなに花粉を運ぶことができるから。

(四)　1．イ　　2．イ，エ　　3．12　　4．27.5　　5．32.3　　6．102.2

(五)　1．ウ　　2．2　　3．Ａ，Ｇ　　4．$\frac{3}{4}$　　5．Ｄ　　6．ウ
7．長さ…60　太さ…２　重さ…４〔別解〕長さ…60　太さ…５　重さ…25

《社　会》

（一）　１．イ　２．ア　３．裁判員制度　４．エ　５．エ　６．０　７．東日本大震災　８．ア
９．ウ→ア→イ→エ

（二）　１．⑴関東　⑵［県／県庁］　D．［群馬／前橋］　F．［茨城／水戸］　⑶ウ　⑷ア　⑸(あ)すずしい　(い)生乳
２．⑴ウ　⑵(あ)増加　(い)賃金が安い　３．⑴X→Z→Y　⑵エ　⑶限界集落　４．イ

（三）　１．平城京　２．⑵聖武　⑶源頼朝　⑷豊臣秀吉　⑹足利義満　⑺ペリー　３．オリンピック　４．エ
５．ウ　６．ア　７．イ　８．［記号／都道府県］［B，G／神奈川県］［C，E／佐賀県］

（四）　１．⑴バイデン　⑵イ，エ　⑶将棋　２．⑴新型コロナウイルスの感染拡大を防止するため。　⑵ウ
⑶コミュニケーション　３．⑴ア　⑵イ　⑶多数決で物事を決めるとき，数が多ければ，どのような意見でも通ってしまう点。

【算数の解説】

(一)　１⑴　与式$=8+22-30=30-30=0$

⑵　与式$=2\times(3+3)=2\times6=12$

⑶　与式$=3.14\times0.1+30=0.314+30=30.314$

⑷　与式$=\frac{2}{5}\times78-28\times\frac{2}{5}=\frac{2}{5}\times(78-28)=\frac{2}{5}\times50=20$

⑸　与式$=\frac{20}{3}-\frac{2}{3}+\frac{7}{3}=\frac{25}{3}=8\frac{1}{3}$

⑹　与式$=3-\frac{1}{2}\div(\frac{10}{3}\times\frac{5}{2}-\frac{7}{2})=3-\frac{1}{2}\div(\frac{25}{3}-\frac{7}{2})=3-\frac{1}{2}\div(\frac{50}{6}-\frac{21}{6})=3-\frac{1}{2}\div\frac{29}{6}=3-\frac{1}{2}\times\frac{6}{29}=$
$3-\frac{3}{29}=2\frac{26}{29}$

２　**【解き方】12ｇのおもりをつけたときのばねののびの長さは18－９＝９(㎝)である。**
12ｇのおもりを24ｇのおもりにかえると，ばねののびの長さは$\frac{24}{12}=2$(倍)になるから，ばねの長さは，
$9+9\times2=9+18=27$(㎝)

３　**【解き方】線分図をつくるとわかりやすい。**

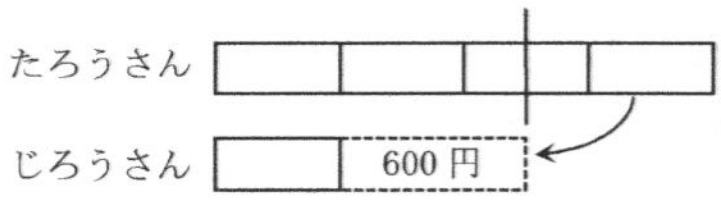

じろうさんのはじめの所持金を１とすると，たろうさんのはじめの所持金は４である。差の４－１＝３を２等分して，じろうさんに渡すと，２人の所持金は同じになる。
つまり，３÷２＝1.5が600円にあたるから，たろうさんのはじめの所持金は，$600\times\frac{4}{1.5}=1600$(円)

４　**【解き方】右のような表をつくって考える。**

		国語		計
		80点以上	80点未満	
算数	80点以上	$\frac{2}{5}$		$\frac{1}{2}$
	80点未満		６人	
計		$\frac{3}{4}$		

少なくとも１教科で80点以上をとった人は，全体の$\frac{1}{2}+\frac{3}{4}-\frac{2}{5}=\frac{17}{20}$だから，両方とも80点未満の人は，全体の$1-\frac{17}{20}=\frac{3}{20}$にあたる。$\frac{3}{20}$が６人だから，クラス全体の人数は，$6\div\frac{3}{20}=40$(人)

５　**【解き方】商品Ａの定価を１として，それぞれの値引き後の価格を表してみる。**
商品Ａの定価の20％引きの値段は，$1\times(1-0.20)=0.8$で，さらにそれの10％引きは，$0.8\times(1-0.10)=0.72$になる。商品Ｂの定価は商品Ａの定価と等しく１で，30％引きの価格は，$1\times(1-0.30)=0.7$になるから，値引き後の商品Ａの価格は，30％引きの商品Ｂの価格より，$0.72-0.7=0.02$高くなる。
つまり，定価の$0.02\times100=2$(％)だけ高い。

６　**【解き方】底面積→半径の順に求めていく。**

底面積は50.24÷4＝12.56(㎠)だから，求める円の半径をｒcmとすると，ｒ×ｒ×3.14＝12.56が成り立つ。

ｒ×ｒ＝12.56÷3.14＝4　　2×2＝4だから，底面の半径は2cmである。

7　【解き方】水を蒸発させても，溶けている食塩の量は変わらないことに注目する。

5%400ｇの食塩水の中にふくまれる食塩は，400×0.05＝20(ｇ)である。食塩を20ｇふくんだ20%の食塩水の重さは，20÷0.20＝100(ｇ)だから，蒸発させる水の量は，400－100＝300(ｇ)

8　【解き方】このタイルをしきつめていくと，縦は84の倍数，横は60の倍数になるから，正方形になるのは，84と60の公倍数の長さのときである。

最低何枚必要かと問われているので，84と60の最小公倍数を求める。84＝2×2×3×7，60＝2×2×3×5だから，84と60の最小公倍数は，2×2×3×5×7＝420になる。したがって，縦に420÷84＝5(枚)，横に420÷60＝7(枚)がならぶから，必要なタイルは全部で，5×7＝35(枚)

9　【解き方】7月は31日，8月は31日，9月は30日まであるから，7月2日から10月27日まで何日あるかを考える。

7月2日から7月31日までは31－1＝30(日)，8月は31日，9月は30日，10月1日から10月27日までは27日あるから，7月2日から10月27日までは30＋31＋30＋27＝118(日)ある。118÷7＝16あまり6だから，7月2日から10月27日までは16週と6日ある。7月2日は火曜日だから，7月2日から数えて17週目の1日目も火曜日であり，6日目は日曜日である。

10　【解き方】右のように作図すると，正方形や二等辺三角形ができるので，これらを利用して解くことにする。

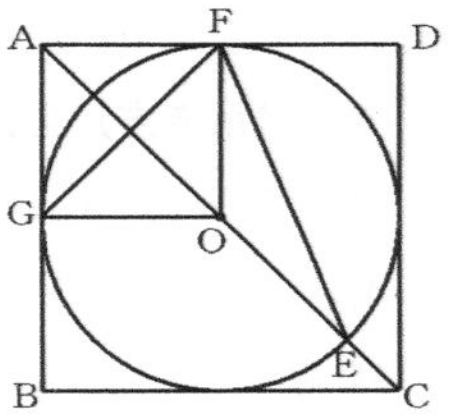

四角形ＡＧＯＦは正方形になるから，角ＡＯＦ＝45°であり，角ＦＯＥ＝180°－45°＝135°である。三角形ＯＥＦは，ＯＥ＝ＯＦの二等辺三角形だから，

角㋐＝(180°－135°)÷2＝22.5°である。角ＯＦＥ＝角㋐＝22.5°で，角ＯＦＧ＝45°だから，角㋑＝角ＯＦＥ＋角ＯＦＧ＝22.5°＋45°＝67.5°

(二)　1　4人の年れいの和が204才で，母と私の年れいの和は98才だから，父と兄の年れいの和は，204－98＝106(才)

2　【解き方】母と私の年れいの和は98才で，父と兄の年れいの和は106才だから，106－98＝8(才)は，父と母の年れいの差と，兄と私の年れいの差を合わせたものである。

父と母の年れいの差を①とすると，兄と私の年れいの差は③だから，①＋③＝④が8才にあたる。

よって，兄と私の年れいの差は，③＝8×$\frac{③}{④}$＝6(才)

3　【解き方】2を踏《ふ》まえて，私と母の年れいの差を考える。

兄は私より6才年上で，母と兄の年れいの差は24才だから，母は私より6＋24＝30(才)年上である。

母と私の年れいの和が98才だから，私の年れいの2倍は98－30＝68(才)とわかる。よって，私の年れいは，68÷2＝34(才)である。

(三)　**1　【解き方】7階から順番に逆算していく。**

6階で4人乗ったから，6階に着いたときの人数は7－4＝3(人)

6階に上がったのは5階に着いたときの人数の$1-\frac{2}{3}=\frac{1}{3}$だから，5階に着いたときの人数は，$3\div\frac{1}{3}=9$(人)

5階に上がったのは4階に着いたときの人数の3倍だから，4階に着いたときの人数は，9÷3＝3(人)

よって，4階から5階に上がる間に9－3＝6(人)増え，4階で1人降りたから，4階で乗った人数は6＋1＝7(人)である。

また，4階に上がったのは3階に着いたときの人数の10－4＝6(割)だから，3階に着いたときの人数は，3÷0.6＝5(人)である。3階ではだれも乗らなかったから，3階で降りた人数は，5－3＝2(人)

2　**【解き方】1と同じように逆算していく。**

2階では4人降り，2人乗ったから，2階に着いたときの人数は，5＋4－2＝7(人)

1階では1人が乗ったから，1階に着いたときの人数は，7－1＝6(人)

よって，地下1階で乗った人数はたろうさんをふくめて6人である。

(四)　1　27秒で150m走ったから，100mで，$27\times\frac{100}{150}=18$(秒)

2　Aさんは$15\times\frac{120}{100}=18$(秒)，Bさんは27秒，Cさんは$16\times\frac{160}{100}=25.6$(秒)かかるから，1周走るのに，18＋27＋25.6＝70.6(秒)，つまり，1分10.6秒かかる。

3　**【解き方】2周を走ると，S～T区間はAさんとDさん，T～U区間はBさんとAさん，U～S区間はCさんとBさんが走ることになる。**

Aさんは120＋150＝270(m)，Bさんは150＋160＝310(m)，Cさんは160m，Dさんは120m走った。

したがって，Aさんは$15\times\frac{270}{100}=40.5$(秒)，Bさんは$18\times\frac{310}{100}=55.8$(秒)，Cさんは25.6秒，Dさんは$20\times\frac{120}{100}=24$(秒)で走ったから，2周走ると，40.5＋55.8＋25.6＋24＝145.9(秒)かかる。つまり，2分25.9秒かかる。

4　**【解き方】全員が1回ずつすべての区間を走ったときを1周期として考える。**

4周すると，4人はそれぞれの区間を1回ずつ走ったことになる。1周は430mだから，100mにかかる時間を4.3倍すると，1周にかかった時間が求められる。4周すると，(15＋16＋18＋20)×4.3＝296.7(秒)かかる。

30分＝(60×30)秒＝1800秒だから，概算《がいさん》で1800÷300＝6より，4×6＝24(周)したときを考える。

24周すると，296.7×6＝1780.2(秒)かかるから，あと1800－1780.2＝19.8(秒)で30分になる。

25周目の1人目はAさんでS～T区間を18秒で走るから，19.8秒後はT～U区間を走っているBさんである。

その地点はT地点から，$100\times\frac{19.8-18}{18}=10$(m)，つまり，S地点から120＋10＝130(m)の地点である。

令和三年度　済美平成中等教育学校入学試験問題　国　語

（60分）

解答は、すべて別紙解答用紙の指定されたところに書き入れること。

（一）　次の**1**と**2**の問いに答えなさい。

1　次の①～⑤の傍線部《ぼうせんぶ》の漢字はひらがなに、⑥～⑩の傍線部のカタカナは漢字にそれぞれ直しなさい。また、送《おく》り仮名《がな》が必要な場合は補いなさい。

①　事故の原因を調べる。　②　おつかいが徒労に終わる。　③　広域から通学する。

④　人命を尊ぶ。　⑤　横暴な態度に怒《おこ》る。　⑥　鉄道のエンセンに住む。

⑦　機械がゴサドウを起こす。　⑧　雑誌をカンコウする。　⑨　学校のセンデンをする。

⑩　薬がキイテ熱が下がる。

2　次の会話文と資料を読み、後の①～⑧の問いに答えなさい。

かずき「去年は閏年《うるうどし》。閏年に四国八十八ケ所《かしょ》を順序の逆に巡《めぐ》っていく『逆打ち』をすると弘法大師《こうぼうだいし》に会えると昔から［　A　］」

まゆこ「弘法大師と言えば、『[B]弘法にも筆の誤り』ということわざで有名よね。」

かずき「そうだね。境内《けいだい》を［　C　］見ていたら、弘法大師の筆跡《ひっせき》と言われる石碑《せきひ》があったよ。」

まゆこ「そうなの。［　D　］」

かずき「いや、まず[E]香川県の一部だけだよ。後、せっかく愛媛《えひめ》から行ったんだから、観光もしたよ。」

まゆこ「どこを観光したの。」

かずき「小豆島へ行ったよ。［　F　］などころでとても良かったよ。」

まゆこ「それはよかったわね。あと、小豆島を舞台《ぶたい》にしたことで有名な作品と言えば『[G]二十四の瞳《ひとみ》』よね。大石先生の信念を貫《つらぬ》き通《とお》す姿勢に感銘《かんめい》したのを思い出したわ。もう一度［　H　］読んでみようかしら。」

資料　子育て県かがわ少子化対策推進条例　　　　一部抜粋《ばっすい》

（社会全体による取組の推進）

第九条　県は、社会全体において、結婚《けっこん》や子育ての支援《しえん》などの少子化対策の推進に向けた気運の醸成《じょうせい》を図《はか》るため、表彰《ひょうしょう》制度の実施《じっし》、情報の提供、意識の啓発《けいはつ》その他の必要な措置《そち》を講ずるものとする。

（結婚の支援）

第十条　県は、未婚化及《みこんかおよ》び晩婚化《ばんこんか》の流れを変えるため、市町、事業者等と連携《れんけい》して、結婚を望む男女に対し出会いの場を提供するなど、県民が一体となってこのような結婚の支援を行う「おせっかい運動」の促進《そくしん》に努めるものとする。

（妊娠《にんしん》、出産及び子育ての支援）

第十一条　県は、県民が安心して子どもを生み、育てることができるよう、妊娠、出産及び子育てに関する情報の提供、相談の実施その他の必要な支援に努めるものとする。

2　県は、市町が実施する地域における子ども・子育ての支援、母性並びに乳児及び幼児の健康の確保及び増進その他の子育て支援施策《しさく》が効果的に実施されるよう、必要な支援に努めるものとする。

（産業振興《しんこう》と就業の支援）

第十二条　県は、県民が経済的に自立して子どもを生み、育てることができるよう、地域経済の活性化等を通じて雇用《こよう》の場の確保に取り組むとともに、就業のための職業能力の開発の機会の提供、就業の相談その他の支援に努めるものとする。

（仕事と家庭との両立の支援）

第十三条　県は、子どもを生み、育てる者の仕事と家庭との両立が図られるよう、子育てを支援する制度に関し、事業者、その雇用する者等への普及《ふきゅう》啓発に努めるものとする。

2　県は、仕事と家庭との両立に資する雇用環境《かんきょう》の整備を行う事業者に対する必要な支援に努めるものとする。

（教育の推進）
第十四条　県は、子どもが、生命の尊厳及び家庭が果たす役割の重要性について理解を深めるとともに、次代において自立して社会生活を営み、家庭を築き、子どもを生み、育てることができるよう、必要な教育を推進するものとする。
（生活環境の整備の促進）
第十五条　県は、子どもが安全・安心に生活することができるよう、子どもが安全に利用することができる道路交通環境の整備、子どもを犯罪から守る取組の支援その他の必要な施策を実施するものとする。
（経済的負担の軽減）
第十六条　県は、国及び市町と協力し、子どもを生み、育てる者の経済的負担の軽減を図るために必要な施策の充実《じゅうじつ》に努めるものとする。

香川県法規集より作成

①［Ａ］に入る言葉として最も適当なものを次のア～カから選び、記号で書きなさい。
ア　つながっているんだ。　イ　申されているんだ。　ウ　おっしゃっているんだ。
エ　信じられているんだ。　オ　伝えているんだ。　カ　こだわっているんだ。

②傍線部Ｂ「弘法にも筆の誤り」ということわざと同じ意味のものを次のア～オから全《すべ》て選び、記号で書きなさい。
ア　猿《さる》も木から落ちる　イ　伝家の宝刀　ウ　青《あお》は藍《あい》より出《い》でて藍《あい》より青《あお》し
エ　下手の横好き　オ　河童《かっぱ》の川流れ

③［Ｃ］に入る言葉として最も適当なものを次のア～オから選び、記号で書きなさい。
ア　隅《すみ》から隅まで　イ　まんべんなく　ウ　一朝一夕《いっちょういっせき》に　エ　一目置いて　オ　破竹の勢いで

④［Ｄ］に入る言葉として最も適当なものを次のア～オから選び、記号で書きなさい。
ア　境内も広いから大変ね。　イ　八十八ヶ所のどこに行ったの。　ウ　石碑は完全に残っているの。
エ　石碑を見る時間があったのね。　オ　八十八ヶ所全てに行ったの。

⑤傍線部Ｅ「香川県」とありますが、資料である香川県の「子育て県かがわ少子化対策推進条例」の使い方として正しい説明文を次のア～オから選び、記号で書きなさい。
ア　香川県の子どもを増やすために、県は働きながら子育てをする人の給料を増やすよう事業者に求めなければならない。
イ　香川県の子どもを増やすために、県は次代を担《にな》う子どもに対して必要な教育を進めることとする。
ウ　この条例が施行《しこう》されてから、どのように子どもの数が変化したか気になったかずきさんは、愛媛県庁に電話した。
エ　まゆこさんは、子どもの数を増やす「おせっかい運動」についてインターネットを使って検索《けんさく》をしてみた。
オ　今後、県は市町と協力して、国に対し、この条例の実施によってかかる少子化対策費用を請求《せいきゅう》しなければならない。

⑥［Ｆ］に入る言葉として適当なものを次のア～オから選び、記号で書きなさい。
ア　花鳥風月　イ　温故知新　ウ　風光明媚《ふうこうめいび》　エ　晴耕雨読　オ　三寒四温

⑦傍線部Ｇ「二十四の瞳」とありますが、次の選択肢《せんたくし》を正しく並《なら》べ替《か》えて、『二十四の瞳』の第二段落を完成させなさい。

百戸あまりの小さなその村は、入《い》り江《え》の海を湖のような形にみせる役をしている細長い岬《みさき》の、そのとっぱなにあったので、対岸の町や村へゆくには小舟《こぶね》で渡《わた》ったり、うねうねとまがりながらつづく岬の山道をてくてく歩いたりせねばならない。交通がすごくふべんなので、小学校の生徒は四年までが村の分教場にゆき、五年になってはじめて、片道五キロの本村の小学校へかようのである。

←以下続きの文章を記号で並べ替えなさい。

ア　小さな子どもらは、うらやましそうにそれをながめて、しらずしらずのうちにぞうり作りをおぼえてゆく。
イ　毎朝、新しいぞうりをおろすのは、うれしかったにちがいない。じぶんのぞうりをじぶんの手で作るのも、五年生になってからの仕事である。
ウ　日曜日に、だれかの家へ集まってぞうりを作るのはたのしかった。
エ　手作りのわらぞうりは一日できれた。それがみんなはじまんであった。
オ　小さい子どもたちにとって、五年生になるということは、ひとり立ちを意味するほどのことであった。

⑧［Ｈ］に入る言葉として適当なものを次のア～オから選び、記号で書きなさい。
ア　すらすら　イ　ひしひし　ウ　ほっこり　エ　じっくり　オ　のびのび

(二) 次の文章を読んで、後の**1**～**5**の問いに答えなさい。

著作権に関係する弊社の都合により
本文は省略いたします。

教英出版編集部

（上田薫『人が人に教えるとは―21世紀はあなたに変革を求める』による）

1 傍線部《ぼうせんぶ》①「舌足らずのこと」とありますが、これはどういうことですか。最も適当なものを次のア～エから選び、記号で書きなさい。

ア　幼い子どもが話しているかのように、ものごとのとらえ方が余りに幼稚《ようち》で中身のない内容だということ。

イ　当たり前のことしか述べない人の話を聞いているかのように、現状の説明が余りに不足しているということ。

ウ　発音が不明瞭《ふめいりょう》な人の話を聞いているかのように、聞いている人にとって伝わりにくい内容だということ。

エ　ことがらをある一面からしかとらえられない人の話のように、現状を十分言葉で言い表せていないということ。

2 傍線部②「あと悔やみはさらに悪かろう」とありますが、これはなぜですか。六十字以内で書きなさい。

3 傍線部③「見きりをつける」とありますが、これはどういうことですか。本文を踏《ふ》まえて説明しなさい。

4 傍線部④「見きり、つまり転回点は、まさにその突端にあるのである」とありますが、次の二つの問いに答えなさい。

Ⅰ　「突端」という言葉はここではどのような意味で用いられていますか。最も適当なものを次のア～エから選び、記号で書きなさい。

ア　狭間《はざま》の部分　　イ　とがった部分　　ウ　中心ではない部分　　エ　突《つ》き抜《ぬ》けた部分

Ⅱ　傍線部のように言えるのはなぜですか。最も適当なものを次のア～エから選び、記号で書きなさい。

ア　見きりの極意《ごくい》は、ことがらに夢中となることで、それと一体化することが大切であるから。

イ　できることとできないことをぎりぎりで見定めることこそが見きりであると言えるから。

ウ　よい見きりをするためには、物事に対する深い考えや見方を身につけなければならないから。

エ　見きりをすることによって、今まで自分が持っていなかったようなよい視点を得られるから。

5 傍線部⑤「意識して見きりを練磨することにつとめてみてはどうか」とありますが、あなたは見きりを練磨することについてどう考えますか。理由も含《ふく》めてあなたの意見を述べなさい。

(三) 次の文章を読んで、後の1～7の問いに答えなさい。

一哉《かずや》(俺《おれ》)は牧師の父親に元ピアニストの母親という環境《かんきょう》もあり、キリスト教系の学校へ通いオルガン部に所属している。十歳《さい》の頃《ころ》、父と母が離婚《りこん》し、母はオリバー・シュルツという演奏家と共にドイツへ行ってしまった。母はドイツに一哉を連れて行くつもりだったが、母の裏切りに傷ついた幼い一哉は父と共に日本へ残る決断をした。本文は、高校三年生の一哉が自分の演奏に納得《なっとく》がいかず、発表会をサボって学校を抜《ぬ》け出し、そのまま朝帰りをするという事件を起こした後で、父と対話している場面である。

父は急に俺に背を向けると、机の引き出しから、かなり大きめの茶封筒《ちゃぶうとう》を取り出した。そして、黙《だま》って、それを俺に差し出した。

「お母さんからの手紙だ。君宛《あて》の」

父の言葉に、俺は袋《ふくろ》を受け取ろうとした手を途中《とちゅう》で止めた。

「お母さんは、シュルツ氏とは二年で離婚している。それからもドイツに残り、ノイスという町で、知り合いを頼《たよ》って働きながら一人で暮らしている。教会でオルガンを弾《ひ》く仕事もしているらしい」

父の手にしている茶封筒をにらむように見ながら、俺は話を聞いていた。離婚、一人で暮らしている、オルガンを弾く仕事……父の声がⓐ断片的《だんぺんてき》に頭に突《つ》き刺《さ》さる。知らなかった。何も知らなかった。母はあの男と幸せに暮らしているものだと信じこんでいた。なぜ、そんなことも知らずにいたのだろう。ただ、聞かなかったからか。

父は話を続けた。

「彼女《かのじょ》が離婚して一年くらいしてから、最初の手紙が届いた」

「それは、私宛で、報告のような短い手紙だった。こちらも近況《きんきょう》を書き送った。また、半年くらいたってから、手紙が来た。私宛に短い手紙、君宛に長い手紙。君への手紙は、私が読んでもいいと、そして、私の判断で君に渡《わた》すか捨てるかしてくれと書いてあった。私は読んだが、渡すことも捨てることもしなかった。どちらもできずにいると、一月に一度のわりで、手紙が届くようになった。君に読ませてはいけない手紙ではなかったし、渡すべきだと思った。でも、①私は、それをずっと隠《かく》しておいた。罪深い行いだ」

「なんで?」

俺はとまどいながら尋《たず》ねた。父らしくない。

父はしばらく黙っていた。

「お母さんが出ていってしまってから、君がここで幸せでないことはよくわかっていた。私は、先行きの不安定な外国の暮らしに君を送り出すつもりはなかったので、親権のことでは最後まで争うつもりだったが、君が自分から残ると言ってくれるとは思っていなかった。嬉《うれ》しかった。あの時、本当に唯一《ゆいいつ》の救いだった。君が。君自身が。そして、君の判断が」

父は俺をじっと見つめた。

「でも、私が君にしてあげられることは、多くないと、日に日に思うようになった。君には明らかに、彼女が必要だった。知らない外国人の継父《けいふ》がいても、別れて生活が困窮《こんきゅう》しても、それでも、お母さんと一緒《いっしょ》にいたら、君は幸せなのかもしれない。この手紙を見せたら、君は彼女のところに行ってしまうかもしれないと思った。だから、隠していた。ここの安定した生活が君のためだと判断したというより、ただ、彼女に君を取られるのがいやだった。私のわがままだ。見栄《みえ》かもしれない。嫉妬《しっと》かもしれない。なんにせよ、②正しくない考えだ。罪深い……。いくら、神に祈《いの》っても、詫《わ》びても、正しい行動をしなければ、意味がない。救われない」

父の言葉はなかなか俺の頭の中に入ってこなかった。

「③俺が……俺は、いい息子《むすこ》じゃない」

俺と父は、仲良しじゃない。こんなふうにⓑ胸を開いて語り合ったのは初めてだし、常に越《こ》えられない溝《みぞ》があり、親子にしては丁寧《ていねい》でよそよそしい間柄《あいだがら》だった。

「お父さんは、俺がいたほうがいいの?」

「 A 」

父は珍《めずら》しく怒鳴《どな》るように答えた。

「ただ、香住《かすみ》を苛立《いらだ》たせていたように、私は君を同じようにいらいらさせているように思える」

父が母の名前を口にするとハッとした。

「そんなんじゃないです。俺は、俺にいらいらしているんで。俺は、ものすごく半端《はんぱ》なんで、やることも考えることも」

俺は言った。

「自分でわかってるんだ。俺には深い考えなんてなくて、目先の感情だけなんだ。お母さんのことも、あの時、とても嫌《きら》いになって、だから、一緒に行かなかった。それは、今も変わらないよ」

父は俺の手に茶封筒を押《お》しつけた。

「読んでみるといい。考えが変わるかもしれない。いい手紙だ。素直《すなお》に自分の気持ちや、日々のことが書いてある。お母さんは、文章が上手なんだ。知り合ったばかりの頃、二人ともドイツ留学中だったんだが、近くはなかったので、ずっと文通していた。彼女からの手紙をどんなに待《ま》ち侘《わ》びていたか。自分の手紙を投函《とうかん》した瞬間《しゅんかん》から、ずっと彼女からの返事を待っていた。その頃を思い出したよ」

「なんで、見せてくれる気になったんです」

俺は尋ねた。時々、父に対しては敬語になるが、感情的に距離《きょり》を置きたい時にそうするみたいだ。バリヤーを張るみたいに。

「ゆうべ、ずっと思っていた。君にもしものことがあったらと。君がもし、お母さんからの手紙を読まずに、神様の元に行くようなことがあったらと……。そんなふうに④心臓に刃《は》を向けられているような状態にならないと、本当の罪の重さがわからなかったりする。なんて、愚《おろ》かなのだろうとつくづくと考えていた」

「お父さん、ありがとう」

言葉は、ふと口をついてきた。

「俺を欲《ほ》しがってくれて」

変な言葉だと思った。

「はないちもんめ、じゃないけど」

父はショックを受けたような顔になった。

「君は、私が義務感から君を育てているとでも思っていたのか？」

俺は首を横に振《ふ》った。

「⑤違《ちが》うよ。でも……」

わがままとか見栄とか嫉妬とか、およそ、父らしくない感情を見せてもらって嬉しかったんだけど、それは口にできなかった。

「お母さんの手紙、もらうけど、読む気になったら、読むから」

俺は茶封筒を見て、ため息をつくように言った。

（佐藤多佳子『聖夜』文春文庫刊による）

1 二重傍線部《ぼうせんぶ》ⓐ「断片的に」ⓑ「胸を開く」という言葉の意味と同じ意味を持つものとして、最も適当なものを、次のア～エから一つずつ選び、記号で書きなさい。

ⓐ　ア　非常に強烈《きょうれつ》に　イ　ぼんやりと　ウ　とぎれとぎれに　エ　鋭《するど》い様子で

ⓑ　ア　気のおけない　イ　腹を割る　ウ　心を砕《くだ》く　エ　懐《ふところ》が深い

2 [A] に当てはまる言葉として最も適当なものを次のア～エから選び、記号で書きなさい。

ア　そんなわけがない　イ　言うまでもなかったな　ウ　そう思わないか？　エ　あたりまえだ

3 傍線部①「私は、それをずっと隠しておいた」とありますが、「それ」とは何のことですか。十字程度で説明しなさい。

4 傍線部②「正しくない考え」とありますが、具体的にはどのような考えですか。最も適当なものを次のア～オから選び、記号で書きなさい。

ア　父である自分が息子である一哉にしてあげられることは多くないから、一哉の幸せを思うならば、母親と一緒にいさせてやるべきだという考え。

イ　息子である一哉を思いやればこそ、先行きが不安定な外国へと送り出すことはやめ、父である自分がいる日本に滞在《たいざい》させるべきだという考え。

ウ　母が息子である一哉を心配する気持ちを尊重しつつも、一哉の心が不安定なうちは一月に一度送られてくる長い手紙も渡さずにいる方がよいという考え。

エ　離婚した妻を許すことができないという思いから、一哉に手紙を渡してほしいという願いを聞き入れることができず、一哉の母への気持ちを無視したいという考え。

オ　息子である一哉に母からの手紙を渡して、一哉が自分の元から母親の元へと行ってしまうことがいやだという、一哉と母の思いより自分の気持ちを優先させた考え。

5 傍線部③「俺が……俺は、いい息子じゃない」とありますが、これは一哉のどのような気持ちから出た言葉ですか。最も適当なものを次のア～オから選び、記号で書きなさい。

ア　普段《ふだん》から仲良しではなくよそよそしい間柄だった父からの深い愛情に触《ふ》れ、驚《おどろ》き、うろたえている気持ち。

イ　朝帰りをするなど、普段から決して品行方正ではない自分に対する父の言葉を疑っている気持ち。

ウ　発表会をすっぽかし多方面に迷惑《めいわく》をかけてしまったことが改めて思い出されて、申し訳なく思う気持ち。

エ　勝手な行いで父にも学校にも心配をかけた自分のような人間が他人から必要とされているわけがないと絶望する気持ち。

オ　神父のときにはよそよそしい父からの深い愛情を感じて戸惑《とまど》い、どう受け止めていいかわからず不安な気持ち。

6 傍線部④「心臓に刃を向けられているような状態」とありますが、父のどのような状態のことですか。わかりやすく説明しなさい。

7 傍線部⑤「違うよ。でも……」という一哉の台詞《せりふ》には、一哉のどのような気持ちがこめられているのですか。わかりやすく説明しなさい。

令和３年度　済美平成中等教育学校入学試験問題　算　数

解答は，すべて別紙解答用紙の指定されたところに書き入れること。

(60分)

(一)　次の１～10 の問いに答えなさい。

(解答用紙に１，10 は答えのみを，２～９は計算も書きなさい。)

1　次の計算をしなさい。

（１）　$16\div2+22-10\times3$

（２）　$2\times(7-4+9\div3)$

（３）　$9.42\div3\times0.1+0.6\div0.02$

（４）　$\frac{2}{5}\times78-28\div\frac{5}{2}$

（５）　$\frac{5}{2}\times\frac{8}{3}-\frac{1}{2}\div\frac{3}{4}+\frac{7}{3}$

（６）　$3-\frac{1}{2}\div\left(3\frac{1}{3}\times2\frac{1}{2}-\frac{7}{2}\right)$

2　あるばねを天井からつり下げました。このばねにおもりをつけると，おもりの重さとのびの長さが比例します。
このばねを天井からつり下げたときのばねの長さは，おもりなしで 9cm，12g のおもりをつけたとき 18cm になりました。12g のおもりを 24g のおもりにかえたとき，このばねの長さは何 cm になりますか。

3　たろうさんの所持金はじろうさんの 4 倍です。たろうさんがじろうさんに 600 円をあげると二人の所持金は同じになりました。たろうさんのはじめの所持金は何円ですか。

4　あるクラスで国語と算数のテストをしました。80 点以上の人は，国語では全体の $\frac{3}{4}$ ，算数では全体の $\frac{1}{2}$ ，両方とも 80 点以上の人は全体の $\frac{2}{5}$ ，両方とも 80 点未満の人は 6 人でした。このクラスの人数は何人ですか。

5　商品 A を定価の 20%引きで売ろうとしましたが売れませんでした。そこで，割引後の価格の 10%をさらに引いて売りました。このときの商品 A の価格は，同じ定価の商品 B の 30%引きの価格と比べて，定価の何%高いですか。または，安いですか。

6　右の図のような，体積が $50.24cm^3$，高さが 4cm である円柱の底面の半径を求めなさい。
ただし，円周率は 3.14 とします。

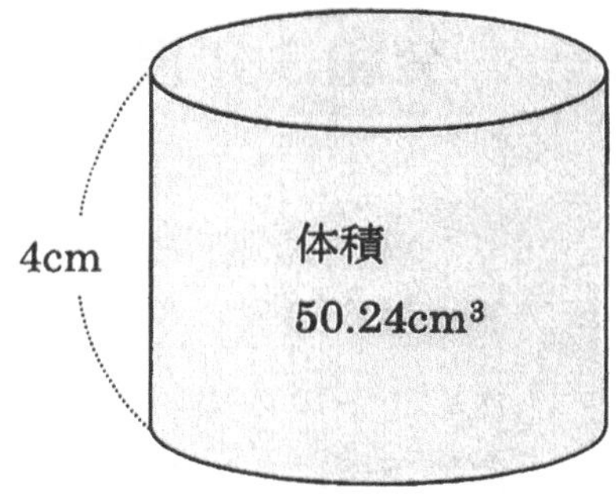

7　5%の食塩水が 400g あります。この食塩水から水を蒸発させて，20%の食塩水を作るためには，何 g の水を蒸発させればよいですか。

8　縦の長さが 84cm，横の長さが 60cm の長方形のタイルがあります。このタイルを，同じ向きでしきつめて正方形を作るとき，タイルは最低何枚必要ですか。

9　ある年の 7 月 1 日は，月曜日でした。同じ年の 10 月 27 日は，何曜日ですか。

10　右の図のように，正方形の中に円がぴったり入っています。
このとき，角㋐，角㋑の大きさを求めなさい。

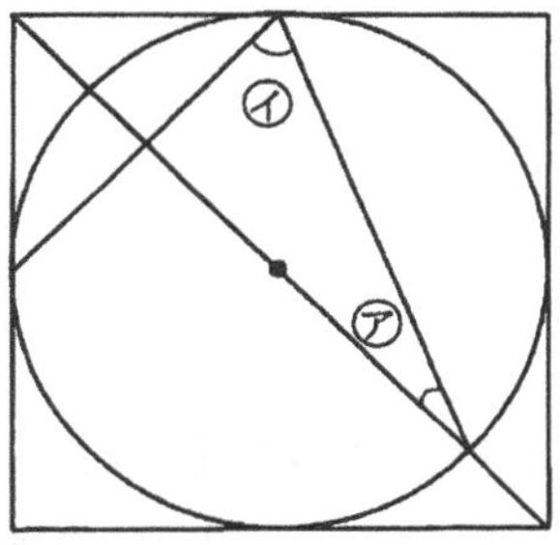

（二）　私は，父，母，兄，私の４人家族です。父は母より年上です。母と兄の年れいの差は24才です。兄と私の年れいの差は，父と母の年れいの差の３倍です。現在の４人の年れいの和は204才です。また，母と私の年れいの和は98才です。

このとき，次の**１～３**の問いに答えなさい。**（解答用紙に計算も書きなさい。）**

１　現在の父と兄の年れいの和は何才ですか。

２　兄と私の年れいの差は何才ですか。

３　現在の私の年れいは何才ですか。

（三）　たろうさんは，デパートに買い物に行きました。たろうさんは，地下１階でだれも乗っていないエレベーターに何人かと乗りました。１階ではだれも降りず，１人が乗りました。２階では４人降り，２人乗りました。３階では何人か降りましたが，だれも乗らなかったので，人数が３階についたときよりも４割減りました。４階では１人降り，何人か乗ったので，人数が４階についたときの３倍になりました。５階では乗っていた人の３分の２が降りただけで，だれも乗りませんでした。６階ではだれも降りず，４人が乗りました。７階についたときにエレベーターに乗っていたのは７人でした。

たろうさんは７階で降り，本屋で算数の本を買うことができて満足しました。

このとき，次の**１**，**２**の問いに答えなさい。**（解答用紙に答えのみを書きなさい。）**

１　３階で降りた人数と，４階で乗った人数を答えなさい。

２　地下１階でエレベーターに乗った人数は，たろうさんをふくめて何人だったか答えなさい。

（四）　以下の文章を読んで，次の１～４の問いに答えなさい。**（解答用紙に計算も書きなさい。）**

1 周 430 m のランニングコースを S から T の区間 120 m，T から U の区間 150 m，U から S の区間 160 m の 3 つの区間に分けました。

このコースを地点 S から出発して，時計回りに A さんが S～T 区間，B さんが T～U 区間，C さんが U～S 区間を順番に走ります。

A さん，C さんは 100 m をそれぞれ 15 秒，16 秒で走ります。

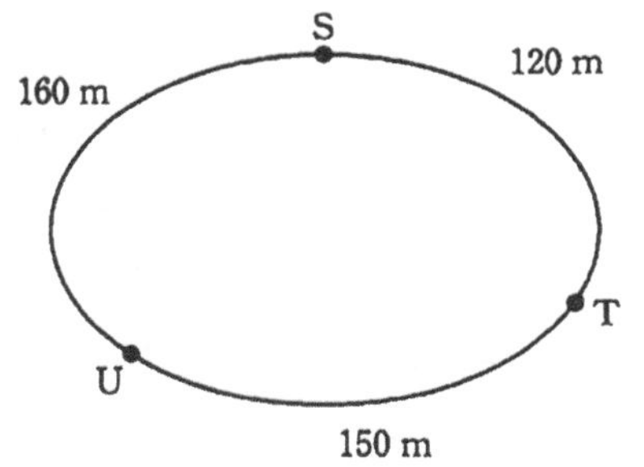

１　B さんは，T～U 区間を走るのに，27 秒かかりました。100 m を走るのに，何秒かかるか答えなさい。

２　このランニングコースを 1 周走るのに，何分何秒かかるか答えなさい。

3 人が走るのを見ていた D さんも，いっしょに走ることになりました。したがって，地点 S から出発して，A さんが S～T 区間，B さんが T～U 区間，C さんが U～S 区間，D さんが S～T 区間，A さんが T～U 区間，……と 4 人が順番に 1 つの区間を走り，何周も走り続けることになりました。なお，D さんは 100 m を 20 秒で走ります。

３　このランニングコースを 4 人で分担して，スタートから 2 周走るのに，何分何秒かかるか答えなさい。

４　30 分が経過したときの走者はだれですか。また，地点 S から時計回りに何 m の地点にいますか。

令和３年度　済美平成中等教育学校入学試験問題　理　科

解答は，すべて別紙解答用紙の指定されたところに書き入れること。

(40分)

(一)　次の**1**～**8**の問いに答えなさい。

1　酸素は通常空気中に体積の割合でおよそ何%含まれますか。次のア～エから１つ選び，記号で答えなさい。

ア　0.04%　　イ　0.5%　　ウ　21%　　エ　78%

2　タマゴで子を産む生物ではないものを次のア～エから１つ選び，記号で答えなさい。

ア　ニホンカナヘビ　　イ　アブラコウモリ　　ウ　サケ　　エ　カワセミ

3　生物の呼吸について正しい文章を次のア～エから１つ選び，記号で答えなさい。

ア　動物は呼吸によって酸素を取りこみ二酸化炭素を出し，植物は呼吸によって二酸化炭素を取りこみ，酸素を出している。

イ　人が鼻や口から吸い込んだ空気は，食道を通って左右の肺へと流れ，酸素は肺ほうの毛細血管へ取りこまれる。

ウ　人が呼吸によって吸いこむ空気には，はき出した空気よりも多くの二酸化炭素がふくまれている。

エ　鳥やイルカは人と同じように肺で呼吸をしている。

4　日本人で初めて，民間の宇宙船で地球を出発し，2021年１月現在，ISS（国際宇宙ステーション）で長期滞在を行っている人物は誰ですか。次のア～エから１つ選び，記号で答えなさい。

ア　若田《わかた》　光一《こういち》　　イ　野口《のぐち》　聡一《そういち》　　ウ　古川《ふるかわ》　聡《さとし》　　エ　星出《ほしで》　彰彦《あきひこ》

5　それぞれの水溶液《すいようえき》を蒸発させたとき，ちがう結果になるものを，次のア～エから１つ選び，記号で答えなさい。

ア　食塩水　　イ　うすい炭酸水　　ウ　うすい塩酸　　エ　うすいアンモニア水

6　テレビの映像は，すべて３色の光で表現することができます。この３色に使われていないものを，次のア～エから１つ選び，記号で答えなさい。

ア　黄色　　イ　赤色　　ウ　青色　　エ　緑色

7　天気予報で降水確率が90%とでていたらどのような意味ですか。正しいものを次のア～エから１つ選び，記号で答えなさい。

ア　一日の約90%の時間の間，雨が降る。

イ　予報がでている地域の約90%で雨が降る。

ウ　気象庁に勤める気象予報士の約90%が雨が降ると予想している。

エ　降水確率90%の予報が100回発表されたとき，そのうち約90回は雨が降る。

8　0～5の目もりのついた実験用のてこの左のうでに10gのおもりを図のようにつるしました。右のうでにはどのようにおもりをつるすとつり合いますか。次のア～エから１つ選び，記号で答えなさい。ただし，使うおもりはすべて10gのものとします。

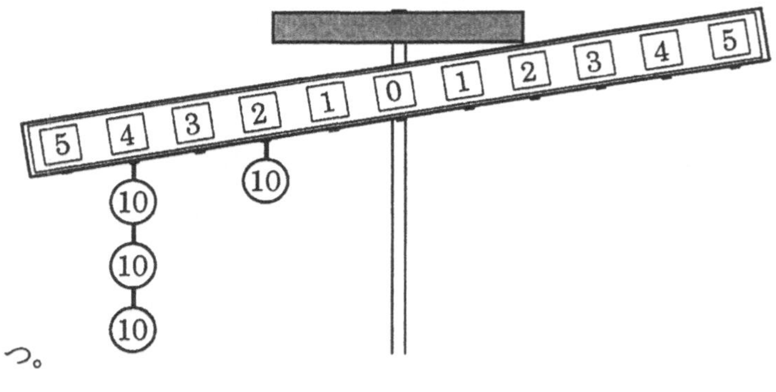

ア　３の目もりにおもりを５つ。

イ　３の目もりにおもりを３つ。４の目もりに２つ。

ウ　１の目もりにおもりを２つ。３の目もりに４つ。

エ　１の目もりにおもりを４つ。２の目もりに２つ。３の目もりに３つ。

（二） 天体について，次の**1**～**8**の問いに答えなさい。

2020年10月1日は，中秋の名月といい，お月見をするならわしがあります。そこで，星空に興味がある平成さんは，松山市にある自宅の庭で，10月の太陽が沈《しず》んでから30分間の空の様子を，毎日肉眼で観察することにしました。また，そのときに気づいたことの一部を下にまとめてみました。ただし，この1か月間は，毎日晴れていたこととします。

> 星について
> ・ ①夏の大三角や秋の四辺形と言われる星たちを観察することができた。
> ・ 6日は，赤っぽく見える②火星が，地球に最接近する日であったので，よく観察することができた。
> 月について
> ・ 1日は月を観察することができたが，2日から月を観察することができなくなり，18日に久しぶりに月を観察することができた。後で調べてみると，17日は③新月であったことが分かった。
> ・ ④月の形や観察できる方角は，観察する日によって違うことが分かった。

1 下線部①について，夏の大三角の星ではないものはどれですか。次のア～エから1つ選び，記号で答えなさい。

ア デネブ　　イ ベテルギウス　　ウ アルタイル　　エ ベガ

2 下線部②について，太陽の周りを回る天体のうち，比較的大きいものをわく星といい，火星もその一つです。火星は内側から何番目を回るわく星ですか。数字で答えなさい。

3 月を観察すると表面はごつごつしていて，丸いくぼ地がたくさん見られます。これを何というか答えなさい。

4 下線部③について，新月はなぜ観察できないのですか。「太陽の光」，「地球」という言葉を使って簡潔に答えなさい。

5 下線部④について，10月20日に月を観察したとき，どのような形をしていますか。その形として最も適当なものを次のア～クから1つ選び，記号で答えなさい。また，その月が観察できる方角を，八方位で答えなさい。

ア　イ　ウ　エ　オ　カ　キ　ク

6 下の図は太陽，月，地球の位置関係を北極星の方から見た様子を示しています。10月20日の月はどの位置にありますか。その位置として最も適当なものを図中のア～クから1つ選び，記号で答えなさい。

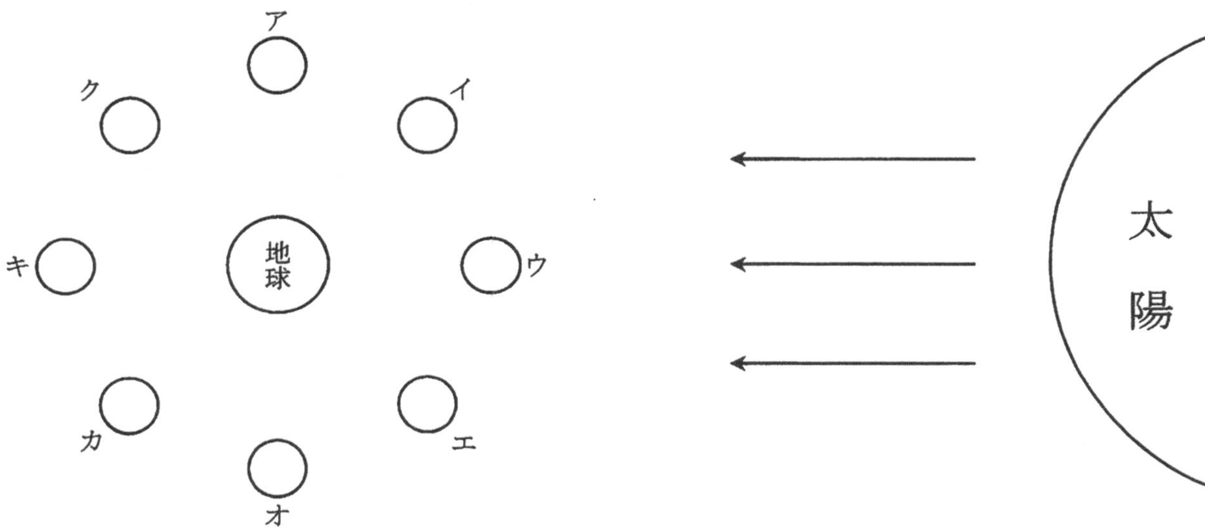

7 **6**のとき，北極星が見える月面上の地点から地球を観察したとき，どのような形をしていますか。その形として最も適当なものを次のア～クから1つ選び，記号で答えなさい。

ア　イ　ウ　エ　オ　カ　キ　ク

8 月を観察できなかった日がある理由を考えた平成さんは，月の位置と観察する時間が関係するのだと気づきました。その理由として書かれた次の文章の①・②に入る適当な語句を，（　）の中から1つずつ選び答えなさい。ただし，月の位置については，**6**の図で考えることとします。

> 月が日没《にちぼつ》直後に観察できなかったのは，月の位置が①（ イ，ウ，エ ・ エ，オ，カ ・ カ，キ，ク ・ ク，ア，イ ）にあるからで，②（ 朝6時ごろ ・ 昼12時ごろ ・ 真夜中0時ごろ ）の時間帯だとすべて観察することができる。

(三)　松山さんは，学校で育てているアサガオとヘチマの花を観察しました。下の図１はアサガオ，図２はヘチマの花の断面をスケッチしたものです。次の１～５の問いに答えなさい。

図１

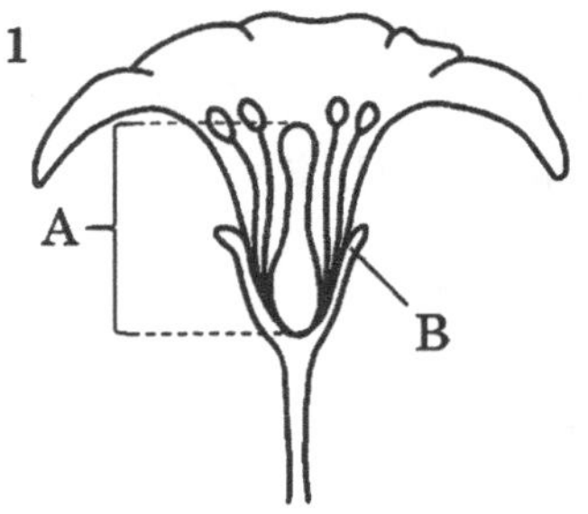

図２

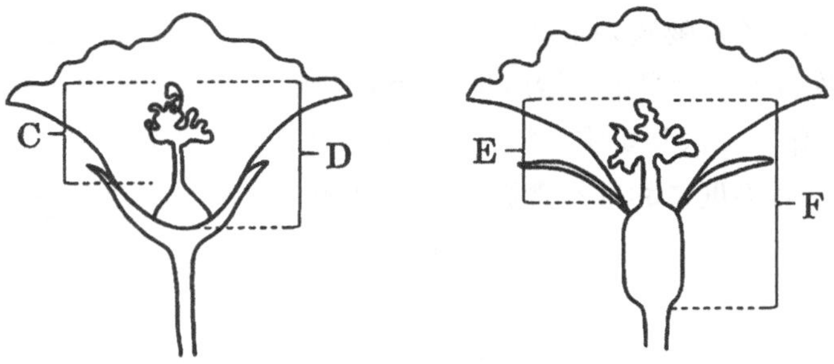

1　図１のA，Bの部分は何というかそれぞれ答えなさい。

2　図１のAと同じはたらきをするのは図２のどの部分ですか。図２のC～Fから１つ選び，記号で答えなさい。

3　松山さんはヘチマの花粉を顕微鏡《けんびきょう》で観察しました。次の（1），（2）の問いに答えなさい。

（1）顕微鏡を低倍率から高倍率に変えたとき，見え方はどのように変化しますか。次のア～エから２つ選び，記号で答えなさい。

ア　明るくなる　　　イ　暗くなる　　　ウ　見える範囲はせまくなる　　　エ　見える範囲は広くなる

（2）花粉を顕微鏡で観察すると右図の◎の位置に見えました。花粉を中央に持ってくるためにはプレパラートをどの方向に動かせば良いですか。右図のア～クから１つ選び，記号で答えなさい。

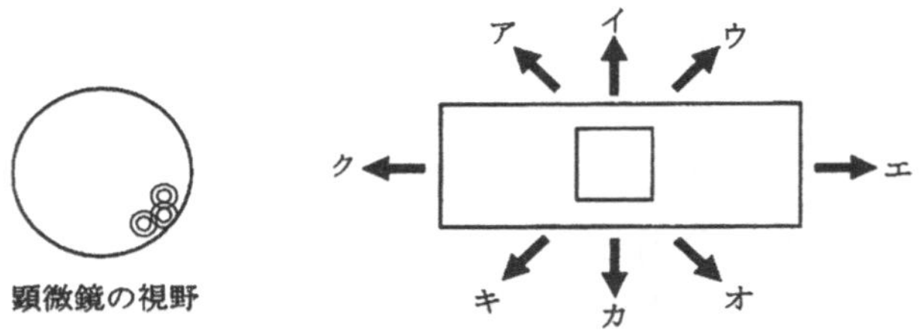

4　花が枯《か》れた後，アサガオの花のあとにはすべて実ができましたが，ヘチマの花のあとには実ができたものとできなかったものがありました。その理由として考えられることを２つ答えなさい。

5　松山さんは山に植物の観察に出かけ，下の写真の植物を見つけました。この植物はミツバテンナンショウといい，図鑑《ずかん》で調べると，次の特徴《とくちょう》があることがわかりました。

・　深いカップのような葉に花がつつまれている。
・　カップのような葉の中には１本の軸《じく》があり，その軸の上部には「かえし」という構造がある。
・　軸の下部に花の集まりがある。

さらによく観察すると，花の根元にすき間があるものとないものの２種類があることに気がつきました。下の図は２種類の花の断面図です。２種類の花はどちらかがおばなで，どちらかがめばなであると考えられます。おばなであると考えられる花を断面図（A），（B）から選び，記号で答えなさい。また，そう考えた理由を説明しなさい。

写真

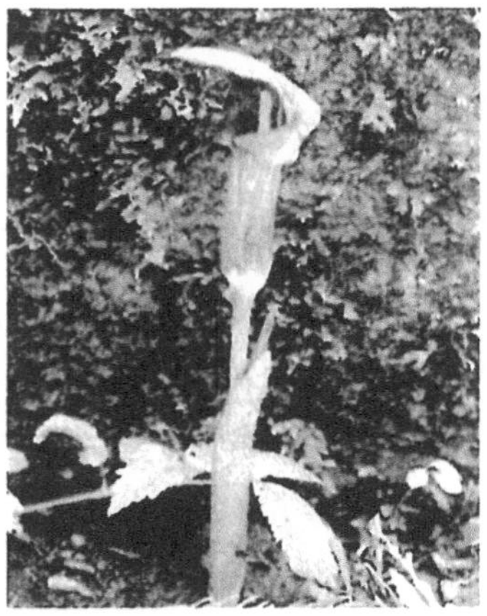

断面図

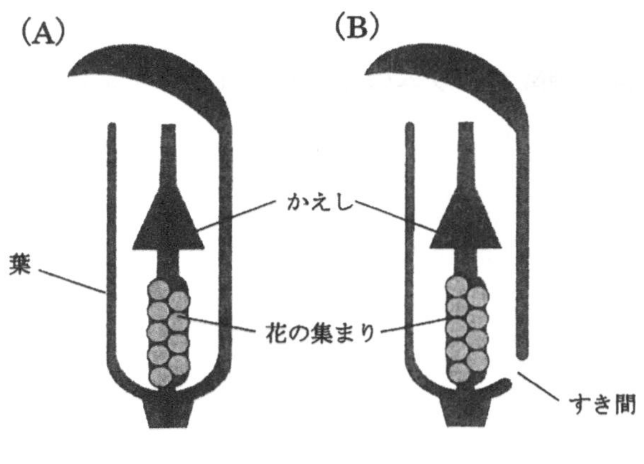

(四)　次の文章を読んで，次の**1**～**6**の問いに答えなさい。

決まった量の水にとける物質の量には限界があり，その限界の量は物質の種類やとかすときの水の温度によって異なります。そのため，いろいろな物質の水にとける量を比べるときには，とかす水の量と温度は同じでなければなりません。ある温度で水 100 g にとける物質の最大量を「溶解度《ようかいど》」，水に物質をとけるだけとかした溶液《ようえき》を「飽和《ほうわ》水溶液」といいます。ふつう，溶解度はとける物質の重さ（g）で表します。温度一定のとき，水にとけることのできる物質の量は，水の量に比例します。

下の表は，各温度における食塩，硝酸《しょうさん》カリウムの溶解度を表にまとめたものです。

温度（℃）	食塩（g）	硝酸カリウム（g）
0	35.6	13.3
10	35.7	22.0
20	35.8	31.6
40	36.3	63.9
60	37.1	109.0
80	38.0	169.0

1　食塩は理科実験だけでなく，料理の味付けにも使われます。5 mL の小さじの計量スプーンを使って，食塩 30 g をはかりとるとき，すりきり何杯にすればよいですか。次のア～エから 1 つ選び，記号で答えなさい。ただし，食塩は 1 cm^3 あたり 1.2 g の重さがあるとします。

ア　小さじ 4 杯　　イ　小さじ 5 杯　　ウ　小さじ 6 杯　　エ　小さじ 7 杯

2　上皿てんびんを使って，硝酸カリウムの重さをはかります。上皿てんびんの扱《あつか》い方として，まちがっているものを，次のア～オからすべて選び，記号で答えなさい。

ア　右ききの人が使うときは，はかりたい物体を左の皿にのせてはかる。

イ　皿に分銅をのせたりおろしたりする回数をできるだけ少なくするために，最初に物体と同じくらいの大きさの分銅を皿にのせる。

ウ　分銅をもつときは，ピンセットで持つ。

エ　必ず針が止まるまで待ってから，左右のつり合いを確かめる。

オ　てんびんを持ち運ぶときや片づけるときは，てんびんが動かないよう，皿は一方に重ねておく。

3　表のような作業手順で 80℃の食塩の飽和水溶液をつくります。それぞれの手順は先行手順を終えてから始められます。例えば，手順 D は手順 C を終えないと始めることができません。すべての手順が終わるまでの最短時間は何分ですか。

手順		手順にかかる時間（分）	先行手順
A	器具を準備する	2	---
B	食塩をはかりとる	3	A
C	お湯をわかす	5	A
D	お湯をはかりとる	2	C
E	食塩をお湯にとかす	3	B，D

4　80℃における食塩の飽和水溶液の濃度《のうど》は何％ですか。小数第 2 位を四捨五入して答えなさい。

5　40℃における硝酸カリウムの飽和水溶液 163.9 g を 20℃に冷やしたとき，とけずに出てくる物質は何 g ですか。

6　**5**ででてきた硝酸カリウムの結晶を全部とかすには，さらに 20℃の水を何 g 加えればよいですか。小数第 2 位を四捨五入して答えなさい。

（五）　次の文章を読んで，次の１～７の問いに答えなさい。

弦《げん》の振動《しんどう》を調べるために，図のような装置を作りました。弦の長さ（振動部分），太さ，おもりの重さと振動数（1秒間の振動回数）との間には，次の関係があることとします。

・　弦の太さとおもりの重さがそれぞれ同じときは，弦の長さが2倍，3倍だと振動数は$\frac{1}{2}$倍，$\frac{1}{3}$倍の，反比例の関係がある。

・　弦の長さとおもりの重さがそれぞれ同じときは，弦の太さが2倍，3倍だと振動数は$\frac{1}{2}$倍，$\frac{1}{3}$倍の，反比例の関係がある。

・　弦の長さと弦の太さがそれぞれ同じときは，おもりの重さが4倍，9倍だと振動数はそれぞれ2倍，3倍になる。

上の関係をもとに，表A～Hの組み合わせで実験を行いました。ただし，実験で使う弦は，いずれも同じ材質でできていることとします。

	弦の長さ（cm）	弦の太さ(mm)	おもりの重さ（kg）
A	100	5	36
B	100	2	9
C	80	4	4
D	80	3	16
E	60	5	25
F	60	4	9
G	40	5	36
H	20	2	4

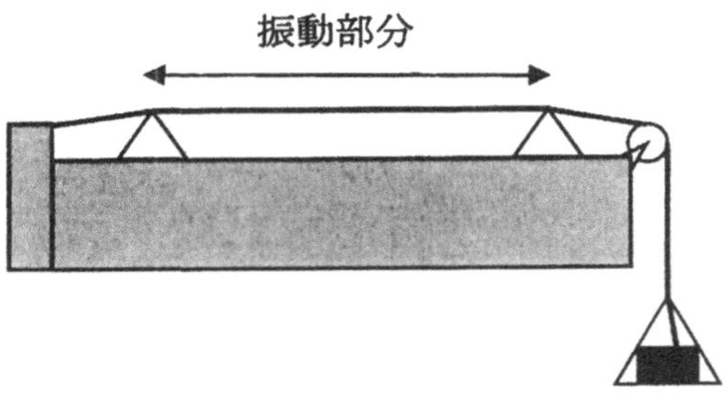

1　弦を使っている楽器を，次のア～エから１つ選び，記号で答えなさい。
ア　アコーディオン　　イ　けんばんハーモニカ　　ウ　ピアノ　　エ　マリンバ

2　Bのおもりを36 kgにすると，もとのBの振動数の何倍になりますか。

3　弦の長さと振動数との関係を調べるためには，どれとどれを比べたらよいですか。表のA～Hから選び，記号で答えなさい。

4　ある組み合わせから長さを2倍，太さを2倍，おもりの重さを9倍にすると，振動数は何倍になりますか。

5　F以外の装置でおもりを9 kgとしたとき，Fと同じ振動数にするには，A～Hのどの弦の長さと太さの組み合わせを使えばよいですか。表のA～Hから１つ選び，記号で答えなさい。

6　弦の長さを60 cmとしたとき，Eと同じ振動数にするには，どの組み合わせにすればよいですか。次のア～ウから１つ選び，記号で答えなさい。
ア　太さ：3 mm　重さ：4 kg　　イ　太さ：2 mm　重さ：16 kg　　ウ　太さ：4 mm　重さ：16 kg

7　D以外の組み合わせで，Dと同じ振動数となる実験装置を作りなさい。ただし，弦の長さは20，40，60，100 cm，弦の太さは2，4，5 mm，おもりの重さは4，9，25，36 kgを使うこととします。

令和3年度　済美平成中等教育学校入学試験問題　社　会

解答は，すべて別紙解答用紙の指定されたところに書き入れること。

(40分)

(一)　相撲《すもう》に関する下の文章を読み，次の１～９の問いに答えなさい。

　相撲の起源のひとつとして，はるか昔に，①出雲《いずも》（現在の島根県）の野見宿禰《のみのすくね》が大和《やまと》（現在の奈良県）の当麻蹶速《たいまのけはや》と勝負し，宿禰が勝利したと，720年に成立した②『日本書紀』に記されています。このとき③宿禰は，蹶速のあばら骨をけり，骨をふみくだいて勝利したと記されており，現代の相撲の決まり手にも「けたぐり」「けかえし」が存在しています。
　大相撲の本場所は，通常は年に④東京で３回，⑤大阪，名古屋，福岡で各１回行われます。東京都墨田《すみだ》区には宿禰を祭る神社があり，東京での本場所前には，宿禰ゆかりの出雲大社の神官による例祭が行われ，新しい横綱《よこづな》は神社の境内《けいだい》で土俵入りを行います。
　⑥第２次世界大戦の終結後，大阪での⑦2011年３月場所などをのぞき，ほとんど中止されずに本場所は行われてきました。大相撲は，本場所以外にも日本各地の「〇〇場所」を開きながら回る伝統的行事でもあり，モンゴル出身の白鵬《はくほう》，⑧ブラジル出身の魁聖《かいせい》など，世界各地からの参加者も見られます。相撲は古くからの⑨日本文化である一方で，豊かな国際性もそなえているといえるでしょう。

1　下線部①に関して，野見宿禰は，このとき当麻蹶速のもとに出雲から歩いてやって来たといわれています。次のア～オから，このとき宿禰が歩いたと考えられる地域として最も適切なものを選び，記号で答えなさい。
　ア　山口県　　イ　兵庫県　　ウ　三重県　　エ　静岡県　　オ　石川県

2　下線部②に関して，次のア～オから，『日本書紀』を読むことができた可能性がある人物を１人選び，記号で答えなさい。
　ア　藤原道長《ふじわらのみちなが》　　イ　藤原鎌足《ふじわらのかまたり》　　ウ　天智《てんじ》天皇　　エ　小野妹子《おののいもこ》　　オ　聖徳太子《しょうとくたいし》

3　下線部③に関して，現代では，宿禰のような行動は法律にもとづいて裁かれることになります。その際，裁判官ではない一般《いっぱん》市民が，有罪か無罪かの決定に関わる制度がありますが，そうした制度を何といいますか。

4　下線部④に関して，次のア～オのうち，最も東京の近くにあるものを選び，記号で答えなさい。
　ア　法隆寺《ほうりゅうじ》　　イ　淀川《よどがわ》　　ウ　北見《きたみ》山地　　エ　阿武隈《あぶくま》高地　　オ　中尊寺金色堂《ちゅうそんじこんじきどう》

5　下線部⑤に関して，この３つの都市のいずれかについて説明した次のア～エから，最も適切なものを選び，記号で答えなさい。
　ア　周辺には大規模な自動車産業で有名な地域が多く，瀬戸内《せとうち》工業地域の中心的な都市である。
　イ　織田信長がその本拠地《ほんきょち》としてから発展を重ね，最近では「都構想《とこうそう》」について住民投票が行われた。
　ウ　明治以降に発展した都市で，2020年東京オリンピックでは，マラソン競技が予定されていた。
　エ　室町時代に中国王朝との貿易で栄えたが，それ以前の王朝が近くまで攻《せ》めこんだことがある。

6　下線部⑥に関して，第２次世界大戦後の日本が，直接的に海外諸国との戦争を行った回数を答えなさい。

7　下線部⑦に関して，このときに日本国内で起こった災害を何と呼びますか。

8　下線部⑧に関して，ブラジルは鉄鉱石，ボーキサイトなど，様々な資源を輸出する国です。ボーキサイトから作り出されるものは何ですか。次のア～オから最も適切なものを選び，記号で答えなさい。
　ア　アルミニウム　　イ　鉄　　ウ　ガソリン　　エ　石炭　　オ　バター

9　下線部⑨に関して，次のア～エの人名に関する日本文化や芸能は何かをそれぞれ考えた上で，その文化や芸能が成立した時代順に正しくならべかえ，記号で答えなさい。
　ア　世阿弥《ぜあみ》　　イ　市川団十郎《いちかわだんじゅうろう》　　ウ　紀貫之《きのつらゆき》　　エ　手塚治虫《てづかおさむ》

（二）　人やものの移動について，あきこさんとのぼるさんの会話文を見て，次の１～３の問いに答えなさい。

あきこ：去年は家にいることが多かったよ。どこにも行けなかったのは残念だな。
のぼる：だけど，①東京都やその周辺でおこなわれているイベントを自宅で見ることができたのはうれしかったな。
あきこ：そういえば，ふだんは都会でしか買えないものが今年はインターネットで買えるようになったりして，うちでも宅配便で②運ばれたものが増えたよ。職場や学校に行かなくても，家で会議をしたり授業を受けたりできたし，都会に住まなくても便利な生活ができそうだね。
のぼる：最近は東京に③人口が集中して，地方の人口が減少すると言われていたよね。だけど，［　X　］，これからは地方に住む人が増えるかもしれないね。

１　下線部①に関して，図１は東京都周辺の県と，周辺の県から東京都に流入する人口（2015年）を示しています。これを見て，次の（１）～（５）の問いに答えなさい。

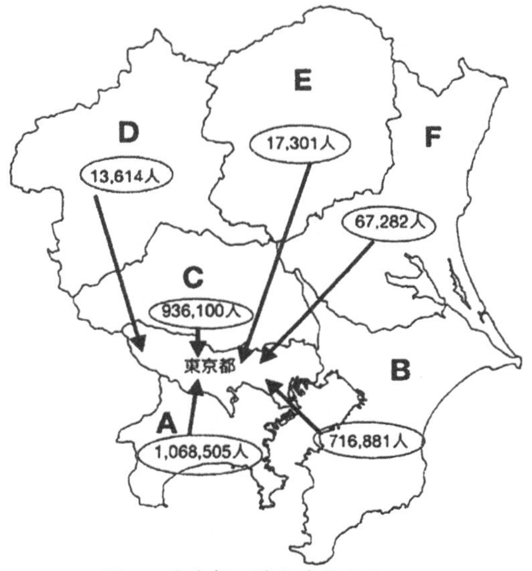

図１　東京都に流入する人口

（１）この図に示された地方名を答えなさい。

（２）図中Ｄ，Ｆの県名と県庁所在地名を漢字で答えなさい。

（３）なぜ昼間に周辺の県から東京都に人が移動するのですか。その理由について説明した次のア～エから，誤っているものを１つ選び，記号で答えなさい。
　ア　職場や学校に通勤や通学をする人が多いため。
　イ　商業が発達しており，買い物をする人が多いため。
　ウ　家が東京都内にあり，帰宅する人が多いため。
　エ　交通の中心として，空港や駅に向かう人が多いため。

（４）Ｂの県には，日本で最も輸入額の大きい空港または港が存在します。
次のア～エから，そこでの輸入の上位品目として最も適切なものを選び，記号で答えなさい。
　ア　通信機，医薬品，電子部品　　　イ　自動車，自動車部品，金属を加工するための機械
　ウ　原油，鉄以外の金属，天然ガス　エ　衣類，事務用機械，魚介類《ぎょかいるい》

（５）右の表１は，ある農産物の生産量が上位の都道府県について，生産量と，生産量が日本全体にしめる割合を示しており，表中Ｂ，Ｄ，Ｅ，Ｆは図１中の都道府県を示します。この農産物が大豆，小麦，レタス，じゃがいも，生乳のいずれであるか，あきこさんがまとめたカードを読み，空らん（　あ　），（　い　）に当てはまる適切な語句を答えなさい。

表１　ある農産物の生産量が上位の都道府県（2017年）

順位	都道府県	生産量(t)	全国にしめる割合(%)
1	北海道	3,892,895	53.5
2	E	335,957	4.6
3	熊本県	246,828	3.4
4	D	225,048	3.1
5	岩手県	218,192	3.0
6	B	207,967	2.9
7	愛知県	176,246	2.4
8	F	166,089	2.3
9	宮城県	116,955	1.6
10	長野県	97,419	1.3

（農林水産省資料より作成）

北海道の生産量が，全体の生産量の約半分を占めていて多い。

北海道，岩手県，宮城県，長野県など，気候が（　あ　）場所が上位に入っている。

Ｂ，Ｄ，Ｅ，Ｆは東京都周辺の都道府県である。

以上の条件から，この農産物は，大豆，小麦，レタス，じゃがいも，生乳のうち（　い　）である。

２　下線部②に関して，次の（１），（２）の問いに答えなさい。

（１）右の図２の折れ線グラフは，高速道路の長さの変化を示しています。また，帯グラフは鉄道，トラック，船，航空機が，それぞれ輸送した荷物の量と距離《きょり》が全体のうちに占める割合を示しています。
　グラフのア～エから，鉄道を示すものを選び，記号で答えなさい。

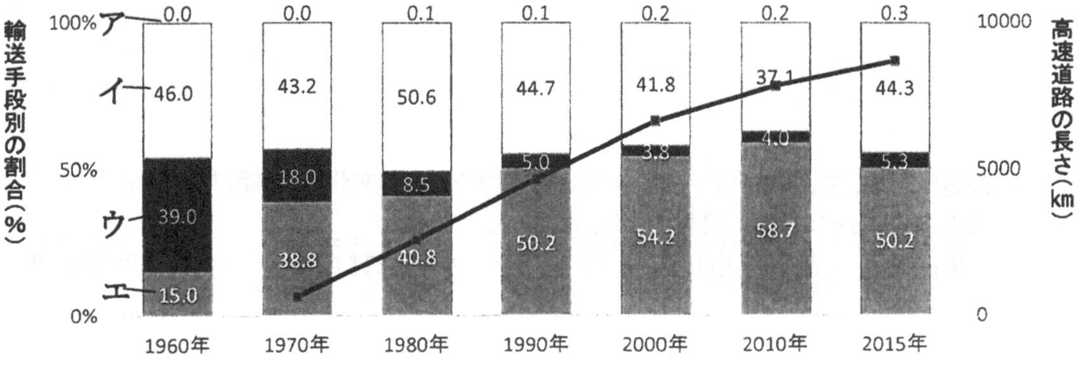

図２　輸送手段が全体にしめる割合と高速道路の長さの変化
（「道路統計年報」「交通政策白書」より作成）

（２）下の**図３**は日本の工場の数の変化を示し，**表２**は日本の製品の生産額の変化を示しています。これに関するのぼるさんの発表を読み，空らん（　あ　），（　い　）に当てはまる適切な語句や文を答えなさい。

図3　工場の数の変化（全国）

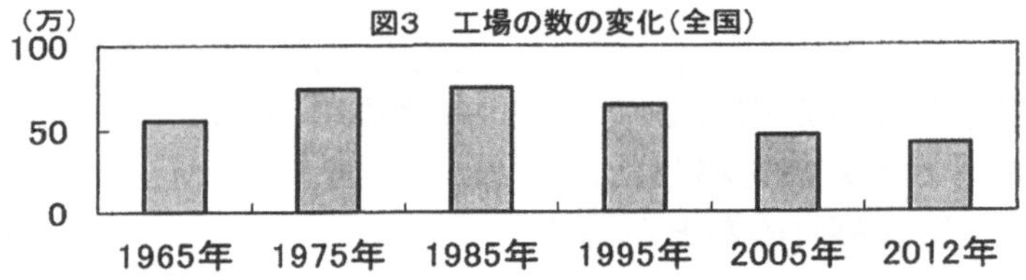

表２　日本の製品の生産額（億円）

1965年	1975年	1985年	1995年	2005年	2012年
294,889	1,274,329	2,684,763	3,094,369	2,981,253	2,906,961

（工業統計より作成）

（のぼるさんの発表）

日本の工場の数は1985年をさかいに減っています。しかし，日本の製品の生産額は増加しています。このことから，工場一つあたりの生産額が（　あ　）していることが分かります。

日本の工場の数が減少した理由について，ぼくは日本企《き》業《ぎょう》が，海外に工場をつくったのだと予想します。日本から海外に工場がうつった理由は，日本より海外の方が働く人の（　い　）からだと思います。

3　下線部③に関して，次の（１）～（３）の問いに答えなさい。

（１）右の**図４**のグラフは，日本の男女別の人口を示したもので，**Ｘ～Ｚ**はそれぞれ1965年，2015年，2050年（予想）のいずれかです。**Ｘ～Ｚ**を，それぞれが示している年代が古い順にならべかえ，記号で答えなさい。

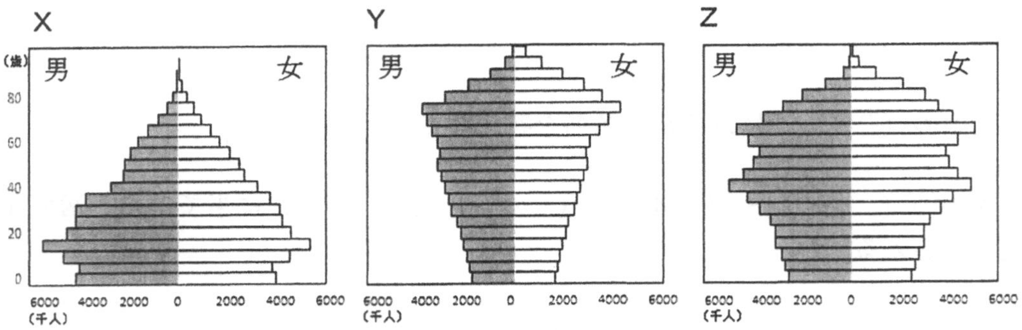

図４　日本の男女別人口

（国勢調査より作成）

（２）下の**図５**は2010年から2015年の人口増減率（前年の人口とその年の人口を比べてどのくらい増加したか，減少したかの割合）を都道府県別に示したものです。この図から読み取れることについて説明した次のア～エから，最も適切なものを選び，記号で答えなさい。

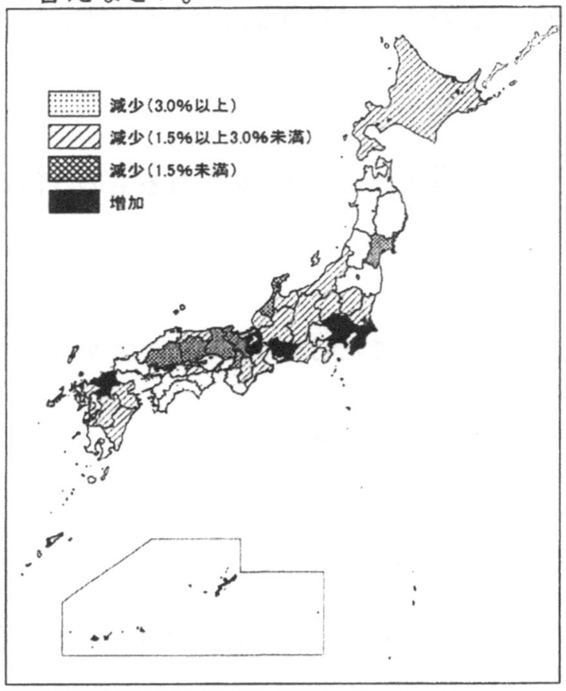

図５　人口増減率

ア　人口が増加しているのは，三大工業地帯にある都道府県だけだということが読み取れる。

イ　高知県の人口の減った割合が大きいため，高知県は鳥取県よりも人口が少なくなったことが読み取れる。

ウ　北海道は人口のわりに面積が広いため，１㎢あたりの人口は日本で最も少ないことが読み取れる。

エ　仙台市は地方の中心となる都市なので，仙台市を県庁所在地にもつ県は，その地方の他県よりも人口の減った割合が小さいことが読み取れる。

（国勢調査より作成）

（３）人口の減った割合が大きい地域のなかには，高齢者《こうれいしゃ》の割合が半数を超《こ》え，地域の生活を保つことが困難になる集落が存在します。このような集落を何と言いますか。漢字４字で答えなさい。

4　次のア～エから，会話文中の空らん［　Ｘ　］に入らないものを１つ選び，記号で答えなさい。

ア　それぞれの地域で必要なものをその地域でつくるようにすれば

イ　都市の機能をもっと集中させれば

ウ　いろいろな場所に政府の役所をつくれば

エ　通信手段や機能がもっと充実《じゅうじつ》すれば

（三）　じろうさんとなおこさんは，休校中の自主学習として，今まで行ったことのある都道府県Ａ～Ｇの歴史をそれぞれまとめました。これを見て，次の１～８の問いに答えなさい。

じろうさんのまとめ

A　710年，新しい都である（　1　）がつくられた。全国各地で災害や反乱が起こるなど，社会全体に不安が広がったため，（　2　）天皇は，政治を安定させるために，（　1　）から次々と都を移した。
B　1192年に朝廷《ちょうてい》から征夷大将軍《せいいたいしょうぐん》に任じられた（　3　）が開いた①鎌倉《かまくら》幕府のあとがある。
C　（　4　）が朝鮮《ちょうせん》に大軍を送った際の拠点《きょてん》である名護屋城のあとがある。
D　②国会議事堂がある。1964年にアジアで初めての（　5　）が開かれた場所でもある。

なおこさんのまとめ

E　③米づくりが広がった時代の遺跡《いせき》である吉野ヶ里《よしのがり》遺跡がある。
F　1397年に（　6　）が建てた金閣がある。
G　1853年に（　7　）が４せきの軍艦《ぐんかん》を率いてあらわれた。また，外国との④貿易のために港や外国商館がつくられた。

1　文中の（　1　）に入る都の名前を答えなさい。

2　文中の（　2　）～（　4　），（　6　）と（　7　）に当てはまる適切な人名を答えなさい。ただし，（　7　）以外は漢字で答えること。

3　文中の（　5　）に入るできごとを答えなさい。

4　下線部①に関して，次のア～エから，裁判を行った中央の機関として最も適切なものを選び，記号で答えなさい。
　ア　政所《まんどころ》　　イ　六波羅探題《ろくはらたんだい》　　ウ　侍所《さむらいどころ》　　エ　問注所《もんちゅうじょ》

5　下線部②に関して，日本に存在した帝国《ていこく》議会や国会のうち，選挙によって選ばれていなかったものは何ですか。次のア～エから最も適切なものを選び，記号で答えなさい。
　ア　平等院　　イ　参議院　　ウ　貴族院　　エ　衆議院

6　下線部③に関して，この時代に，朝鮮半島から日本列島へわたってきて住みついた渡来人《とらいじん》が伝えたといわれるものは何ですか。次のア～エから最も適切なものを選び，記号で答えなさい。
　ア　青銅器　　イ　火薬　　ウ　仏教　　エ　かな文字

7　下線部④に関して，幕府が江戸時代の終わりに結んだ「修好通商条約」とその改正について説明した次のア～エから，最も適切なものを選び，記号で答えなさい。
　ア　外国への輸出品にかける税金を自由に決める権利である関税自主権が認められていなかった。
　イ　外国から安い品物が次々に国内に入ったため，日本産の綿織物などが売れなくなった。
　ウ　日本人が外国で罪をおかしたときに，外国の法律で裁くことが認められなかった。
　エ　外務大臣の小村寿太郎《こむらじゅたろう》は，アメリカと話し合って，1894年に領事裁判権をなくすことができた。

8　じろうさんとなおこさんの両方が行ったことのある都道府県が，２つあります。その都道府県を示すものをＡ～Ｇからそれぞれ２つずつ選び，記号で答えなさい。また，その都道府県名を答えなさい。

2021(R3) 済美平成中等教育学校
K 教英出版　社5の4

(四) 次の１～３の問いに答えなさい。

１ 2020年のニュースに関する次の（１）～（３）の問いに答えなさい。

（１）11月に行われたアメリカ大統領選挙で，民主党の候補者となっていた人物はだれですか。

（２）2020年夏，安倍晋三首相《あべしんぞうしゅしょう》が辞任を表明しました。この前後の情勢について説明した次のア～エから，誤っているものをすべて選び，記号で答えなさい。誤りが１つもない場合は，「なし」と答えなさい。

ア 安倍首相は，健康上の問題点から，首相の役割を果たせないと思ったことで辞任を決断した，と語った。
イ 安倍首相の辞任後，ただちに衆議院が解散し，総選挙が行われ，そののちに新しい首相が選ばれた。
ウ 安倍内閣は，７年以上の間，連続して政権を担当したが，これは歴代最長の記録である。
エ 安倍内閣ののち成立した菅《すが》内閣は，自由民主党に所属する大臣のみによって構成されている。

（３）７月に史上最年少となる17歳《さい》でタイトルを獲得《かくとく》した藤井聡太《ふじいそうた》さんは，どのような競技を行っていますか。競技名を答えなさい。

２ 下の写真Ａ，Ｂは，2020年の大型連休（ゴールデンウィーク）中に愛媛県で撮影《さつえい》されたものです。これを見て，次の（１）～（３）の問いに答えなさい。

Ａ

Ｂ

（１）この時期は，写真Ａのような表示があちこちの道路でみられました。これはなぜですか，説明しなさい。

（２）写真Ｂの農作物は何ですか。次のア～エから最も適切なものを選び，記号で答えなさい。

ア 稲（米）　　イ 大豆　　ウ 麦　　エ とうもろこし

（３）この時期に学校では，オンライン教育がすすめられましたが，ＰＣやタブレットなど，ＩＣＴの整備が不十分であるといわれることがありました。ＩＣＴのＩとは「インフォメーション」，Ｔとは「テクノロジー」の略です。Ｃは何の略ですか。カタカナで答えなさい。

３ ある小学校のクラスで，うさぎを育てています。ところが最近，たくさんのねこがうさぎ小屋の回りをうろつくようになり，クラスで対策を話し合うことになりました。これについて，（１）～（３）の問いに答えなさい。

（１）つとむさんは，「うさぎ小屋の回りにわなをかけて，ねこをつかまえる」ことを提案しましたが，これに反対する意見を説明した次のア～エから，最も適切なものを選び，記号で答えなさい。

ア ねこは野生ののらねことは限らず，どこかの家でかわれているかもしれないではないか。
イ 小屋の中のうさぎが，まちがってわなにかかってしまうかもしれないではないか。
ウ ねこがふえていくと，クラスメートがうさぎ小屋に安全に行けなくなるではないか。
エ 放っておいて，ねこがうさぎに食べられてしまうのを待った方がよいではないか。

（２）ひろしさんは，「ねこにもうさぎと同じ生きる権利があるはずだ。ぼくたちは生き物の権利を守る義務がある」と言いました。義務と権利について説明した次のア～エから，誤っているものを１つ選び，記号で答えなさい。

ア 人は権利を持つ一方で義務を負うが，日本では国民の三大義務が憲法によって定められている。
イ 日本の国民が，国会議員を選ぶことができるのは，権利ではなく義務の一種である。
ウ 自分の権利を主張することは，場合によって他人の権利を否定することにもつながる。
エ 法律で国民の権利が制限されることもあるので，よく注意しておく必要がある。

（３）話し合いのあと，つとむさんの意見に対し，クラスで多数決をとることになりました。多数決や投票制は民主主義における意志決定の手段ですが，問題点がないわけではありません。多数決や投票制の問題点を１つ挙げて，どのような点が問題なのか，説明しなさい。

2021(R3) 済美平成中等教育学校
教英出版　社5の5

令和三年度　国語　解答用紙

受験番号　　番

小学校

氏名

（一）

1　①　②　③　④（ぶ）　⑤　⑥　⑦　⑧　⑨　⑩

2　①　②　③　④　⑤　⑥　⑦　↓　↓　↓　↓　⑧

（二）

1

2

3

4　Ⅰ　Ⅱ

5

（三）

1　ⓐ　ⓑ

2

3

4

5

6

7

（一）	
（二）	
（三）	
合計	

※100点満点
（配点非公表）

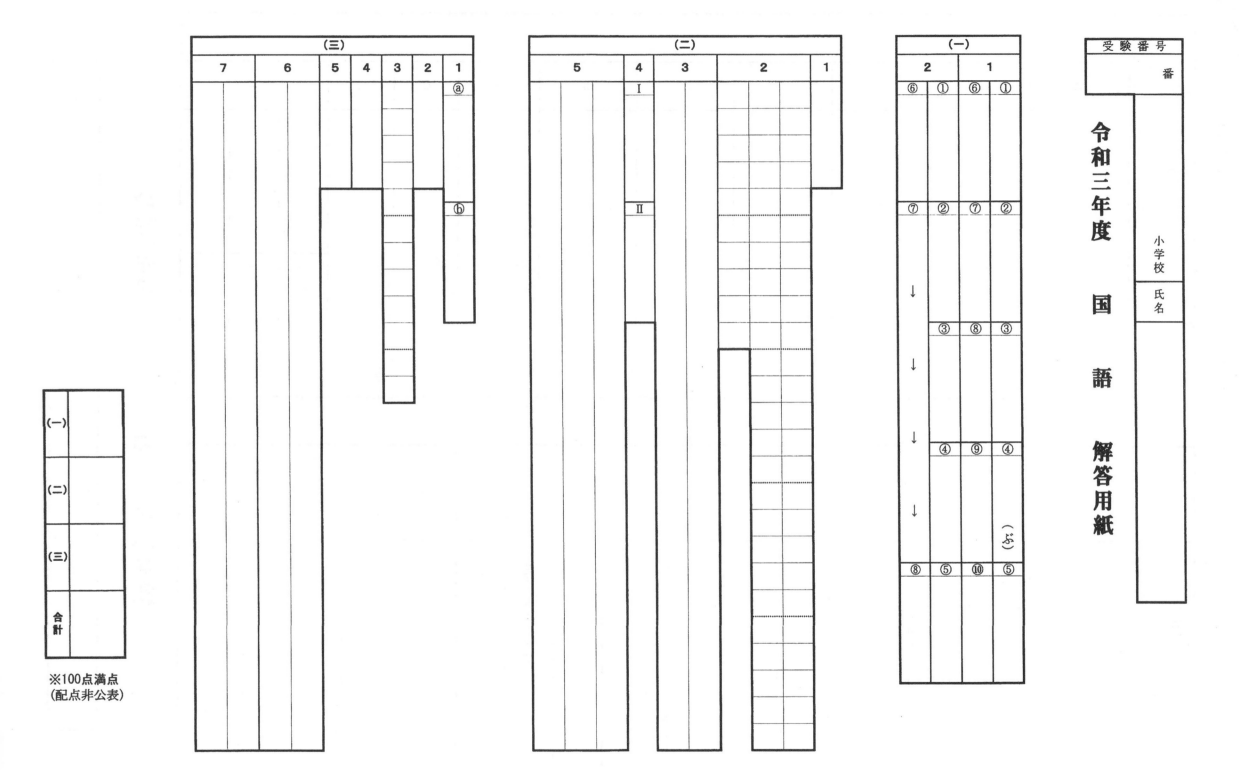

受験番号	番	小学校	氏名	

令和3年度　算　数　解答用紙

(一)	1	(1)	(2)
		(3)	(4)
		(5)	(6)
	2	答　cm	
	3	答　円	
	4	答　人	
	5	答	
	6	答　cm	
	7	答　g	
	8	答　枚	
	9	答　曜日	
	10	角㋐　度	
		角㋑　度	

(二)	1	答　才
	2	答　才
	3	答　才
(三)	1	3階で降りた人数　人
		4階で乗った人数　人
	2	人
(四)	1	答　秒
	2	答　分　秒
	3	答　分　秒
	4	答　最後の走者 地点Sから　mの地点

(一)	(二)	(三)	(四)	合計

※100点満点
(配点非公表)

受験番号	番	小学校	氏名	

令和3年度　理　科　解答用紙

(一)	1	
	2	
	3	
	4	
	5	
	6	
	7	
	8	

(二)	1		
	2	番目	
	3		
	4		
	5	形	方角
	6		
	7		
	8	①	②

(三)	1	A	B
	2		
	3	（1）	
	3	（2）	
	4	1つ目	
		2つ目	
	5	おばな	
		理由	

(四)	1	
	2	
	3	分
	4	%
	5	g
	6	g

(五)	1	
	2	倍
	3	
	4	倍
	5	
	6	
	7	長さ　cm　太さ　mm　重さ　kg

(一)	(二)	(三)	(四)	(五)	合計

※50点満点
(配点非公表)

受験番号	番	小学校	氏名	

令和3年度　社　会　解答用紙

(一)		
	1	
	2	
	3	
	4	
	5	
	6	回
	7	
	8	
	9	→　→　→

(二)				
1	(1)			地方
	(2)	D	県	県
			県庁	市
		F	県	県
			県庁	市
	(3)			
	(4)			
	(5)	(あ)		
		(い)		
2	(1)			
	(2)	(あ)		
		(い)		
3	(1)	→　→		
	(2)			
	(3)			
4				

(一)	(二)	(三)	(四)	合計

※50点満点
(配点非公表)

(三)		
1		
2	(2)	
	(3)	
	(4)	
	(6)	
	(7)	
3		
4		
5		
6		
7		
8	記号	
	都道府県	
	記号	
	都道府県	

(四)		
1	(1)	
	(2)	
	(3)	
2	(1)	
	(2)	
	(3)	
3	(1)	
	(2)	
	(3)	

令和四年度　済美平成中等教育学校入学試験問題　国　語

(60分)

解答は、すべて別紙解答用紙の指定されたところに書き入れること。

(一)　次の**1**と**2**の問いに答えなさい。

1　次の①～⑤の傍線部《ぼうせんぶ》の漢字はひらがなに、⑥～⑩の傍線部のカタカナは漢字にそれぞれ直しなさい。また、送《おく》り仮名《がな》が必要な場合は補いなさい。

①　蚕を育てる。

②　朗らかな表情を浮《う》かべる。

③　彼《かれ》の意見を尊重する。

④　ロボットを操る。

⑤　実力を発揮する。

⑥　イサギヨク負けを認める。

⑦　アイディアがサイヨウされる。

⑧　他国とドウメイを結ぶ。

⑨　インサツされた文章を読む。

⑩　風邪《かぜ》のチョウコウがある。

2　次の資料とそれに関するたろうさんとかずやさんの会話を読んで、後の①～⑦の問いに答えなさい。

香川県ネット・ゲーム依存《いそん》症対策条例

インターネットやコンピュータゲームの過剰《かじょう》な利用は、子どもの学力や体力の低下のみならずひきこもりや睡眠《すいみん》障害、視力障害などの身体的な問題まで引き起こすことなどが指摘《してき》されており、世界保健機関において「ゲーム障害」が正式に疾病《しっぺい》と認定《にんてい》されたように、今や国内外で大きな社会問題となっている。(中略)

第1条　この条例は、ネット・ゲーム依存症対策の推進について、基本理念を定め、及《およ》び県、学校等、保護者等の責務等を明らかにするとともに、ネット・ゲーム依存症対策に関する施策《しさく》の基本となる事項《じこう》を定めることにより、ネット・ゲーム依存症対策を総合的かつ計画的に推進し、もって次代を担う子どもたちの健やかな成長と、県民が健全に暮らせる社会の実現に寄与《きよ》することを目的とする。

(中略)

第18条　保護者は、子どもにスマートフォン等を使用させるに当たっては、子どもの年齢《ねんれい》、各家庭の実情等を考慮《こうりょ》の上、その使用に伴《ともな》う危険性及び過度の使用による弊害《へいがい》等について、子どもと話し合い、使用に関するルールづくり及びその見直しを行うものとする。

2　保護者は、前項《ぜんこう》の場合においては、子どもが睡眠時間を確保し、規則正しい生活習慣を身に付けられるよう、子どものネット・ゲーム依存症につながるようなコンピュータゲームの利用に当たっては、1日当たりの利用時間60分まで(学校等の休業日にあっては、90分まで)の時間を上限とすること及びスマートフォン等の使用(家族との連絡及び学習に必要な検索《けんさく》等を除く。)に当たっては、義務教育修了《しゅうりょう》前の子どもについては午後9時までに、それ以外の子どもについては午後10時までに使用をやめることを目安とするとともに、前項のルールを遵守《じゅんしゅ》させるよう努めなければならない。

たろう「香川県には、子どものゲームの利用時間を制限する条例があるんだね。知らなかったよ。」

かずや「僕《ぼく》も初めて知ったよ。でも愛媛県に住んでいる僕たちにとっては『[A]』だね。」

たろう「そうかな。とはいえ僕は自分でゲームをする時間は30分までと決めているよ。」

かずや「それはえらいね。僕は一度ゲームを始めると[B]になってしまって止められなくなるんだ。」

たろう「ゲーム依存症になる前に親とルールを決めた方がいいんじゃないかな。」

かずや「確かにそうだね。手遅《ておく》れになる前に[C]ことにするよ。」

たろう「かずやさんはどんなゲームが好きなの?」

かずや「僕はスポーツのゲームが好きなんだ。[D]、サッカーのゲームとかね。」

たろう「スポーツのゲームは面白《おもしろ》いよね。[E][F][G][H][I]」

かずや「ゲームの二面性って面白いね。いわゆる[J]というやつだ。僕もたろうさんみたいにゲームとはうまく付き合っていくことにするよ。」

① 傍線部「過剰」の対義語を次のア～エから選び、記号で書きなさい。
ア 超過《ちょうか》　イ 独立　ウ 中庸《ちゅうよう》　エ 不足

② ［A］、［C］に入ることわざや慣用表現として最も適当なものを次のア～カから選び、記号で書きなさい。
ア 灯台もと暗し　イ 隣《となり》の芝生《しばふ》は青い　ウ 対岸の火事
エ 揚《あ》げ足《あし》を取る　オ 先手を打つ　カ 腹を割る

③ ［B］に入る四字熟語として最も適当なものを次のア～オから選び、記号で書きなさい。
ア 三日坊主《みっかぼうず》　イ 無我夢中《むがむちゅう》　ウ 八方美人　エ 首尾一貫《しゅびいっかん》　オ 五里霧中《ごりむちゅう》

④ ［D］に入る言葉として最も適当なものを次のア～オから選び、記号で書きなさい。
ア あるいは　イ ところで　ウ それどころか　エ 例えば　オ もちろん

⑤ ［E］～［I］に入る文を次の選択肢を正しく並《なら》べ替《か》えて、文章を完成させなさい。
ア ゲームはプレイヤーに悪影響《あくえいきょう》を与《あた》えるだけのものじゃないんだね。
イ 脳の働きというのは具体的には空間認知《にんち》能力や判断力などのことなんだって。
ウ ちなみに、僕の場合は、アクションゲームが一番好きなんだ。
エ だから外国では脳に損傷を負った人向けの、認知能力を高めるゲームの開発が始まっているらしいよ。
オ ある研究によると、アクションゲームをプレイすると、脳の働きが向上することがわかったそうだよ。

⑥ ［J］には「大きな効果や良い結果をもたらす可能性を持つ反面、多大な危険性を併《あわ》せ持つこと」という意味のことわざが入る。そのことわざとして最も適当なものを次のア～エから選び、記号で書きなさい。
ア 諸刃《もろは》の剣《つるぎ》　イ 雀《すずめ》の涙《なみだ》　ウ 鬼《おに》に金棒　エ 犬猿《けんえん》の仲

⑦ 資料から読み取れることとして適切でないものを次のア～エから一つ選び、記号で書きなさい。
ア 「ゲーム障害」は、世界保健機関から正式な疾病として認定されている。
イ この条例は、子どもたちの健やかな成長と、県民が健全に暮らせる社会の実現を目的としている。
ウ 中学生の保護者は、子どもに夜10時を目安にスマートフォンの使用をやめさせる努力をする必要がある。
エ 保護者は、スマートフォンの使用による弊害について子どもと話し合う必要がある。

(二)

次の文章を読んで、後の1～6の問いに答えなさい。

お詫び

著作権上の都合により、文章は掲載しておりません。
ご不便をおかけし、誠に申し訳ございません。

教英出版

（山崎雅弘《まさひろ》の文章による）

1　A にあてはまる語として最も適当なものを次のア～エから選び、記号で書きなさい。

ア　単純な　　イ　聡明《そうめい》な　　ウ　不要な　　エ　あいまいな

2　傍線部《ぼうせんぶ》①について、このような「思い込み」が「常識になって」いない例として最も適当なものを次のア～エから選び、記号で書きなさい。

ア　効率化のため、仕事の過程にＡＩを導入して、ＡＩにはできない対応だけをする人材を雇《やと》う企業《きぎょう》。
イ　勉強の知識だけでは解けない難しい課題に挑戦《ちょうせん》する姿勢を試《ため》すために、作文や面接を取り入れた入学試験。
ウ　外食する際に確実においしい店を選ぶために、訪《おとず》れた人の口コミや評価を一括《いっかつ》して比較《ひかく》することができるサイト。
エ　事前予約と問診票《もんしんひょう》の記入を必須《ひっす》にし、医師による口頭での問診を省くことでより多くの患者《かんじゃ》を受け入れる医療現場。

3　傍線部②「医療体制」の「危機的な状況」とありますが、これはどういう状況ですか。本文を踏《ふ》まえて説明しなさい。

4　傍線部③「選択と集中」とありますが、会社の経営者が言う「選択と集中」とは何をどうすることですか。書きなさい。

5　傍線部④「先にあるのは自由であって、ルールではありません」とありますが、どういうことですか。これを説明したものとして最も適当なものを次のア～エから選び、記号で書きなさい。

ア　社会では、あらかじめ他人に迷惑《めいわく》をかけないように自由の範囲《はんい》を制限した状態で各人の自由を認めていること。
イ　自由が自分以外の誰かに干渉《かんしょう》されたり制限されたりするものであるというのは大きな誤解であるということ。
ウ　自由は与えられるものではなく生まれつき持っているものであり、自由に行動するためのルールは必要ないということ。
エ　社会のルールは人がもともと持っている自由同士が衝突することを防ぐために、作られたものであるということ。

6　次の会話文は、中学生のゆうきさんとみどりさんが修学旅行の自由行動について互《たが》いの意見を話し合っている場面です。本文中の「自由を使いこなす能力」がより高い生徒はどちらだと考えますか、名前を書きなさい。また、その根拠《こんきょ》も書きなさい。

ゆうき「修学旅行がもうすぐだね。行き先は京都だけど、自由行動ではどこに行くか、みどりさんの班ではもう決めたの？」
みどり「もう決まったよ。班の中に一人、ものすごく京都に詳《くわ》しい子がいるんだ。その子が大体見当をつけてくれていてね。バスや電車の乗《の》り換《か》えまで分刻みでばっちりだよ。」
ゆうき「ええ、そうなの？　私の班はそれぞれ京都について調べて、興味のある文化遺産や行ってみたいお店を選んで、持ち寄ったところだよ。行きたいところが広範囲《こうはんい》にわたったから調整が難しくて。」
みどり「丸一日自由に動いていいよって言われると難しいよね。そもそも京都に何があるのか全く知らないんだもの。一応インターネットでは検索《けんさく》してみたけど…。想像がつかないよ。」
ゆうき「それは分かるなあ。インターネットだとあまりにも情報が多かったので、先生からもらったパンフレットに載《の》っていた主要な観光地を参考にしたよ。」
みどり「どこへ行くの？」
ゆうき「今のところ清水寺には皆が興味を示しているので、そこには行くかな。『清水の舞台《ぶたい》から飛び降りる』という慣用句も生まれているぐらいだから、一度は見ておかないとね。京都の中心部にも近いから歩いて他の場所も見に行けそうだし。」
みどり「ふーん。こっちの班は伏見稲荷《ふしみいなり》に行くことになったよ。京都に詳しい子が、『鳥居が並んでいるのが壮観《そうかん》だから、絶対見ておいた方がいい』と力説していたな。ついでにそこで昼ご飯も済ませる予定だよ。境内《けいだい》の出店でそばを食べるんだ。」
ゆうき「そば、いいよね。私たちの班は他にも食べたいものがいくつかあったから、いくつか候補を出しておいて当日に時間や場所を検討して変えようという話にしているよ。ちょっと心配だけど、事前によく調べておくことが大事だね。」

(三) 次の文章を読んで、後の1～7の問いに答えなさい。

中学生のオレ（山上）と夏見は、学校の文化祭で漫才《まんざい》を披露《ひろう》するが、満足する結果は得られなかった。以下の文章は、その文化祭が終わった後の帰り道の場面である。

六日間の稽古《けいこ》は楽しかった。楽しければ楽しいほど、そのあとで、代金後払《あとばら》いみたいに、懲《こ》らしめられるのだ。寂《さび》しくて、立ち上がれなくなるかもしれない。

今こうしていても、帰り道、あの信号の十字路で夏見と別れることを考えるだけで涙《なみだ》が出そうだ。できれば家までいっしょに来て、いっしょにご飯を食べて風呂《ふろ》に入って、寝《ね》てくれないかと思う。

「なあ夏見、オレと［A］くれないか」

もう少しで、そう口にしてしまいそうだ。夏見が立ち上がったので、ⓐすがるようにあとに続いた。とうとう別れの時間だ。

「おい、明日も稽古しような」

「それはないよ。わかったでしょ。僕《ぼく》には無理だって」

「もっと稽古したらうまくなるから、な、またやろう」

「でも僕、勉強しなきゃ。宿題も溜《た》まっちゃったし」

校門の手前で、三年の男子に指をさして笑われた。右手をあげて応えながら頭を下げておいた。

「おまえはいいな。頑張《がんば》れば、どんな仕事でもできるもんな。いい会社に入ってさ、いい給料もらって幸せになるのか」

①嫌味《いやみ》な言い方になったが、それが幸せなのかと訊《き》きたかった。

「違《ちが》うんだ。僕ばかだから、どんな仕事もできないんだ。ひとりでコツコツ、物を作るような仕事にしか就《つ》けないんだ」

「んなわけないだろ。うそばっかりだな」

校門を出てから公団住宅の横を通って、坂を下った。左側に小さな公園があるが、放課後の時間はあまりひとがいない。

「僕、障がい持ってるんだよ、脳に。わかりにくいけど」

めずらしくオレの目を見て夏見が言う。意味はわからないが、大切なことを打ち明けてくれていることは伝わってくる。

「僕、面白《おもしろ》いこと言うと思ってるでしょ？　それは僕が言いたくて言ってるんじゃなくて、障がいなんだ。生まれつきの。読み書きが難しいの。間違《まちが》えて読んだり、言い間違えたり。だから、面白いわけじゃないの。ただの失敗なの」

「うん」

よくわからないが、一生懸命《いっしょうけんめい》話してくれているので、力強く頷《うなず》いた。

「だから、［B］みたいに、台詞《せりふ》を覚えたりする職業は無理なの。高校受験も大変だし、就職だって試験のあるところは入れないと思う。車の免許《めんきょ》も取れるかどうか。僕のできることは限られてるんだ。選択肢《せんたくし》なんか、なんにもない」

「うん」

②大きな声で答えるしかできることはない。普段《ふだん》の夏見はそれほどの悩《なや》みを抱《かか》えているようには見えないのだが、確かに信じられない言い間違いをする。それが面白かったのだ。

「そうなんだ……」

理解したふりをした。でも、やはりすぐには理解できない。教室ではいつもじっと席について、真面目《まじめ》に勉強していて、困っているようには見えない。たぶん、クラスの全員が夏見に対して同じことを言うはずだ。本当は水中で必死に水をかいている水鳥みたいに、見えないところで誰《だれ》よりも、もがいていたということだろうか。

「誰か知ってるやつはいる？」

「いや、初めて話した。先生には親が言ってるけど」

オレなんかに打ち明けるはずじゃなかったろうに。あんまりしつこいから、そんなに大事なことを話すしかなくなってしまったのか。漫才だって、オレのために我慢《がまん》してやってくれたんだ。

オレのほうがよっぽど失敗が多いような気がする。今まで話してきたことすべてが、夏見を傷つけていたのかもしれないと思うと、自分のばかさ加減にうんざりする。

「ごめんな、オレ、勝手に思《おも》い込《こ》んで。おまえのこと、なんにもわかってなかったんだな」

「いや……」

バスが後ろから追《お》い抜《ぬ》いて、信号の十字路を右に曲がって行く。③あの角で手をふってこのまま別れてしまうわけにはいかない。

言葉を探してゆっくり歩いた。夏見のハンデがオレよりも大きいとしたら、もっと後ろにスタートラインがあるということか。

「あのさ。オレも誰にも言えないようなことあるんだ。隠《かく》したいこと」

なぜだか変な対抗《たいこう》意識が芽生えて、オレのことも教えたくなった。ただ夏見に聞いてもらいたいだけかもしれない。

「親父《おやじ》が火葬場《かそうば》職員なんだ。死んだひとを火葬して、骨を壺《つぼ》に入れたりする仕事をずっとやってるんだ。大事な仕事なんだって本人は言ってる。でも、そんな仕事いやだろ。気持ち悪いだろ」

「……そ、そんなことないよ。大変そうな仕事だよ」

「オレ、本当はいやなんだ。どんなに理解しようとしても、尊敬しようとしても、できない。同じ仕事をしたいなんて、ぜったい思わない。どんなひとが天国に行くかわかるなんて言うけど、そんなこと、わかるわけないだろ。死んだことないんだから」

「……うん」

信号の手前で立ち止まって、ガードレールにバッグをのせた。晒《さら》してしまうと、そんなに隠すようなことでもない気がする。

「オレんち来たとき、暗いと思わなかったか？」
「え？　いや」
「うち、すんごい暗い家なんだ。姉ちゃんが四歳《さい》で死んでるんだ。それから本気で笑ったことなんか、ほとんどないんじゃないかな。なんか、家ん中に本当に幽霊《ゆうれい》でもいそう。たまにオレって幽霊なんじゃないかって思うくらい」
　鼻水が垂れそうになって一度すすっておいた。
「いやなんだよ、いつまでも姉ちゃんがいるみたいに生活してさ、楽しんじゃいけないみたいに思ってて、オレの人生、姉ちゃんのせいでずっと真っ暗だよ。けんかもできないのにさ」
　ガードレールにもたれて、夏見は聞いてくれている。本当はこんな所で道草くって喋《しゃべ》っていると、近所のひとがすぐに学校に電話をして問題になってしまう。まあ、そのときは大勢が騒《さわ》いでいたという話だから、オレたちはだいじょうぶだろうが。
「ⓑ卑怯《ひきょう》だと思わないか？　うちの親父さ、娘《むすめ》が死んでて、火葬場で働いててさ、そんなひとになんにも文句言えないだろ、反抗《はんこう》なんてできないだろ。カソウって言っても、仮装大会で女装とかしちゃう親父だったら反抗できるけどさ。親父、なにやってんだよって暴れたり、不良になったり、家出したりさ」
「ふふっ」
　下を向いたまま夏見は肩《かた》を揺《ゆ》らしている。
「おまえ、笑ってる？」
「なんか、面白いよ。山上君」
「そうだよな、笑えるよな。そんな話」
　悪気があるわけではなく、夏見は素直《すなお》にただ面白いから笑っているようだった。
「ネタみたいだね。漫才の」
「そうか、ネタか……」
　笑ってもらえてありがたいと思わなければ。そうなんだ。④ひとの苦しみなんか、本当にはわかるはずがない。夏見の困っていることが、オレにはわからないし、オレのこの⑤困った欠落感も夏見にわかるわけがない。やっぱり違《ちが》う人間なんだ。残念だけど。

（神田茜《あかね》『ぼくの守る星』による）

1　二重傍線部《ぼうせんぶ》ⓐ「すがる」ⓑ「卑怯」という言葉は、本文でどういう意味として使われていますか。最も適当なものを、次のア～エから選び、記号で書きなさい。

ⓐ　ア　しっかりとつかまえる　　イ　追《お》い詰《つ》める　　ウ　支えとする　　エ　たよりにする

ⓑ　ア　都合がよすぎること　　イ　心が弱いこと　　ウ　勇気がないこと　　エ　ずるがしこいこと

2　［A］と［B］に当てはまる言葉として最も適当なものを次のア～オから選び、記号で書きなさい。

A　ア　遊んで　　イ　結婚《けっこん》して　　ウ　勉強して　　エ　稽古《けいこ》して　　オ　別れて

B　ア　山上君　　イ　エリート　　ウ　俳優さん　　エ　大工さん　　オ　お笑い芸人

3　傍線部①「嫌味な言い方になった」とありますが、このような言い方になったのはなぜですか。理由をわかりやすく説明しなさい。

4　傍線部②「大きな声で答えるしかできることはない」とありますが、このときの山上の心情をわかりやすく説明しなさい。

5　傍線部③「あの角で手をふってこのまま別れてしまうわけにはいかない」と思った理由として最も**不適当**なものを次のア～オから選び、記号で書きなさい。

ア　夏見のことばかり聞いて、自分のことを話さないまま別れるのは負けた気がするから。
イ　夏見に何か伝えたい気持ちがあるが、うまく言葉が出てこないまま別れるのは嫌《いや》だから。
ウ　夏見にどうしても山上家の事情を伝えなければ、自分が誤解されたままで嫌だから。
エ　夏見の置かれた真実を初めて聞かされたが理解が追いつかず、うまく言葉が出てこないから。
オ　夏見に対する思い込みの誤りに気づかされ、その反省の気持ちを自分の話で伝えたいから。

6　傍線部④「ひとの苦しみなんか、本当にはわかるはずがない」とは夏見の場合、何ですか。二十五字以内で説明しなさい。

7　傍線部⑤「困った欠落感」とはどういうことを指していますか。適当なものを次のア～カから全て選び、記号で書きなさい。

ア　夏見に自分の悩みが笑われること。　　イ　幽霊が出そうで帰宅が怖いこと。
ウ　漫才がうまくいかないこと。　　エ　火葬場で働く父に反抗できないこと。
オ　死んだらどこに行くか分からないこと。　　カ　姉が亡《な》くなって家が暗いこと。

令和 4 年度　済美平成中等教育学校入学試験問題　算　数

解答は，すべて別紙解答用紙の指定されたところに書き入れること。

(60分)

(一)　次の１～10の問いに答えなさい。

(解答用紙に１，４～８は答えのみを，２，３，９，10は計算も書きなさい。)

1　次の計算をしなさい。

(１)　$36 \div 4 \times 3 - 2 \times 4$

(２)　$24 \times \left(0.75 - \frac{1}{6}\right)$

(３)　$3.9 \times 4.2 - 2.09 \div 5.5$

(４)　$\left(6\frac{4}{5} - 5\frac{3}{4}\right) \div \left(4\frac{2}{3} + 3\frac{1}{2}\right)$

2　次の計算を，右のきまりのうちどれか１つを用いて，くふうして計算しなさい。ただし，用いたきまりを①～⑥の番号から選び，計算も書きなさい。

(１)　$2021 \times 75 \times 4$

(２)　$34.56 \times 2.718 + 65.44 \times 2.718$

計算のきまり

① ■＋●＝●＋■

② (■＋●)＋▲　＝　■＋(●＋▲)

③ ■×●＝●×■

④ (■×●)×▲　＝　■×(●×▲)

⑤ (■＋●)×▲　＝　■×▲＋●×▲

⑥ (■－●)×▲　＝　■×▲－●×▲

3　Ａさんは，持っていたお金の $\frac{2}{5}$ でバラを買い，残りのお金の $\frac{13}{14}$ でユリを買いました。そのときのユリの代金は390円でした。バラの代金は何円ですか。

4　右の図の角㋐の大きさを求めなさい。ただし，同じ印の辺の長さは等しいものとします。

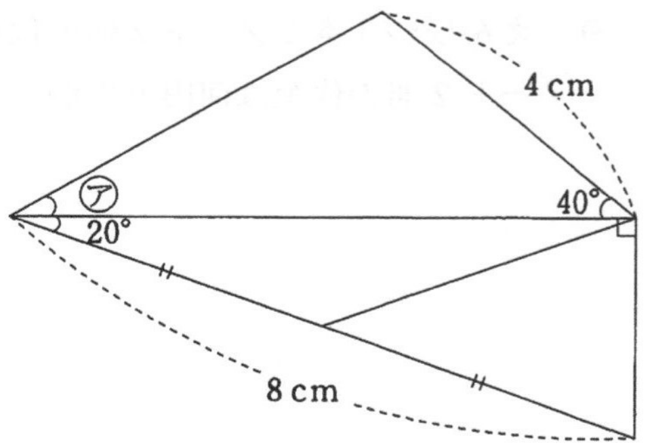

5　次の資料は，ある野球チームの20試合の得点をならべたものです。得点の平均値，中央値，最頻《さいひん》値を求めなさい。

3	5	2	4	6	6	2	0	3	1
5	2	9	1	5	7	6	4	5	8

(点)

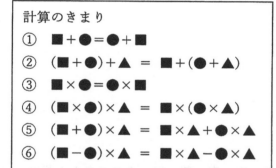

6　右の図の台形の面積を求めなさい。ただし，同じ印の辺の長さは等しいものとします。

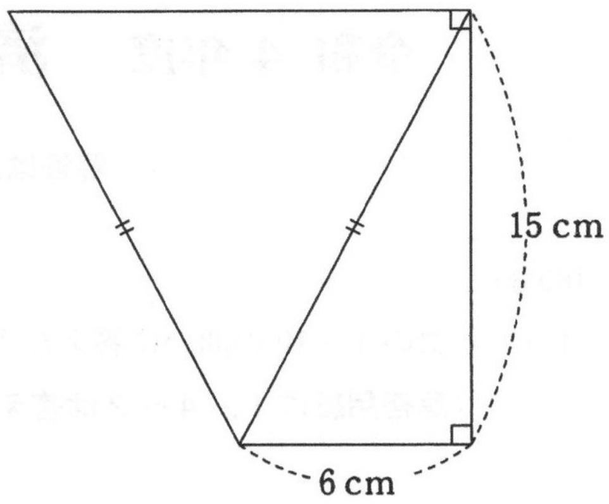

7　辺 AB を 1 辺とする正六角形を，コンパスと定規を用いてかきなさい。
ただし，コンパスと定規でかいた線は消さないこと。また，その 1 つの角の大きさは何度か求めなさい。

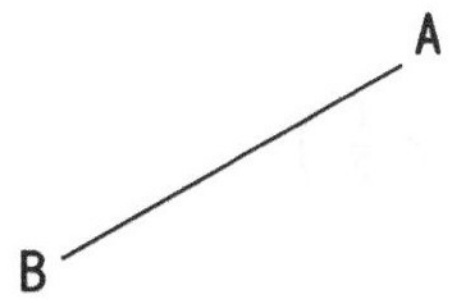

8　赤，青，黄，緑，白の 5 色から異なる 3 色を選んで右の図のような旗を塗《ぬ》ります。

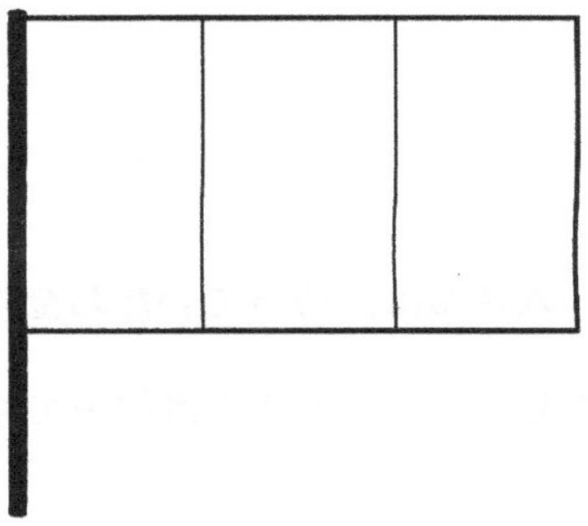

（1）5 色から 3 色を選んで旗を塗るとき，塗り方は何とおりありますか。

（2）旗の真ん中が白になる塗り方は何とおりありますか。

9　えんぴつ 3 本とノート 2 冊の代金は 376 円で，えんぴつ 1 本とノート 5 冊の代金は 602 円です。
ノート 2 冊の代金は何円ですか。

10　3 %の食塩水 400 g と 5 %の食塩水 100 g を混ぜました。そこに 9 %の食塩水を何 g 混ぜると，7 %の食塩水になりますか。

（二）　ある規則にしたがって，次のように数が並んでいます。

1番目	2番目	3番目	4番目	5番目	6番目	7番目	8番目	9番目	10番目	11番目	
$\frac{1}{2}$,	$\frac{1}{3}$,	$\frac{2}{3}$,	$\frac{1}{4}$,	$\frac{2}{4}$,	$\frac{3}{4}$,	$\frac{1}{5}$,	$\frac{2}{5}$,	$\frac{3}{5}$,	$\frac{4}{5}$,	$\frac{1}{6}$,	…

このとき，次の１～３の問いに答えなさい。**（解答用紙に１は答えのみを，２，３は計算も書きなさい。）**

１　$\frac{4}{7}$ は何番目ですか。

２　50 番目の数を答えなさい。

３　78 番目までの数の和を求めなさい。

（三）　感染症《かんせんしょう》を予防するためのワクチン接種会場のスケジュールを考えました。この接種会場では，最初の接種希望者が 12 時から入場し，最後の接種希望者が遅くとも 17 時には退場することとします。会場に入場したらすぐに，1 人の接種希望者を 1 人の医師が問診《もんしん》をしてから接種まで担当します。会場に入場してから接種が完了するまでにかかる時間は 12 分で，接種後は看護師による 15 分間の経過観察をしてから退場となります。ワクチンのびん 1 本で 15 回分の接種ができ，この接種会場ではワクチンのびんは 14 本用意します。

このとき，次の１～３の問いに答えなさい。

（解答用紙に計算も書きなさい。）

ワクチン接種の手順

・入場
↓
・問診・接種（1 人の医師が担当）　12 分
↓
・待機（看護師による経過観察）
↓
・退場　15 分

１　1 人の医師が担当することができる接種希望者は，最大何人ですか。

２　用意したワクチンをすべて使い切るには，この会場では最低何人の医師が必要ですか。

３　２のとき，12 時から 17 時の間で，全員の医師が同じ時間だけ休けいできるようにするとき，1 人あたりの休けい時間は何分ですか。

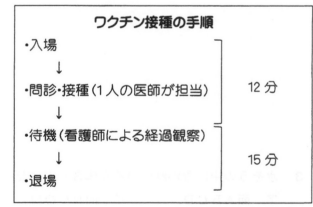

（四）　図１のような金属の立体Ｓと図２のような直方体の水そうがあります。水そうの中に立体Ｓを置いて，毎分一定の割合で水を入れていくと，水を入れ始めてからの時間と水面の高さの関係が図３のようなグラフになりました。

このとき，次の**１**～**４**の問いに答えなさい。ただし，立体Ｓの角はすべて直角である。

（解答用紙に３は答えのみを，１，２，４は計算も書きなさい。）

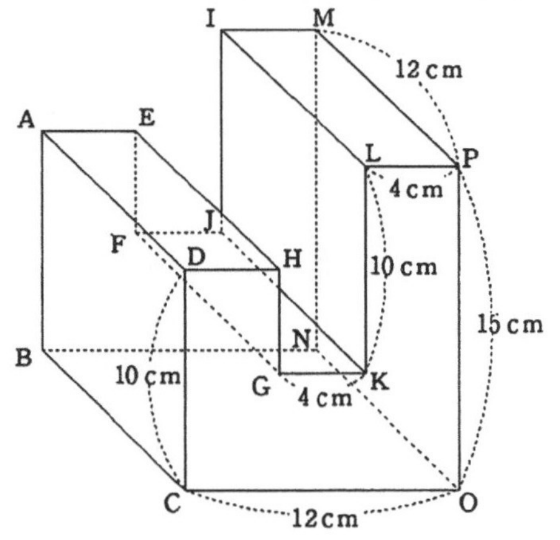

図１　立体Ｓ

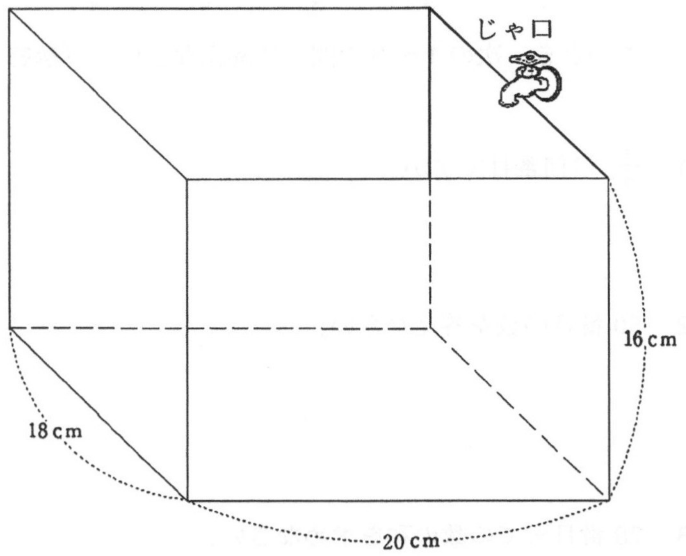

図２　水そう

１　立体Ｓの体積は何 cm^3 ですか。

２　水を入れ始めてから 18 分でこの水そうがいっぱいになりました。１分あたりに入れる水の量は何 cm^3 ですか。

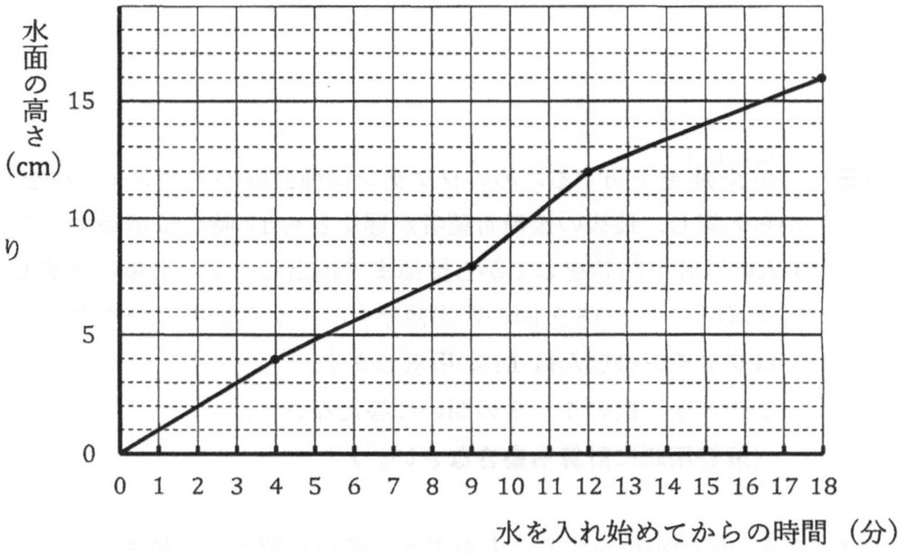

図３

３　水そうの中に置かれている立体Ｓの下になっている面を，次のア～エの中から１つ選び，記号で答えなさい。

ア　面ＡＢＣＤ　　　イ　面ＢＣＯＮ　　　ウ　面ＭＮＯＰ　　　エ　面ＤＣＯＰＬＫＧＨ

４　水そうをいったん空にし，立体Ｓを**３**のときと上下逆にして水そうの中に置きました。再び同じ割合で水を入れるとき，水面の高さが 6 cm になるのは水を入れ始めてから何分何秒後ですか。

令和４年度　済美平成中等教育学校入学試験問題　理　科

解答は，すべて別紙解答用紙の指定されたところに書き入れること。

（40分）

（一）　次の１～８の問いに答えなさい。

1　次の現象のうち，他の３つとは原因の異なる現象が１つあります。その現象を，次のア～エから１つ選び，記号で答えなさい。

ア　ジャムのびんのふたが開けにくいときは，ふたをお湯であたためると開けやすくなる。

イ　送電線は冬より夏の方がたるんでいる。

ウ　へこんだピンポン玉に熱湯をかけると元にもどる。

エ　お風呂の底でできたあわは，水面近くにのぼってくると大きくなる。

2　下の表の条件で作った①～③のふりこのうち，１往復の時間がいちばん長いのはどのふりこか，次のア～エから１つ選び，記号で答えなさい。

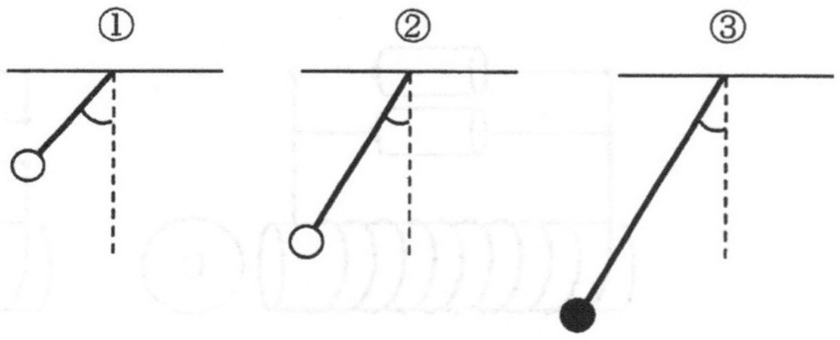

	①	②	③
糸の長さ	15cm	30cm	50cm
おもりの重さ	50g	50g	100g
ふりこの角度	45°	30°	30°

ア　①のふりこ　　イ　②のふりこ　　ウ　③のふりこ　　エ　すべて同じ

3　ある食塩水 10mL を水で３倍にうすめるために，水をどれだけ用意すればよいですか。次のア～エから１つ選び，記号で答えなさい。

ア　10mL　　イ　20mL　　ウ　30mL　　エ　40mL

4　雨粒は何性を示しますか。次のア～オのうち，正しいものを１つ選び記号で答えなさい。ただし，雨は酸性雨でないものとします。

ア　強酸性　　イ　弱酸性　　ウ　中性　　エ　弱アルカリ性　　オ　強アルカリ性

5　メダカを水そうで飼うときの注意点として当てはまらないものを，次のア～エから１つ選び，記号で答えなさい。

ア　水はメダカのふんなどでよごれやすいので，毎日一度ふっとうさせて冷ました水道水に取りかえる。

イ　食べ残しがないように，エサは毎日少しずつ与える。

ウ　卵を産み付ける場所をつくるために，水そうの中に水草を入れる。

エ　卵が生まれたら，手でさわらないように気をつけながら，親を別の水そうに移す。

6　次のうち，ヒトの消化管に当てはまらないものを１つ選び，ア～オの記号で答えなさい。

ア　食道　　イ　胃　　ウ　小腸　　エ　大腸　　オ　じん臓

7　星を観察し記録することで，いろいろな情報を得ることができます。観察や記録から得られる情報に当てはまらないものを次のア～エから１つ選び，記号で答えなさい。

ア　気温　　イ　時刻　　ウ　季節　　エ　方位

8　次のＡ～Ｃのそれぞれ名前の組み合わせとして正しいものを１つ選び，ア～カの記号で答えなさい。

Ａ　日本がつくった世界最大級の天体望遠鏡

Ｂ　日本がつくった国際宇宙ステーションの実験棟《とう》

Ｃ　日本がつくった気象衛星《えいせい》

ア　（Ａ　きぼう　Ｂ　ひまわり　Ｃ　すばる）　　イ　（Ａ　きぼう　Ｂ　すばる　Ｃ　ひまわり）

ウ　（Ａ　ひまわり　Ｂ　きぼう　Ｃ　すばる）　　エ　（Ａ　ひまわり　Ｂ　すばる　Ｃ　きぼう　）

オ　（Ａ　すばる　Ｂ　ひまわり　Ｃ　きぼう）　　カ　（Ａ　すばる　Ｂ　きぼう　Ｃ　ひまわり）

（二）　図のように 5 cm の鉄の棒にエナメル線を同じ向きに 10 回巻きつけた電磁石をいくつか作り，その電磁石を水平な机の上で方位磁石，かん電池を実験①のようにつないだところ，方位磁石は北向きから少し東にかたむき，下の表の**ウ**の向きになりました。その後，かん電池のつなぎ方を変えて，実験②～実験⑥を行いました。ただし，方位磁石の矢印の向きは，N 極がさしている向きとします。また，紙面上向きを北向きとし，かん電池や電磁石と方位磁石の間かくなど，その他の条件は同じものとします。これらの実験について，次の **1**～**5** の問いに答えなさい。

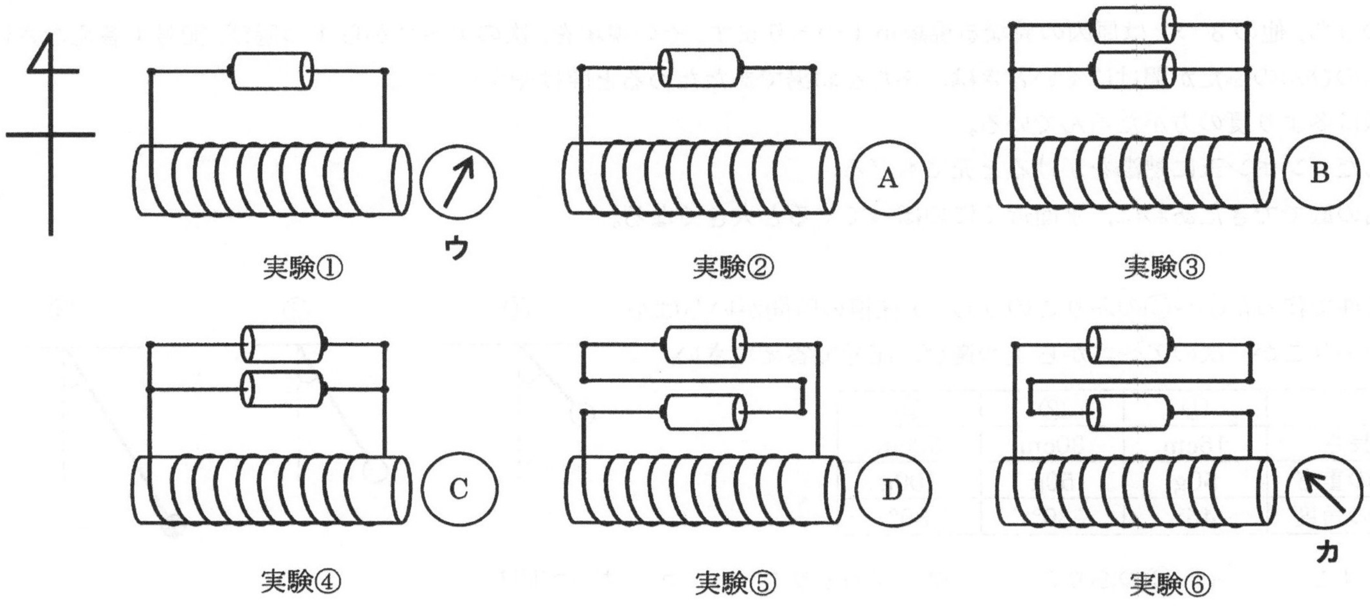

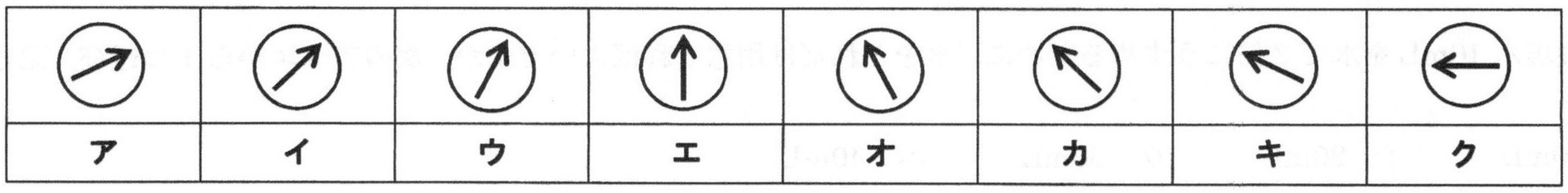

1　地球を大きな磁石と考えると，北極は N 極と S 極のどちらですか。

2　実験②について，A の位置に方位磁石を置くと方位磁石はどの向きになりますか。上の**ア**～**ク**から 1 つ選び，記号で答えなさい。

3　A～D の位置に方位磁石を置いたとき，**ウ**と同じ向きになるものを A～D から 1 つ選び，記号で答えなさい。

4　A～D の位置に方位磁石を置いたとき，方位磁石が最もかたむくのはどれですか。A～D から 1 つ選び，記号で答えなさい。

5　エナメル線の巻き数を 20 回にして実験①と同じようにつないで実験をしたところ，方位磁石は**イ**と同じになりました。

（1）実験①のつなぎ方で方位磁石が**ア**と同じになるようにするには，エナメル線は何回巻けばよいですか。次のあ～えから，最も適当なものを 1 つ選び，記号で答えなさい。

あ　40 回　　い　20 回　　う　10 回　　え　5 回

（2）下のように，20 回巻きの電磁石を使った装置の右側（電磁石 X のところ）に，方位磁石をはさむように実験①～実験⑥の電磁石のうちどれかを置いたところ，方位磁石は**エ**と同じになりました。どの電磁石を置きましたか。実験①～実験⑥から，最も適当なものを 1 つ選び，番号で答えなさい。ただし，電磁石と方位磁石の間かくはどちらも上の実験と等しく，実験図の向きを変えないものとします。

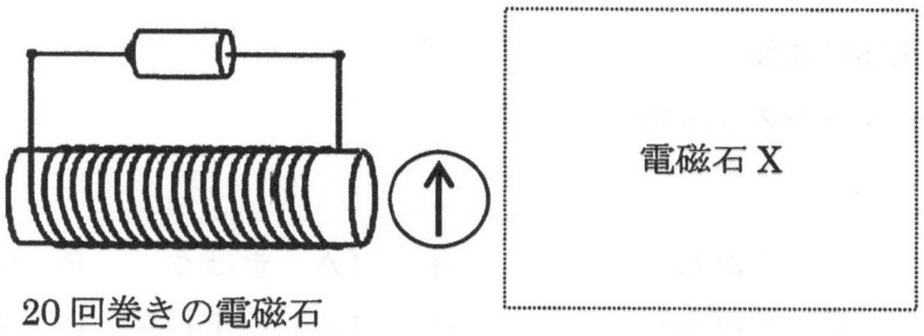

（3）20 回巻きの電磁石を使って方位磁石が**カ**と同じになるようにするには，実験①～実験⑥のどのつなぎ方をすればよいですか。すべて選び，番号で答えなさい。

（三）　雲の種類（表1）と雲につける漢字の意味（表2）を見て，たかしさんとかずあきさん，ともこさんが話をしています。その会話文と表1，表2をもとに次の**1**～**5**の問いに答えなさい。

① 巻雲	⑥ 乱層雲
② 巻積雲	⑦ 層積雲
③ 巻層雲	⑧ 層雲
④ 高積雲	⑨ 積雲
⑤ 高層雲	⑩ 積乱雲

表1：雲の種類

巻	上層（高さ5 km～13 km）の雲
高	中層（高さ2 km～7 km）の雲
層	大気が安定しているときの平たく見える雲 もしくは下層（高さ500 m～2 km）の雲
積	大気が乱れているときのかたまり状の雲
乱	雨を降らせる雲

表2：雲につける漢字の意味

かずあき：雲っていろいろあるんだね。

たかし　：ほんとだね。以前にA飛行機の窓から下に見えた雲はこれかなぁ。

ともこ　：それって，いとこの家に行くって言っていたとき？

たかし　：そうそう。ちょうど富士山も見えていたんだ。富士山よりも低いところにあったなぁ。

かずあき：雲の名前って特徴《とくちょう》と高さで決められているんだね。どの雲も雨を降らせると思っていたけど，雨を降らせる雲っていくつかしかないんだね。

ともこ　：表1の中だと，（　B　）と積乱雲の2つだけね。

たかし　：積乱雲というと（　C　）とも言うよね？

かずあき：そうだね。夏によく見かける縦に長い雲だね。話が変わるけど，この前（　D　）の空に雨雲のような雲が見えたから，雨が降るかもと思って早めに帰ったんだ。そうしたら，そのあとその通りに雨が降ったよ。

たかし　：学校で習ったとおりだね。そういえば，雲ってなんでできるの？

ともこ　：先生は露天《ろてん》風呂で湯気ができるのと同じしくみって言われていたわ。

かずあき：E 空気が冷えることで，空気中に含まれていた水蒸気が水てきになるって天気の本には書いていたよ。

1　下線部Aのたかしさんが飛行機の窓から見た雲は下のア～オのどれと考えられますか。すべて選び，記号で答えなさい。

ア　巻雲　　イ　高積雲　　ウ　巻積雲　　エ　高層雲　　オ　層雲

2　（　B　）に当てはまる雲は表1の①～⑨のどれになりますか。①～⑨から1つ選び，番号で答えなさい。

3　（　C　）には当てはまる言葉を，（　D　）には当てはまる方位を1字でそれぞれ答えなさい。

4　下線部Eと同じしくみで起きている現象を，次のア～エからすべて選び，記号で答えなさい。

ア　冷たい飲み物を入れたコップの側面に水てきがつく。

イ　朝方，露《つゆ》がおりることがある。

ウ　水たまりが自然となくなる。

エ　窓に息を吹《ふ》きかけると白くなる。

5　下線部Eの原理は「空気が含むことができる水蒸気の量」が関係しています。次の表3は，気温と空気1000 Lが含むことができる水蒸気の量の関係を表したもので，表の量をこえた水蒸気は水てきとなります。

気温（℃）	0	4	8	12	16	20	24	28
水蒸気の量（g）	4.8	6.4	8.3	10.7	13.6	17.3	21.8	27.2

表3：空気1000 Lが含むことができる水蒸気の量

（1）24℃の空気1000 L中に10.7 gの水蒸気が含まれています。この空気を何℃より冷やすと水てきが発生しますか。

（2）地上付近で28℃の空気600 Lが上昇《じょうしょう》して，地上から4000 mをこえたところで水てきがつくられ，雲ができました。このとき，上昇した空気は何gの水蒸気を持っていると考えられますか。答えは小数第二位を四捨五入し，小数第一位までで答えなさい。地上から100 m高くなるごとに気温は0.6℃下がります。ただし，気圧の変化による空気のぼう張は考えないものとします。

(四)　インゲンマメについて，次の**1**～**8**の問いに答えなさい。

〔Ⅰ〕　下の文章は，たろうさんとはなこさん，あきらさんの３人がインゲンマメの種子をまく計画を立てた時の会話です。

たろう：買ってきたインゲンマメのたねのふくろに，松山地方ではたねは春頃にまくのがいいと書いてあったけど，春先の気温が種子の発芽にはいいのかなあ。ほかに発芽するために必要な条件はないだろうか。

はなこ：種子をまいたら水やりするから，水も必要なんじゃないかしら。

あきら：種子は土の中にまくから，光や空気は必要ないかもしれないなあ。

３人は種子の発芽の条件として，①適切な温度・②水・③光・④空気の４つの項目について調べるため，下の図A～Hの装置を用いて発芽の様子を観察しました。

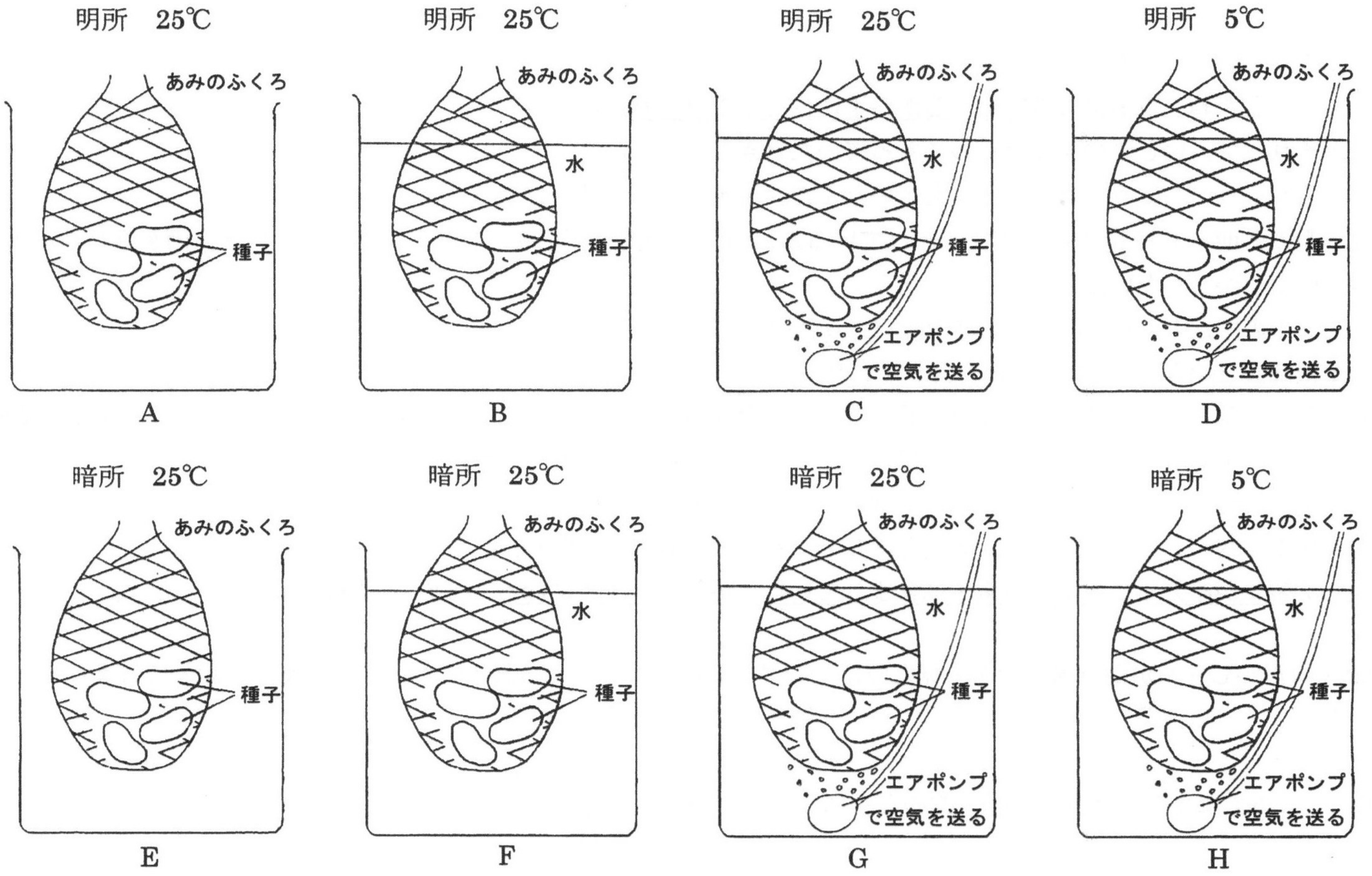

1　装置AとCをくらべたとき，どのような発芽の条件を確認できますか。①～④の番号で答えなさい。

2　インゲンマメの種子の発芽に光が必要かどうかは，どの装置とどの装置をくらべればわかりますか。装置A～Hの記号を用いて１組答えなさい。

3　インゲンマメの種子の発芽に空気が必要かどうかは，どの装置とどの装置をくらべればわかりますか。装置A～Hの記号を用いて考えられるだけ答えなさい。

4　一般には，種子をまく前には畑の土をよく耕します。この実験からわかることをもとにその理由を説明しなさい。

〔Ⅱ〕　次に，はち植えのインゲンマメを使って別の実験をしました。ただし，この実験に用いたそれぞれの葉の面積や実験前の重さは同じものとします。

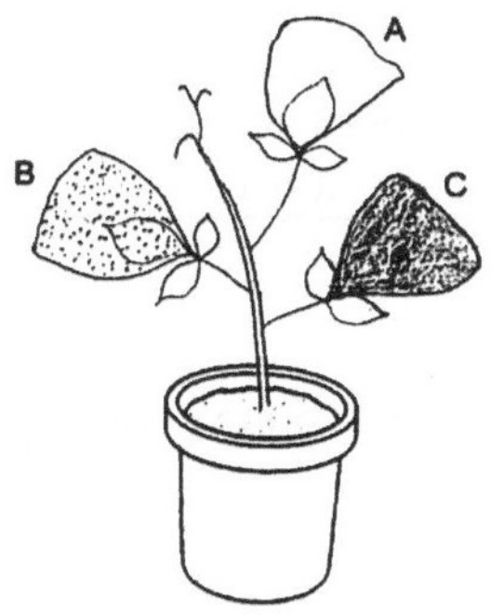

24時間暗室に置いたはち植えのインゲンマメを用意し，右図のようにAの葉にはとうめいなビニルぶくろを，Bの葉には光の量を半分しか通さない半とうめいなビニルぶくろを，Cの葉には光を全く通さないビニルぶくろをそれぞれかぶせ，日光の当たるところに10時間置きました。

A～**C**のそれぞれの葉を取って，あたたかいアルコールにつけた後，柔《やわ》らかくなるまで湯にひたしました。その後，その葉をヨウ素液につけて色の変化を観察しました。

5　インゲンマメを24時間暗室に置いたのはなぜですか。最も適切な理由を以下のア～エから１つ選び，記号で答えなさい。

ア　葉の成長を止めるため。
イ　葉の緑色色素を取り除くため。
ウ　葉のデンプンを取り除くため。
エ　葉がヨウ素液によくなじむようにするため。

2022(R4) 済美平成中等教育学校
教英出版　理5の4

6　それぞれの葉をヨウ素液につけた結果はどうなりますか。**A**～**C**の葉の色がこい順番に答えなさい。

7　この実験についてまとめた次の文章の（　⑤　）～（　⑧　）に当てはまる適切な語句をそれぞれ答えなさい。
　植物は光が当たると（　⑤　）を行うが，一方で生活に必要なエネルギーを得るための（　⑥　）というはたらきは一日中行われる。また，光を当てる前後で**A**の葉のビニルぶくろの中に含まれる気体を調べると，（　⑦　）が増え，（　⑧　）が減っている。

8　日光の当たるところに10時間置いた葉にかぶせたそれぞれのビニルぶくろの中の気体を緑色のBTB溶液に通すと，1つだけ色が変わりました。それは**A**～**C**のどの葉にかぶせたビニルぶくろか，記号で答えなさい。また，BTB溶液は何色に変わったか答えなさい。

（五）　うすい硫《りゅう》酸の中に亜鉛《あえん》の粒を入れると，亜鉛の粒は溶《と》けて水素が発生します。下の図のような装置で（気体を集める部分は省略），同じ重さの亜鉛の粒の数を変えて，うすい硫酸30 mLをそそいで水素を発生させる実験を行いました。表は，このとき反応させた亜鉛の粒の個数と発生した水素の体積をまとめたものです。
　これらの実験および実験結果について，次の**1**～**6**の問いに答えなさい。

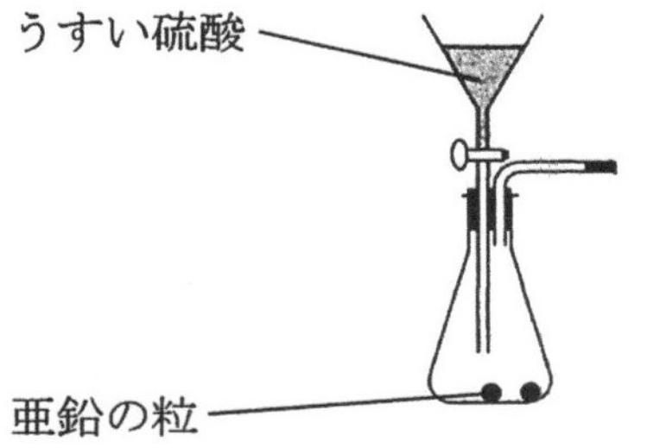

実験装置

亜鉛の粒（個）	2	4	6	8	10
発生した水素の体積（mL）	100	200	250	250	250

表：うすい硫酸30 mLと反応させた亜鉛の粒の個数と発生した水素の体積

1　この実験で発生させた水素を発生させる方法は他にもいくつかあります。それらの方法のうち1つを，下のA：固体　およびB：液体　の物質の中から1つずつ選んで答えなさい。

A：固体（　石灰石　　鉄　　アルミニウム　　チョーク　　貝がら　　重そう　）
B：液体（　過酸化水素水　　うすい水酸化ナトリウム水溶液　　　うすい塩酸　）

2　発生した水素の説明として正しいものをすべて選び，ア～キの記号で答えなさい。
ア　石灰水に通じると白くにごる。
イ　植物の光合成に使われる。
ウ　火のついたスチールウールを激しく燃やす。
エ　風船につめこむと浮き上がる。
オ　刺激臭《しげきしゅう》がある。
カ　しめらせた赤色リトマス紙を変色させる。
キ　燃料電池に用いられる。

3　亜鉛の粒を細かく粉末状にして同じ実験をしました。水素の発生の様子はどのように変わりますか。（1），（2）について，それぞれア～ウから選び，記号で答えなさい。
（1）　発生する水素の体積は（　ア　多くなる　・　イ　少なくなる　・　ウ　変わらない　）。
（2）　水素の発生する速さは（　ア　速くなる　・　イ　遅くなる　　・　ウ　変わらない　）。

4　このうすい硫酸30 mLに亜鉛の粒を3粒入れたときに発生する水素の体積は何mLですか。

5　このうすい硫酸50 mLに亜鉛の粒を8粒入れたときに発生する水素の体積は何mLですか。

6　亜鉛の粒を26粒用意し，同じように実験を行います。
（1）亜鉛の粒をすべて溶かすためにこのうすい硫酸は最低何mL必要ですか。
（2）また，すべて溶けたときに発生する水素の体積は何mLですか。

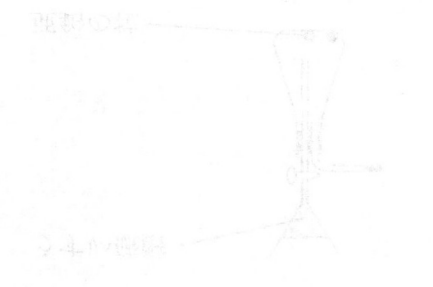

令和4年度　済美平成中等教育学校入学試験問題　社　会

解答は，すべて別紙解答用紙の指定されたところに書き入れること。

(40分)

(一)　『奥《おく》の細道』に関する下の文章を読み，次の**1**～**6**の問いに答えなさい。

> 1689年3月，①松尾芭蕉《まつおばしょう》は江戸を出発し，②東北・北陸の名所をめぐって，8月に大垣《おおがき》に着きました。『奥の細道』は，この旅のようすを，俳句とともに記したもので，ここには「③夏草やつわものどもが夢のあと」「五月雨《さみだれ》をあつめて早し④最上川」など，現在でもよく知られている俳句が記されています。芭蕉は，⑤平安時代や⑥鎌倉時代の名所をめぐりながら，こうした俳句を作りました。

1　下線部①に関して，松尾芭蕉と同じころの人物として，最も適切なものを次のア～エから１つ選び，記号で答えなさい。

ア　近松門左衛門　　イ　伊能忠敬　　ウ　徳川家光　　エ　大塩平八郎

2　下線部②に関して，東北・北陸地方の県について説明した次のア～エから，最も適切なものを選び，記号で答えなさい。

ア　宮城県は，海側では冬に雪が多く積もるため，流雪溝《こう》や，雪おろしがかんたんにできる家がつくられている。

イ　福井県は，農業ができない冬にめがねの生産を行い，現在では国内生産のうちの90%以上をしめている。

ウ　秋田県は，春から夏にやませと呼ばれる冷たい風が海からふくため，米が不作になることがある。

エ　新潟県は，日本で一番流域面積の広い信濃川の河口があり，広大な越後平野で米作りをおこなっている。

3　下線部③に関して，この句は，松尾芭蕉が平泉で作りました。これについて，次の（1），（2）の問いに答えなさい。

（1）句の「つわもの」は武士のことです。この地でかつやくした武士の名を，次のア～エから１つ選び，記号で答えなさい。

ア　藤原道長《ふじわらのみちなが》　　イ　平清盛《たいらのきよもり》　　ウ　藤原秀衡《ふじわらのひでひら》　　エ　足利義政《あしかがよしまさ》

（2）右のグラフは，平泉町の観光客数のうつりかわりを示したものです。2012年に観光客数が大きく増加していますが，それはなぜですか。理由を書きなさい。

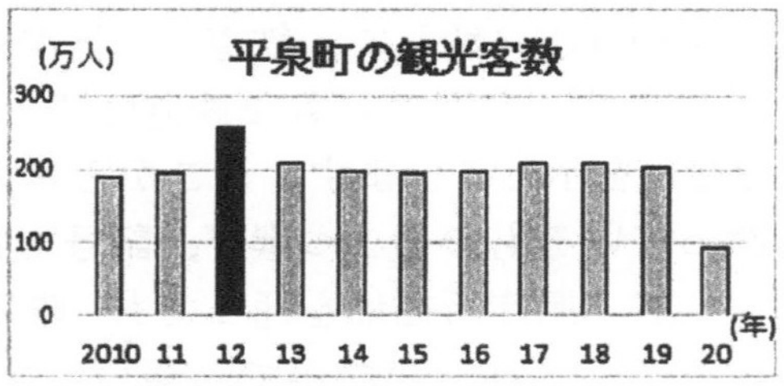

読売新聞オンライン　2021.6.25より

4　下線部④に関して，最上川の下流の観測所での水量を示した右のグラフを見ると，梅雨の時期である６月に川の水量が減っていることがわかります。その理由を１つ答えなさい。

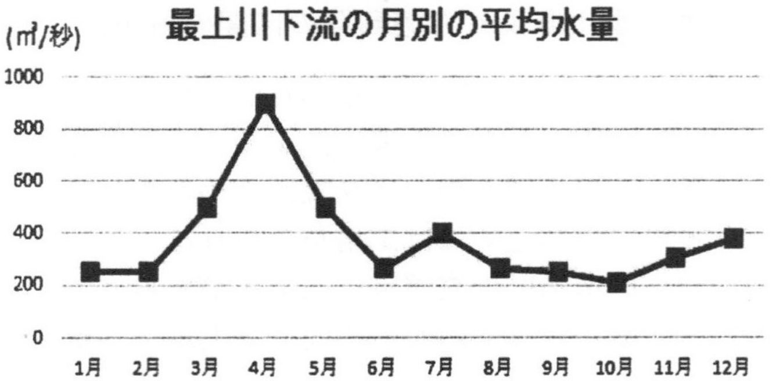

国土交通省　東北地方整備局　「最上川の概要」より

5　下線部⑤に関して，平安時代について説明した次のア～エから，誤っているものを１つ選び，記号で答えなさい。

ア　朝廷《ちょうてい》に仕える女性たちは，漢字をもとにつくられたひらがなを用いた文学で，数多くの作品を残した。

イ　朝廷の政治を動かした貴族の中には，むすめを天皇のきさきにすることで大きな力を持ったものもいた。

ウ　身分や家柄《いえがら》で将来がほぼ決まっており，貴族は年中行事をとりおこなうことも重要な仕事であった。

エ　このころ中国から伝わった十二単《じゅうにひとえ》が流行し，貴族は寝殿造《しんでんづくり》のやしきで歌会をおこなっていた。

6　下線部⑥に関して，鎌倉に関する下の文章を読み，次の（1）～（4）の問いに答えなさい。

> 鎌倉は，A文化庁が2015年から始めた文化財の活用制度である日本遺産となっています。この地には多くの寺社が建てられ，江戸時代には参拝客でにぎわいました。古い町並みはB古都保存法で保護されています。現在は海水浴や名所めぐりなどのC観光客でにぎわう一方で，様々な問題も生じており，解決へ取り組んでいます。

（1）下線部Aに関して，文化庁が属している省を漢字で答えなさい。

（2）下線部Bに関して，古都保存法の対象となっている市町村を，鎌倉市以外に１つ答えなさい。

（3）下線部Cに関して，こうした問題について，市は様々な取り組みを行います。市役所や市議会の仕事を説明した次のア～エから，誤っているものを１つ選び，記号で答えなさい。

ア　市役所は，地元で商売をしている人や住んでいる人の要望を聞く。

イ　市役所は税金の額や予算を決定し，その使い道を話し合い実行する。

ウ　市議会は市民の請願《せいがん》をもとに，条例の制定，改正などを決定する。

エ　市議会は市だけでは実現できないことについて，国や県に意見書を提出することができる。

（4）下線部Cに関して，観光客でにぎわう一方で，生じている問題を１つ書きなさい。

(二)　下の文章は，A～Cの３つの川を調査した，川太郎さんのレポートです。これを読み，次の**1**～**7**の問いに答えなさい。

A川は岡山県を流れて（　１　）海にそそぐ大きな川だ。岡山駅から，この川沿いを①鉄道に乗って進んだ。川にはしだいに大きな岩がふえていく。（　２　）県に入る前に鉄道は川からはなれ，山陰《さんいん》本線に入っていった。

別の県を流れるB川沿いでは，②右の地図のあたりを調べた。ここでは（　３　）や（　４　）が多く，この地域では農業がさかんなことがわかる。（　３　）ではこの県の特産であるみかんをさいばいし，となりの③大阪府や，東京都にも売り出されるようだ。B川には，あゆづりを楽しむ人もいた。あゆは川の中流で生まれ，海に出た後で川へもどって，たまごを産むが，④ダムの建設などで数が減っているらしい。

C川は九州の（　５　）県を流れる川だ。この県では，たたみの原料になる（　６　）のさいばいがさかんだが，特に川の水を必要としているわけでもないらしい。最近はよく⑤水害が起こっているようなので，対策を考えなければならないだろう。

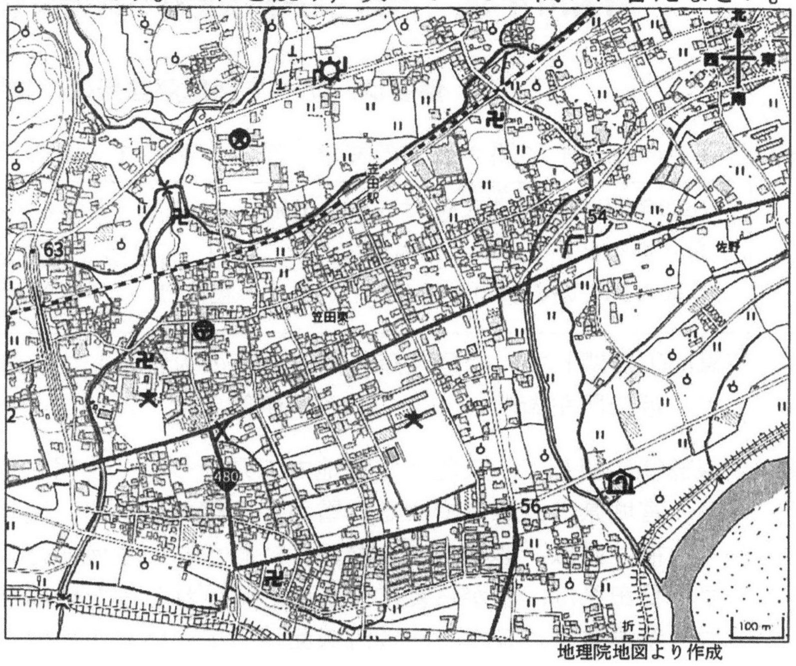

地理院地図より作成

1　文中の（　１　）～（　６　）に当てはまる適切な語句を答えなさい。

2　下線部①に関して，鉄道は，区間によって修理費や利用収入が変化します。右の表は，四国のおもな鉄道区間の営業係数（100円の収入を得るために必要な金額）を示しています。ここから考えられることを説明した次のア～エから，誤っているものを１つ選び，記号で答えなさい。

ア　県庁所在地を通っても，収入の1.5倍以上の費用が必要な区間がある。

イ　これらのなかで，瀬戸大橋を通る区間のみ，費用より収入が多い。

ウ　北宇和島から若井へは，鉄道を利用する人は少ないと考えられる。

エ　香川県よりも徳島県の区間の方が，高い利益があると考えられる。

北宇和島（愛媛県）～若井（高知県）	１１５９
阿南（徳島県）～海部（徳島県）	６３５
向井原（愛媛県）～伊予大洲（愛媛県）	５４７
池谷（徳島県）～鳴門（徳島県）	３２０
窪川（高知県）～須崎（高知県）	２７８
須崎（高知県）～高知（高知県）	１９９
池谷（徳島県）～阿南（徳島県）	１８３
琴平（香川県）～高知（高知県）	１７５
多度津（香川県）～琴平（香川県）	１７５
引田（香川県）～池谷（徳島県）	１７３
松山（愛媛県）～伊予大洲（愛媛県）	１５７
宇多津（香川県）～高松（香川県）	１４６
高松（香川県）～引田（香川県）	１４５
今治（愛媛県）～松山（愛媛県）	１２３
観音寺（香川県）～今治（愛媛県）	１１６
宇多津（香川県）～多度津（香川県）	１１５
多度津（香川県）～観音寺（香川県）	１０６
児島（岡山県）～宇多津（香川県）	８４

「四国における鉄道ネットワークのあり方に関する懇談会Ⅱ」（2019年）でのJR四国資料より作成

3　下線部②に関して，この地図から分かることについて説明した次のア～エから，最も適切なものを選び，記号で答えなさい。

ア　この地図の中には寺院が３つみられる。

イ　高校の近くには工場がみられる。

ウ　国道沿いの交差点には交番がある。

エ　駅からみて南西の方向に老人ホームがある。

4　下線部③に関して，下の表は，大阪府，広島県，福岡県，福島県について，様々なデータを比べたものです。大阪府を示すものを，ア～エから１つ選び，記号で答えなさい。

	１人１日あたりのごみ量	面積にしめる耕地の割合	パンジーの生産量	１世帯(家族)あたりの自動車台数
ア	1,029ｇ	10.1％	741,000本	1.548台
イ	961ｇ	6.7％	2,900,000本	0.637台
ウ	901ｇ	6.4％	4,100,000本	1.101台
エ	946ｇ	16.1％	5,010,000本	1.064台

帝国書院公式WEBサイト（2019年のデータ）より作成

5　下線部④に関して，ダムの役割を２つあげなさい。

6　下線部⑤に関して，近年，日本各地で６～７月に雨による水害が多くなっています。川のはんらんにそなえ，市町村などが作成する，川のはんらんでひがいを受けやすい地域を示した地図を何と呼びますか。カタカナで答えなさい。

7　川に関する次の（１），（２）の問いに答えなさい。

（１）B川の河口がある都道府県の名を漢字で書きなさい。

（２）高知県の四万十川は，「最後の清流」といわれるほど，きれいな水で知られています。その理由について説明した次のア～エから，誤っているものを１つ選び，記号で答えなさい。

ア　近くに大きな工場が少なく，水がよごれることが少なかったから。

イ　地域への交通の便が悪く，他県や他の市町村からの観光客が少なかったから。

ウ　周辺の山地の開発が進まず，川の水源がほとんどこわされなかったから。

エ　下水道の整備が早く，よごれた水が川に流れこむことがほとんどなかったから。

2022(R4) 済美平成中等教育学校
教英出版　社4の2

(三) 日本と世界のつながりについて説明した下のＡ～Ｆの文章を読み，次の１～10の問いに答えなさい。

Ａ　聖武天皇は，大陸の文化を学ばせ，新しい国作りに役立てるために，（　１　）に使者を送りました。危険を乗りこえ，来日を果たした僧《そう》の鑑真は，仏教だけでなく薬草の知識を広めるなど，日本でもかつやくしました。

Ｂ　元が二度にわたり九州北部にせめてきましたが，執権《しっけん》の（　２　）は元の要求を退け，戦うことになりました。元は，武士たちのていこうや暴風雨などにより，大きな損害を受けて大陸に引き上げました。

Ｃ　ヨーロッパ人の国々は，キリスト教を広め，貿易を行うために世界に進出しました。日本にも，（　３　）やポルトガルといった国から宣教師とともに貿易船がやってきました。その結果，西日本の各地で港町が栄えました。

Ｄ　北海道はかつて蝦夷地《えぞち》と呼ばれ，ここでは（　４　）の人々が，日本や中国の商人と取引していました。17世紀半ば，シャクシャインに率いられた（　４　）の人々は，不正な取引をおこなった松前藩と戦いました。

Ｅ　イギリスの貨物船（　５　）号がちんぼつし，西洋人の船員は全員ボートで助かり，日本人の乗客は，全員船とともにしずんでなくなりました。この事件が問題になった背景には，日本が欧米《おうべい》諸国と結んだ不平等条約がありました。

Ｆ　世界中が不景気になり，日本でも会社や工場がつぶれました。一部の軍人や政治家などが，中国に日本の勢力をのばすことで景気を回復しようと主張しました。また，中国東北部の満州は日本の「生命線」だと主張する人々もいました。このような社会の動きの中で，日本は満州を国として独立させましたが，（　６　）は認めず，日本は（　６　）を脱退《だったい》しました。

１　文中の（　１　）～（　６　）に適当な語句を入れなさい。

２　Ａに関して，次の写真は，東大寺正倉院の宝物です。これについて説明した下の文を読み，この宝物が伝わった経路を示した右の地図のア～エから，最も適切なものを選び，記号で答えなさい。

表面には「らくだ」や「やし」の絵がえがかれ，サンゴしょうが見られる海に住む「ヤコウガイ」という巻貝を利用して，かざりをつけている。

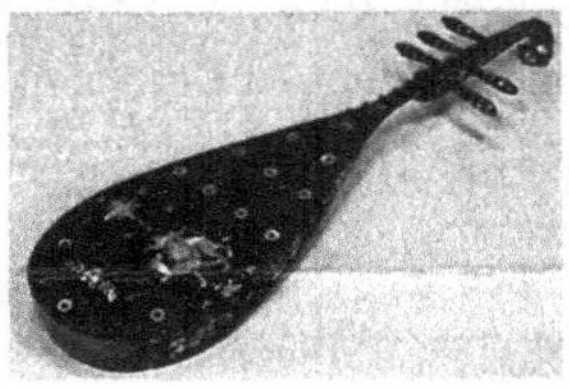

『模造　螺鈿紫檀五弦琵琶』
（東京国立博物館所蔵）
「ColBase」収録

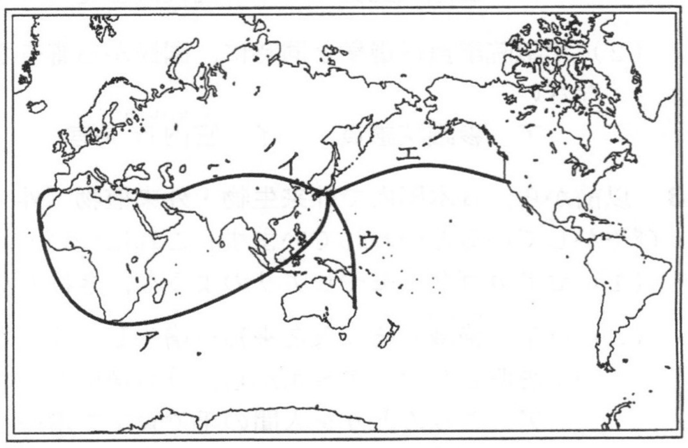

３　Ａに関して，鑑真が建てた寺院の名前を答えなさい。

４　Ｂに関して，このできごとのえいきょうについて説明した次のア～エから，誤っているものを１つ選び，記号で答えなさい。

ア　全国の武士を集めたため，幕府の力が全国におよぶようになった。
イ　天皇や貴族の力が弱まり，幕府に権力が集中するようになった。
ウ　幕府は十分な恩賞をあたえることができず，武士との関係がくずれた。
エ　武士たちは役目を果たすための負担に苦しみ，生活に困る者も出てきた。

５　Ｃに関して，右の表はヨーロッパやキリスト教と日本のかかわりについて古い順に並べたものです。島原・天草一揆《いっき》が起こったのはいつですか。表の①～④から，最も適切な時期を選び，番号で答えなさい。

フランシスコ・ザビエルが鹿児島へ上陸
⇕　①
京都にキリスト教の教会堂ができる
⇕　②
天正の少年使節がローマにはけんされる
⇕　③
日本人の海外との行き来を禁止する
⇕　④
オランダ商館を平戸から出島にうつす

６　Ｃに関して，このころ日本は，火薬の原料である「硝石《しょうせき》」を輸入していました。なぜ火薬を必要としていたのか，理由を説明しなさい。

７　Ｄに関して，蝦夷地から日本にわたってきたものを次のア～オから１つ選び，記号で答えなさい。

ア　さつまいも　　イ　米　　ウ　こんぶ　　エ　砂糖　　オ　小麦

８　Ｅに関して，不平等条約について説明した次のＸ～Ｚの正誤の組み合わせとして，正しいものを下のア～クから選び，記号で答えなさい。

Ｘ　外国人が日本国内で罪をおかしたとき，その外国人の国の法律でさばく。
Ｙ　外国からの輸入品にかける税金を，日本は自由に決めることができない。
Ｚ　改正しようとしたのは，ペリーが来航したことにより結ばれた日米修好通商条約である。

ア　Ｘ正　Ｙ正　Ｚ正　　イ　Ｘ正　Ｙ正　Ｚ誤　　ウ　Ｘ正　Ｙ誤　Ｚ正
エ　Ｘ正　Ｙ誤　Ｚ誤　　オ　Ｘ誤　Ｙ正　Ｚ正　　カ　Ｘ誤　Ｙ正　Ｚ誤
キ　Ｘ誤　Ｙ誤　Ｚ正　　ク　Ｘ誤　Ｙ誤　Ｚ誤

9　Ｅに関して，条約改正にいたるまでの次のア～エのできごとを，年代の古い順に並べかえなさい。

ア　日清戦争が始まる　　　　　イ　日露戦争が始まる

ウ　日英同盟を結ぶ　　　　　　エ　鹿鳴館《ろくめいかん》で舞踏会《ぶとうかい》などが開かれる

10　Ｆに関して，「生命線」と考えた人々はなぜそのように考えたのですか。その理由として誤っているものを，次のア～エから１つ選び，記号で答えなさい。

ア　日本からこの地域に移住した人々の生活を守るために，ばく大なお金が必要になるから。

イ　日本からこの地域に進出した会社が，多くの利益をあげているから。

ウ　この地域は，日本が中国などにせめこむための軍事的なポイントになるから。

エ　この地域は，日本が石炭や鉄鉱石などの資源を手に入れるポイントになるから。

（四）　次の**１**～**３**の問いに答えなさい。

1　2021年のできごとに関する，次の（１），（２）の問いに答えなさい。

（１）２月，クーデターが発生し，軍が全権をにぎった東南アジアの国はどこですか。

（２）３月，東京オリンピックの聖火リレーがスタートした場所を，次のア～オから選び，記号で答えなさい。

ア　北海道　　イ　福島県　　ウ　東京都　　エ　島根県　　オ　沖縄県

2　2021年10月，衆議院議員の総選挙がありました。これに関する次の（１），（２）の問いに答えなさい。

（１）この総選挙で，議席を４倍近くに増やした政党は何ですか。次のア～オから最も適切なものを選び，記号で答えなさい。

ア　立憲民主党　　イ　国民民主党　　ウ　日本共産党　　エ　れいわ新選組《しんせんぐみ》　　オ　日本維新《いしん》の会

（２）衆議院議員総選挙と同時に，国民から審査《しんさ》される人はだれですか。次のア～オから最も適切なものを選び，記号で答えなさい。

ア　参議院議員　　イ　宮内庁《くないちょう》長官　　ウ　内閣官房長官《かんぼうちょうかん》　　エ　最高裁判所判事　　オ　日本学術会議会員

3　以前から，日本国内で外来生物・外来植物（外来種）が増加し，日本に古くからいた生物（在来種）のすみかや生息地をおびやかしているといわれています。これについて，次の（１）～（５）の問いに答えなさい。

（１）セアカゴケグモやヒアリのような，きけんな外来種を指定したり，対策《たいさく》を担当《たんとう》している省の名を答えなさい。

（２）近年，絶滅《ぜつめつ》しそうな在来種を増やしたり，外来種を減らしたりする取り組みが行われています。こうした取り組みについて説明した次のア～エから，最も適切なものを選び，記号で答えなさい。

ア　こうのとりを人間の手で育てて増やし，放鳥することで，野生化させようとしている。

イ　ブラックバスを川や湖にさかんに放流し，つりあげても再び帰して，数を減らさないようにしている。

ウ　らいちょうは寒冷地にしか住めないので，原子力発電所を増やし，地球温暖《おんだん》化《か》への対策をすすめている。

エ　うみがめのたまごを守るために，沖縄県の辺野古《へのこ》の近くでは，海岸をうめたてて、すなはまを広げている。

（３）2016年，松山市で，外来種のミステリークレイフィッシュが発見されました。ミステリークレイフィッシュは，おすがいないのに，めすだけでたまごを産み，生まれた子どもは親とまったく同じ遺伝《いでん》情報をもつコピーであるといわれています。こうしたコピーを何とよびますか。

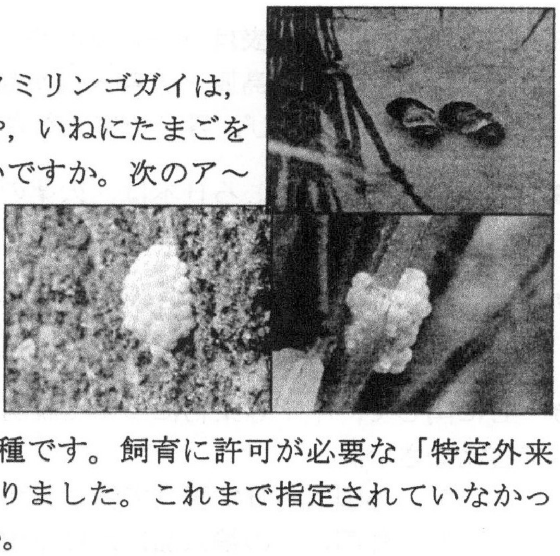

（４）右の写真は，外来種のスクミリンゴガイ(ジャンボタニシ)とそのたまごです。スクミリンゴガイは，ため池や水田の中に住み，夜に水の中からはい上がって，コンクリートのかべや，いねにたまごを産みます。スクミリンゴガイを増やさないためにはどのような方法がふさわしいですか。次のア～エから，最も適切なものを選び，記号で答えなさい。

ア　直射日光を当てて，たまごをかんそうさせる。

イ　かべの面のたまごを，水の中へかき落とす。

ウ　天敵《てんてき》の生き物を輸入して放ち，たまごを食べさせる。

エ　いねを作るのをやめ，たまごを産みつけられなくする。

（５）アメリカザリガニは，20世紀に入ってから日本国内に広がった，有名な外来種です。飼育に許可が必要な「特定外来生物」には指定されていませんでしたが，2021年，指定へ向けての動きが始まりました。これまで指定されていなかったのはなぜですか。次のア～エから，最も適切なものを選び，記号で答えなさい。

ア　アメリカザリガニは，国内の川のほとんどに生息しており，日本の野生生物として定着しているため。

イ　アメリカザリガニは，カミツキガメのように人にけがをさせるおそれはなく，飼育しても問題ないため。

ウ　アメリカザリガニを指定すると，法律《ほうりつ》いはんをおそれ，飼育されたものが放流される可能性があったため。

エ　アメリカザリガニを指定すると，食用の養しょくもいはんとなり，関係業者をとりしまらねばならないため。

受験番号
番

小学校
氏名

令和四年度　国語　解答用紙

(一)

1
①
②（らかな）
③
④（る）
⑤
⑥
⑦
⑧
⑨
⑩

2
①
②
A
C
③
④
⑤ ↓ ↓ ↓ ↓
⑥
⑦

(二)

1
2
3
4
5
6
名前

(三)

1
ⓐ
ⓑ

2
A
B

3
4
5
6
7

(一)	
(二)	
(三)	
合計	

※100点満点
（配点非公表）

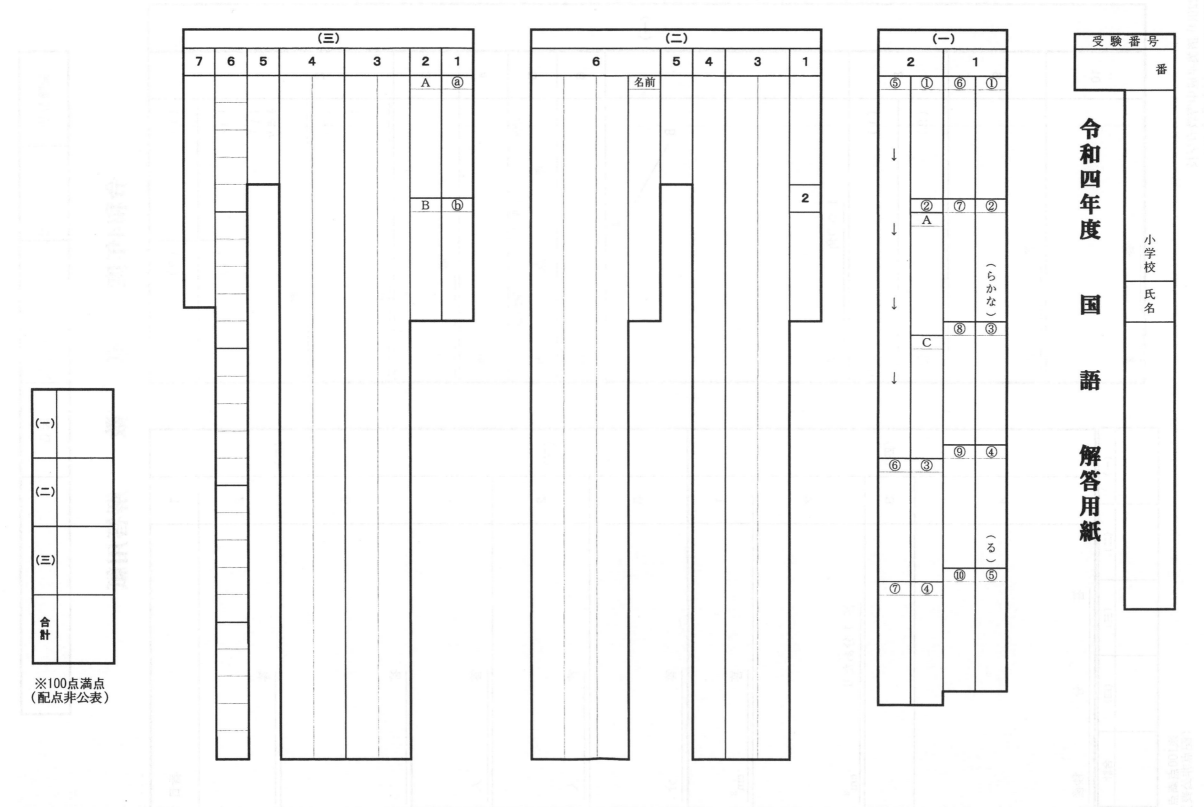

受験番号	番	小学校	氏名	

令和4年度　算　数　解答用紙

(一)	1	(1)　(2)　(3)　(4)
	2	(1) きまり　答
		(2) きまり　答
	3	答　円
	4	度
	5	平均値　点　中央値　点　最頻値　点
	6	cm^2
	7	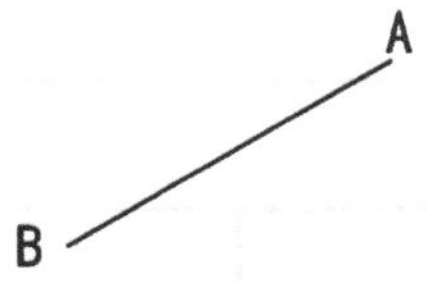 1つの角　度
	8	(1)　とおり
		(2)　とおり
	9	答　円
	10	答　g

(二)	1	番目
	2	答
	3	答
(三)	1	答　人
	2	答　人
	3	答　分
(四)	1	答　cm^3
	2	答　1分あたり　cm^3
	3	
	4	答　分　秒後

(一)	(二)	(三)	(四)	合計

※100点満点
（配点非公表）

受験番号	番	小学校	氏名	

令和4年度　理　科　解答用紙

(一)	1	
	2	
	3	
	4	
	5	
	6	
	7	
	8	

(二)	1	極
	2	
	3	
	4	
	5	(1)
		(2)
		(3)

(三)	1	
	2	
	3	(C)
		(D)
	4	
	5	(1)　℃
		(2)　g

(四)	1		
	2	と	
	3		
	4		
	5		
	6	・　・	
	7	⑤	⑥
		⑦	⑧
	8		色

(五)	1	A：固体	
		B：液体	
	2		
	3	(1)	(2)
	4	mL	
	5	mL	
	6	(1)　mL	
		(2)　mL	

(一)	(二)	(三)	(四)	(五)	合計

※50点満点
（配点非公表）

受験番号	番	小学校	氏名	

令和4年度　社　会　解答用紙

(一)	1		
	2		
	3	(1)	
		(2)	
	4		
	5		
	6	(1)	省
		(2)	
		(3)	
		(4)	

(二)	1	(1)	
		(2)	
		(3)	
		(4)	
		(5)	
		(6)	
	2		
	3		
	4		
	5		
	6		
	7	(1)	
		(2)	

(三)	1	(1)	
		(2)	
		(3)	
		(4)	
		(5)	
		(6)	
	2		
	3		
	4		
	5		
	6		
	7		
	8		
	9	→ → →	
	10		

(四)	1	(1)	
		(2)	
	2	(1)	
		(2)	
	3	(1)	省
		(2)	
		(3)	
		(4)	
		(5)	

(一)	(二)	(三)	(四)	合計

※50点満点
（配点非公表）

令和五年度　済美平成中等教育学校入学試験問題　国　語

(60分)

解答は、すべて別紙解答用紙の指定されたところに書き入れること。

(一)　次の**1**～**4**の問いに答えなさい。

1　次の①～⑤の傍線部《ぼうせんぶ》の漢字はひらがなに、⑥～⑩の傍線部のカタカナは漢字にそれぞれ直しなさい。また、送《おく》り仮名《がな》が必要な場合は補いなさい。

①　看過できない問題だ。

②　皮革産業が衰退《すいたい》する。

③　容疑者の認否が明らかになる。

④　業務上横領の罪に問われる。

⑤　祖父の遺した作品。

⑥　カクチョウ高い絵画。

⑦　学級委員をツトメル。

⑧　ジュショウシキに出席する。

⑨　フンコツ砕身《さいしん》の思いで取り組む。

⑩　店内カイソウのため閉店する。

2　次の故事成語の空欄《くうらん》①～⑤にはある生き物を意味する漢字一字が入ります。同じ番号の空欄には同じ生き物を意味する漢字一字が入ります。それぞれの空欄を埋《う》める漢字として最も適当なものを次のア～クから選び、記号で書きなさい。

［①］も木から落ちる

［②］穴に入らずんば［②］児《じ》を得ず

［③］［①］の仲

［②］の威《い》を借る［④］

［⑤］を見て［③］を放つ

二［⑤］を追うものは一［⑤］をも得ず

ア　兎《うさぎ》　イ　犬　ウ　蛙《かえる》　エ　虎《とら》　オ　鳥　カ　猫《ねこ》　キ　狐《きつね》　ク　猿《さる》

3　次の①～⑤の四字熟語はそれぞれどのような意味ですか。熟語の意味として最も適当なものを次のア～キから選び、記号で書きなさい。

①　明鏡止水　②　我田引水《がでんいんすい》　③　玉石混交　④　七転八倒《しちてんばっとう》　⑤　一日千秋

ア　苦痛のために、のたうちまわること。
イ　価値のあるものとないものとが入りまじっていること。
ウ　多くの失敗にもめげず、そのたびに勇をふるって立ち上がること。
エ　何の邪念《じゃねん》も無く、静かに落ち着いている心の状態。
オ　自分の有利になるように取りはからうこと。
カ　一日が千年のように長く思われること。待ち遠しいことのたとえ。
キ　わずかな時間が千金にも相当する高い価値を持つこと。

4 次の資料と話し合いをもとに、あおいさんとひろみさんは授業で「身近なＳＤＧｓの取り組み」について発表する予定です。資料と会話を読んで、後の①～④の問いに答えなさい。

〔資料〕

（SDGsの資料）

お詫び：著作権上の都合により，掲載しておりません。ご不便をおかけし，誠に申し訳ございません。

教英出版

愛媛県庁ホームページより作成

〔会話文〕

あおい「これは愛媛県が賛同している『ＳＤＧｓ日本モデル』宣言の内容だよ。」

ひろみ「上にある小さなアイコンがＳＤＧｓの掲《かか》げる十七の①ゴールだね。」

あおい「授業で習ったときには、こんなにたくさんのことを達成できるかな…と思って不安になったよ。」

ひろみ「［Ａ］、そんなに難しくもないようだよ。ＳＮＳでは多くのＳＤＧｓの実践例《じっせんれい》が紹介《しょうかい》されているよ。」

あおい「どのような取り組みが紹介されているの。」

ひろみ「散歩している途中《とちゅう》にごみを拾うとか、外食の時にマイ箸《はし》を持参するとかかな。だれでもできるようなことだよ。子どもたちから大人に向かって声をあげてそういった活動を実施《じっし》しているところもあるみたいだ。」

あおい「［Ｂ］そんなに難しくはなさそうだね。」

ひろみ「こういった取り組みは『ＳＤＧｓ日本モデル』宣言の内容の［Ｃ］の項目《こうもく》を満たしているよね。」

あおい「私たちにもできることがあるんだね。みんなにも『ＳＤＧｓ』を身近に感じてもらえるような発表にしよう。」

① 傍線部①「ゴール」は外来語ですが、ここでの意味と同じ熟語を漢字二字で書きなさい。

② ［Ａ］、［Ｂ］に入る言葉として最も適当なものを次のア～オから選び、記号で書きなさい。

ア　したがって　　イ　たとえば　　ウ　ところが　　エ　または　　オ　確かに

③ 資料を参考にして、［Ｃ］にあてはまるものを⑴～⑶から選んで書きなさい。

④ 資料と話し合いを踏《ふ》まえて、二人が作った「自分でもできるＳＤＧｓ」の発表原稿《げんこう》が次の七文です。はじめの一文に続く形で、次の選択肢《せんたくし》を正しく並《なら》べ替《か》えて、文章を完成させなさい。

愛媛県が賛同している『ＳＤＧｓ日本モデル』宣言を知っていますか。

ア　十七のゴールと聞くと難しく感じるかもしれませんが、私たちのような子どもたちにもできることはあります。

イ　たとえば、私たちでも地域の清掃《せいそう》活動に積極的に参加したり、ゴミを減らすための活動を行うことができます。

ウ　このように十七のゴール全てを達成することはできなくても、まずは自分たちから行動することが大切です。

エ　なぜなら地域に住む人皆《みな》にとって持続可能な地域を作るためには住みやすい町や環境《かんきょう》を整えることが重要だからです。

オ　それは持続可能な地域作りのため十七のゴールを掲げ、それを世界へ発信する活動のことです。

カ　これは、「住み続けられるまちづくりを」「つくる責任、つかう責任」というゴールへつながります。

(二) 次の文章を読んで、後の**1**～**8**の問いに答えなさい。

文章**【Ⅰ】**

①環境《かんきょう》問題とは、別な言い方をすれば「なにかを手に入れたこと」のツケである。農薬や遺伝子組《く》み換《か》え作物の問題は、その典型であろう。ここでも「丸儲《まるもう》けはない」のである。多摩《たま》動物公園の昆虫園《こんちゅうえん》に勤めている人の奥《おく》さんに聞いた話がある。②ご主人がスーパーマーケットで小松菜を買ってきて、飼っているバッタに食べさせたら、みんな死んでしまったという。奥さんは、「人間は丈夫《じょうぶ》なんですね」と笑った。その後、中国野菜の農薬残留問題が浮上《ふじょう》した。虫を扱《あつか》っていれば、そういうことなら、専門家より先にわかるのである。

③小松菜が虫に食われるのは、税金みたいなものだと思う。税金を払《はら》っているから、安心して食べられる。税金を払うのがいやだと、農薬を使ったために、もっと請求額《せいきゅうがく》の多いツケが回ってきた。二〇〇二年の夏には、野菜に残留している農薬が基準値を超《こ》えていたとか、許可されていない農薬が農協ぐるみで使用されていたという事例がいくつも明らかになった。許可されていない添加物《てんかぶつ》が加工食品に入っていたという話も、連日のように報道された。新聞の社会面のいちばん下の欄《らん》に関係者のお詫《わ》び広告がずらりと並び、問題の作物や食品が回収されたり、処分されるようすがニュース画面に流れた。

人間の欲望はきりがない。虫に食われていない、きれいな野菜が食べたい。すぐに食べられる調理済み食品がほしい。すこしでも風味のよいものを食べたい。日持ちがいいと助かる。おかげで農薬漬《づ》けの野菜とか、保存料や人工の調味料がふんだんに添加された加工食品が出回る。なんのことはない。見た目がきれいなうえに、便利な食品を手に入れた代わりに、税金より高い④ツケに苦しんでいるのである。

便利な生活に由来する、もう一つの大きなツケは、大量のゴミである。ゴミというと、ファーストフードやカップ麺《めん》の容器を想像するかもしれないが、じつは食品自体が大量のゴミになっている。あるコンビニエンスストアが、売れ残った弁当を堆肥《たいひ》にする工場をつくったという話をテレビで見た。堆肥にするのは結構な話だが、工場が神奈川県にあり、東京都での売れ残りは生ゴミだから他県に運べない。そのことを問題にしていた。じつはその番組を見て私がいちばん驚《おどろ》いたのは、コンビニの弁当の四割が売れ残るという話だった。

売れ残りは堆肥になり、野菜となってまた弁当に入る。ということは、弁当の四割は、人間を通過せずに無駄《むだ》な循環《じゅんかん》をするわけである。まさに⑤花見酒の経済が進行している。弁当—売れ残り—堆肥—作物—弁当という循環が成立し、それが経済活動に組《く》み込《こ》まれているからである。江戸《えど》時代には糞尿《ふんにょう》はすべて田畑の肥料となっていた。もちろん、大量の食品を無駄にできるだけの生産力はなかっただろうから、食品はほとんどが人の口に入ったはずである。［ A ］、食品は人の体を通って、ほとんど一〇〇パーセント循環していたのである。現代の社会では、人の体の外を通る食品がGDPを生み出す。食品に限らない。⑥どうしても必要なわけではない品物がたくさん売られ、それを買う人がいて経済がようやく回っている。多くの人が「もうほしいものはない」と感じているのに。

（養老孟司『いちばん大事なこと—養老教授の環境論』による）

1 ［ A ］にあてはまる語句として最も適当なものを次のア～エから選び、記号で書きなさい。

ア だから　イ しかし　ウ つまり　エ そして

2 傍線部《ぼうせんぶ》①「環境問題とは、別な言い方をすれば『なにかを手に入れたこと』のツケである。農薬や遺伝子組み換え作物の問題は、その典型であろう。」とありますが、「農薬や遺伝子組み換え作物の問題」における「なにか」とは何ですか。本文中から十五字以上二十字以内で抜《ぬ》き出《だ》しなさい。

3 傍線部②「ご主人がスーパーマーケットで小松菜を買ってきて、飼っているバッタに食べさせたら、みんな死んでしまった」とありますが、なぜそうなったのか説明しなさい。

4 傍線部③「小松菜が虫に食われるのは、税金みたいなものだと思う。」とはどういうことですか。最も適当なものを次のア～エから選び、記号で書きなさい。

ア 小松菜が虫に食われることによって、小松菜の味が保証されるということ。

イ 虫が小松菜を食うという行為《こうい》が、商売繁盛《はんじょう》の祈願《きがん》の役割を果たしているということ。

ウ 小松菜が虫に食われることが、後々の生産者の利益につながっているということ。

エ 小松菜が虫に食われることによって、小松菜の安全性が確かめられるということ。

5 傍線部④「ツケに苦しんでいる」とはどういうことですか。解答欄に合うように説明しなさい。

6 傍線部⑤「花見酒の経済が進行している。」とはどういうことですか。「弁当の売れ残り」を例に挙げて説明しなさい。

7 傍線部⑥「どうしても必要なわけではない品物がたくさん売られ、それを買う人がいて経済がようやく回っている。」とありますが、その具体的な事柄《ことがら》として適当でないものを次のア～エから一つ選び、記号で書きなさい。

ア　より快適な生活を営むために、無人でも自動的に掃除《そうじ》を行ってくれるロボットが売られていること。

イ　自動車やバイク等の交通手段を動かすためのものとして、ガソリンや軽油が売られていること。

ウ　自宅での娯楽《ごらく》を充実《じゅうじつ》させるために、多くの映画等を定額で見られるサービスが普及《ふきゅう》していること。

エ　富裕層《ふゆうそう》に向けて、ハイブランドと呼ばれる店によって高価な衣類や鞄《かばん》等が売られていること。

8 次の文章【Ⅱ】を読み、文章【Ⅰ】との内容の違《ちが》いを説明しなさい。

文章【Ⅱ】

消費社会はしばしば物があふれる社会であると言われる。物が過剰《かじょう》である、と。しかしこれはまったくのまちがいである。サーリンズを援用《えんよう》しつつボードリヤールも言っているように、現代の消費社会を特徴《とくちょう》づけるのは物の過剰ではなくて稀少性《きしょうせい》である。消費社会では、物がありすぎるのではなくて、物がなさすぎるのだ。

なぜかと言えば、商品が消費者の必要によってではなく、生産者の事情で供給されるからである。生産者が売りたいと思う物しか、市場に出回らないのである。消費社会とは物があふれる社会ではなく、物が足りない社会だ。

(國分功一郎『暇と退屈の倫理学』による)

(注)サーリンズ…アメリカの文化人類学者　ボードリヤール…フランスの哲学者《てつがくしゃ》

(三) 次の文章を読んで、後の**1**～**6**の問いに答えなさい。

本職の詩人ともなれば、いつどんな注文があるか、わからないから、常に詩材の準備をして置くのである。「秋について」という注文が来れば、よし来た、と「ア」の部の引き出しを開いて、愛、青、赤、アキ、いろいろのノオトがあって、そのうちの、あきの部のノオトを選び出し、落ちついてそのノオトを調べるのである。

トンボ。スキトオル。と書いてある。

秋になると、蜻蛉《とんぼ》も、ひ弱く、肉体は死んで、精神だけがふらふら飛んでいる様子を指して言っている言葉らしい。蜻蛉のからだが、秋の日ざしに、透《す》きとおって見える。

秋ハ夏ノ焼ケ残リサ。と書いてある。焦土《しょうど》である。

①夏ハ、シャンデリヤ。秋ハ、燈籠《とうろう》。とも書いてある。

コスモス、無残。と書いてある。

(中略)

秋ハ夏ト同時ニヤッテ来ル。と書いてある。

夏の中に、秋がこっそり隠《かく》れて、もはや来ているのであるが、人は、炎熱《えんねつ》にだまされて、それを見破ることが出来ぬ。耳を澄《す》まして注意をしていると、夏になると同時に、虫が鳴いているのだし、庭に気をくばって見ていると、桔梗《ききょう》の花も、夏になるとすぐ咲《さ》いているのを発見するし、蜻蛉だって、もともと夏の虫なんだし、柿《かき》も夏のうちにちゃんと実を結んでいるのだ。

秋は、ずるい悪魔《あくま》だ。夏のうちに全部、身支度《みじたく》をととのえて、せせら笑ってしゃがんでいる。②僕《ぼく》くらいの炯眼《けいがん》の詩人になると、それを見破ることができる。家の者が、夏をよろこび海へ行こうか、山へ行こうかなど、はしゃいで言っているのを見ると、③ふびんに思う。もう秋が夏と一緒《いっしょ》に忍《しの》び込《こ》んで来ているのに。秋は、根強い曲者《くせもの》である。

怪談《かいだん》ヨロシ。アンマ。モシ、モシ。

マネク、ススキ。アノ裏ニハキット墓地ガアリマス。

(中略)

よく意味のわからぬことが、いろいろ書いてある。何かのメモのつもりであろうが、僕自身にも書いた動機が、よくわからぬ。

窓外、庭ノ黒土ヲバサバサ這《は》イズリマワッテイル醜《みにく》キ秋ノ蝶《ちょう》ヲ見ル。並ハズレテ、ⓐタクマシキガ故《ゆえ》ニ、死ナズ在リヌル。決シテ、ⓑハカナキ態《てい》ニハ非《あら》ズ。と書かれてある。

これを書きこんだときは、私は大へん苦しかった。いつ書きこんだか、私は決して忘れない。けれども、今は言わない。

④捨テラレタ海。と書かれてある。

秋の海水浴場に行ってみたことがありますか。なぎさに破れた絵日傘《えひがさ》が打ち寄せられ、歓楽《かんらく》の跡《あと》、日の丸の提灯《ちょうちん》も捨てられ、かんざし、紙屑《かみくず》、レコオドの破片、牛乳の空瓶《あきびん》、海は薄赤《うすあか》く濁《にご》って、どたりどたりと浪《なみ》打っていた。

緒方《おがた》サンニハ、子供サンガアッタネ。

秋ニナルト、肌《はだ》ガカワイテ、ⓒナツカシイワネ。

飛行機ハ、秋ガ一バンイイノデスヨ。

これもなんだか意味がよくわからぬが、秋の会話を盗《ぬす》み聞《ぎ》きして、そのまま書きとめて置いたものらしい。

また、こんなのも、ある。

芸術家ハ、イツモ、弱者ノ友デアッタ筈《はず》ナノニ。

ちっとも秋に関係ない、そんな言葉まで、書かれてあるが、或《ある》いはこれも、「季節の思想」といったようなわけのものかも知れない。

その他、

農家。絵本。秋ト兵隊。秋ノ蚕。火事。ケムリ。オ寺。

ごたごた一ぱい書かれてある。

（太宰治『ア、秋』による）

1　二重傍線部《ぼうせんぶ》ⓐ〜ⓒの語句の意味として最も適当なものを次のア〜エからそれぞれ選び、記号で書きなさい。

ⓐ　タクマシキ

ア　意志が強い　　イ　勢いがある

ウ　頑丈《がんじょう》である　　エ　生き生きとしている

ⓑ　ハカナキ

ア　弱々しい　　イ　頼《たよ》りにならない

ウ　粗末《そまつ》である　　エ　死に場所がない

ⓒ　ナツカシイ

ア　昔のようで好ましい　　イ　心地よい

ウ　愛《いと》おしい　　エ　離《はな》れがたい

2　傍線部①「夏ハ、シャンデリヤ。秋ハ、燈籠。」とありますが、これはそれぞれ何のどのような様子を比喩《ひゆ》した表現ですか。それぞれ簡潔に分かりやすく説明しなさい。

3　傍線部②「僕くらいの炯眼の詩人になると、それを見破ることができる。」とありますが、この一文に関する次の問いに答えなさい。

⑴　「それ」とは何を指しますか。二十五字以内で説明しなさい。

⑵　炯眼の意味を推測して簡潔に説明しなさい。

4　傍線部③「ふびんに思う。」とありますが、ここで僕がこう思う理由として最も適当なものを次のア〜エから選び、記号で書きなさい。

ア　家族は大人だというのに、まだ夏をよろこびはしゃいでいるから。

イ　秋が夏と一緒に忍び込むと、季節の良さが一つ失われてしまうから。

ウ　夏を楽しもうとする家族の願いが達成されないように感じてしまうから。

エ　秋が曲者であることで、夏の海や山の良さも無くなってしまうから。

5　傍線部④「捨テラレタ海。」とありますが、これはどのような海ですか。その説明として最も適当なものを次のア〜エから選び、記号で書きなさい。

ア　汚《よご》れすぎてしまったことで人々に見捨てられてしまった海。

イ　夏を感じるものがたくさん捨てられ、汚れてしまった海。

ウ　夏の跡がたくさんあることで、みすぼらしく感じられる海。

エ　夏の名残《なごり》を留《とど》めながらも、人々から忘れ去られた海。

6　次の短歌と本文をそれぞれ引用して、両者の似ている部分を説明しなさい。

夏ながら秋葉の社の下かげにふきくる風ぞ涼《すず》しかりける　正岡子規

（夏だというのに、秋葉神社の木陰《こかげ》に吹《ふ》いてくる風は涼しいものであるなあ。）

令和 5 年度　済美平成中等教育学校入学試験問題　算　数

解答は，すべて別紙解答用紙の指定されたところに書き入れること。

(60分)

(一)　次の **1**～**10** の問いに答えなさい。

(解答用紙に1～3，5，7，10は答えのみを，4，6，8，9は計算も書きなさい。)

1　次の計算をしなさい。

(1)　$40 \div 5 - 2 \times 3$

(2)　$\frac{2}{3} + \frac{5}{6} - \frac{3}{4}$

(3)　$54 \times 2.72 + 4 \times 27 \times 0.14$

(4)　$\left(4\frac{2}{3} - 3\frac{1}{2}\right) \div \left(0.25 \times \frac{2}{3}\right)$

2　右の㋐～㋒の計算は，わっても，ひいても，答えが同じになる 2 つの分数の例です。これを参考にして，次の問いに答えなさい。

㋐　$\frac{9}{2} \div \frac{3}{2}$　　$\frac{9}{2} - \frac{3}{2}$

㋑　$\frac{16}{3} \div \frac{4}{3}$　　$\frac{16}{3} - \frac{4}{3}$

㋒　$\frac{25}{4} \div \frac{5}{4}$　　$\frac{25}{4} - \frac{5}{4}$

(1) わっても，ひいても，答えが 7 になる 2 つの分数で，分母が 6 であるものを答えなさい。

(2) $\frac{4}{3} \div \frac{2}{3}$ と $\frac{4}{3} + \frac{2}{3}$ は，どちらも答えが同じになります。このように，わっても，たしても，答えが 8 になる 2 つの分数で，分母が 9 であるものを答えなさい。

3　右の図は，ある立体の展開図で，3 つの長方形と 2 つの直角二等辺三角形でできています。このとき，次の問いに答えなさい。

(1) 組み立ててできる立体の名前を答えなさい。

(2) 点 A と重なる点を，点 B～点 J からすべて選び，記号で答えなさい。

(3) 組み立てたとき，四角形 BCDE と垂直な面を，㋐～㋓からすべて選び，記号で答えなさい。

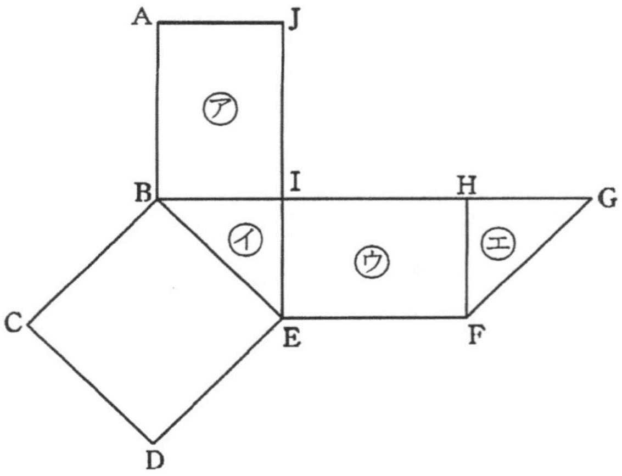

4　2 つの食塩水 A，B があります。A は濃度《のうど》5%の食塩水 200g，B は濃度の分からない食塩水 300g です。A と B をすべて混ぜ合わせると，濃度 11%の食塩水ができました。B の食塩水の濃度は何%ですか。

5　右の表は，ある小学校の 6 年生 80 人について，算数の小テストの得点を度数分布表に整理したものです。このとき，次の問いに答えなさい。

(1) ［　　］にあてはまる数を答えなさい。

(2) 中央値を求めなさい。

小テストの得点

得点（点）	度数（人）
0	0
1	3
2	7
3	11
4	［　　］
5	20
6	8
7	6
8	3
9	2
10	1
計	80

6　あきらさん，あおいさん，もときさん，ゆうなさんの４人でリレーの順番を決めます。このとき，次の問いに答えなさい。

（１）４人の走る順番は，全部で何とおりありますか。

（２）もときさんからあおいさんへバトンを渡すようにするとき，走る順番は何とおりありますか。

7　右の平行四辺形について，対称《たいしょう》の中心を正確にかき入れなさい。
ただし，定規でかいた線は消さないこと。

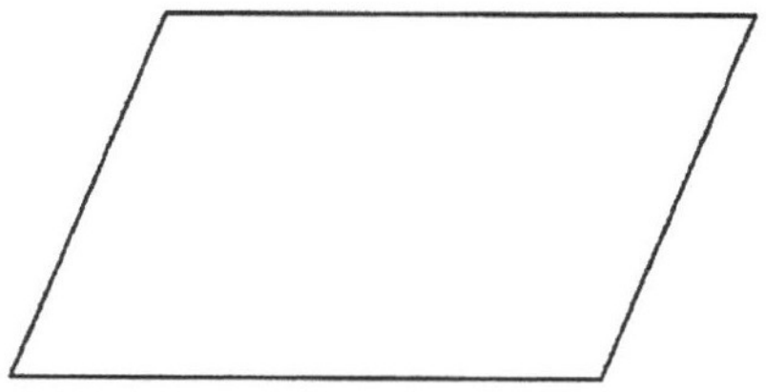

8　ある仕事を仕上げるのに，Ａさんだけだとちょうど30日，Ｂさんだけだとちょうど45日，Ｃさんだけだとちょうど100日かかります。Ａさん，Ｂさん，Ｃさんの３人で協力すると，何日目に仕上がりますか。

9　現在，父は50歳《さい》で子どもは17歳です。子どもの年齢《ねんれい》が父親の年齢の半分をこえるのは何年後ですか。

10　立方体を，図のような３つの●印を通る平面で切断したとき，切断面の図形として最も適当なものを，次の①～⑩から１つずつ選び，番号で答えなさい。ただし，切断面とは切ったときに表れる図形のことで，例の場合，切断面の図形は二等辺三角形となります。

（例）

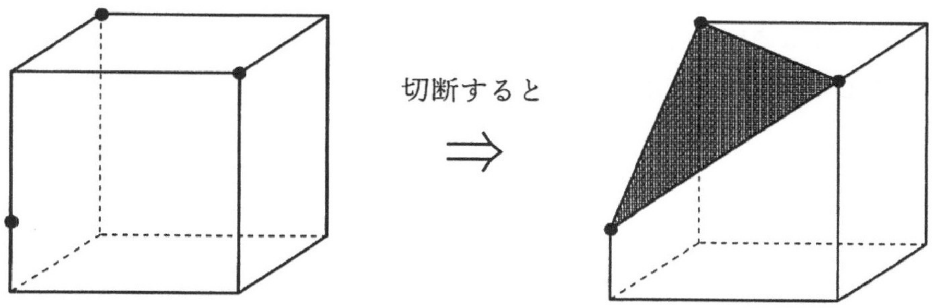

①　二等辺三角形	②　直角三角形
③　正三角形	④　台形
⑤　平行四辺形	⑥　ひし形
⑦　長方形	⑧　正方形
⑨　五角形	⑩　六角形

（１）

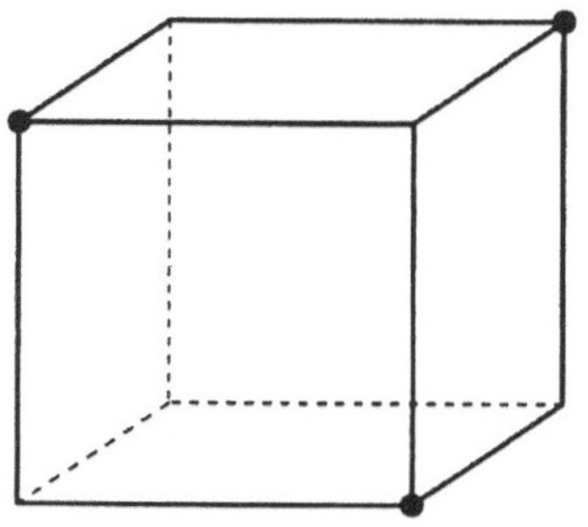

（２）

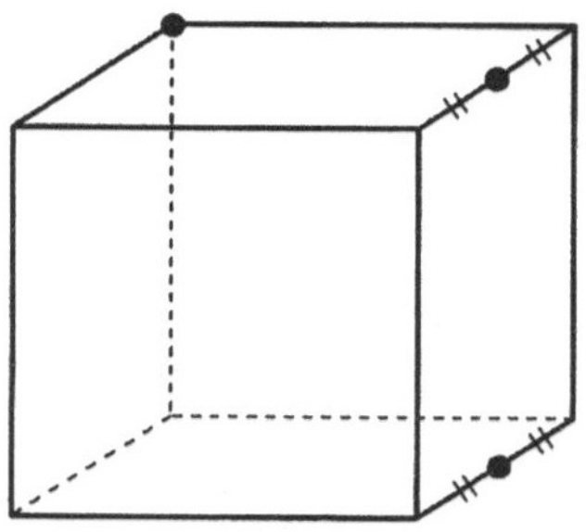

（３）

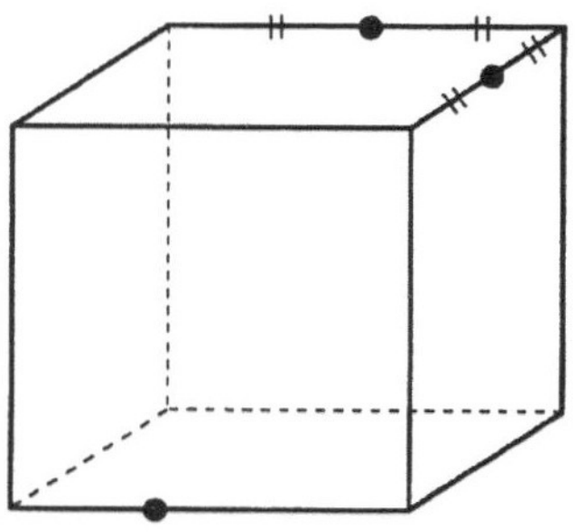

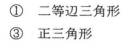

（二）　直径が 20cm，長さが 3m の円柱型の丸太から，切り口ができるだけ大きな正方形となるような角材をとります。

ただし，丸太は正確な円柱で，切るときの厚みは考えないものとし，円周率は 3.14 とします。

このとき，次の１～４の問いに答えなさい。**（解答用紙に３は答えのみを，１，２，４は計算も書きなさい。）**

１　右の図は正方形の角材をとるときの切り口をかいたものです。

このとき，色をつけた部分の面積を求めなさい。

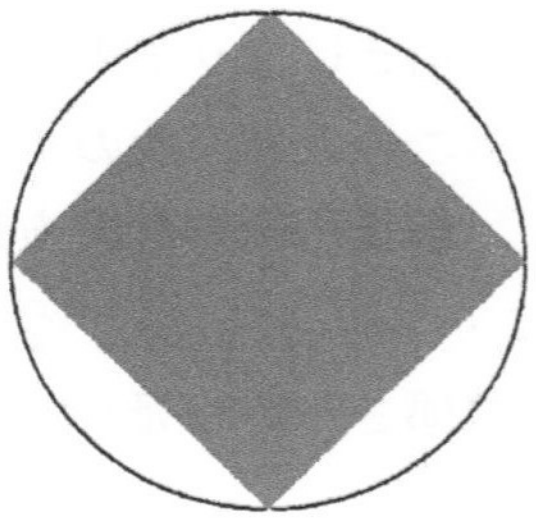

２　丸太から正方形の角材をとったとき，残りの部分の体積を求めなさい。

３　２の部分を有効に使うために，割りばしをつくることにしました。

割りばしの長さは 20cm で，たてとよこがそれぞれ 0.5cm と 1.5cm の長方形です。２の部分のうち１つについて切り口を考えたところ，右の図のように割りばしをとることにしました。このとり方で割りばしをつくるとき，次の問いに答えなさい。

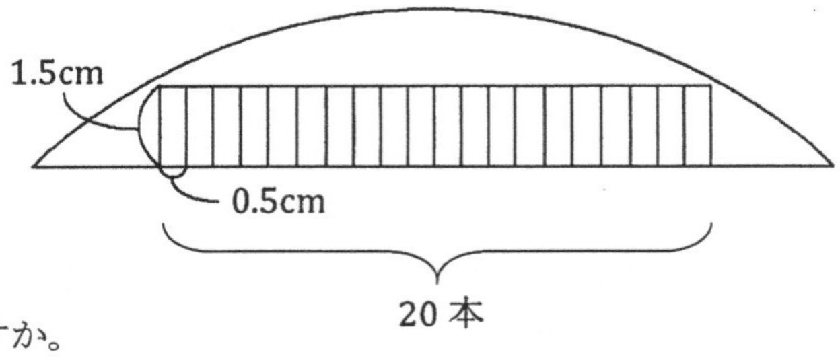

（１）3m の丸太１本から，全部で何本の割りばしをつくることができますか。

（２）もとの丸太のうち，角材と割りばしで使われた体積は何%ですか。小数第１位を四捨五入して整数で答えなさい。

４　同じ大きさの丸太を運ぶために，右の図のように４本ずつ束ねるとき，ひもの長さと色をつけた部分の面積を求めなさい。

ただし，ひもの結び目は考えないものとします。

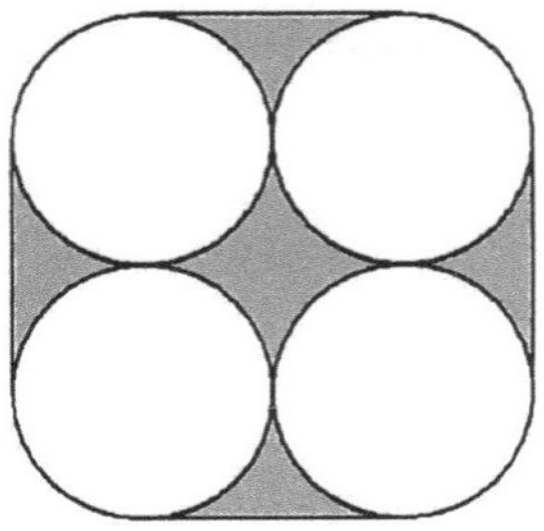

（三）　太郎さんは 3000 円を持って近くのスーパーへ肉を買いに行きました。

A 店では 1 パック 100g の肉を 500 円で買うことができ，20 時以降は 25%引きになります。また，雨の日は 1 パック 100 円引きになります。ただし，雨の日の 20 時以降は 100 円引いた後に 25%引きになります。

B 店では 1 パック 150g の肉を 700 円で買うことができ，19 時以降は 20%引きになります。また，特売日は 1 パック 200 円引きになります。ただし，特売日の 19 時以降は 200 円引いた後に 20%引きになります。

このとき，次の **1**，**2** の問いに答えなさい。ただし，消費税《しょうひぜい》は考えないものとします。
（解答用紙に計算も書きなさい。）

1　太郎さんが特売日でない雨の日の 19 時 30 分に肉を買うとき，より多くの肉を買える店の名前とそのときのパック数を答えなさい。

2　太郎さんは遠くの C 店で肉を買えば，いつでも A 店，B 店より多くの肉を買えることに気がつきました。C 店では 1 パック 80g の肉が売られていますが，いくらで売られているでしょう。次のア～ウから正しいものをすべて選び，記号で答えなさい。

ア　210 円　　　イ　230 円　　　ウ　250 円

（四）　愛媛県に住む A さんと，広島県に住む B さんは，瀬戸内海《せとないかい》にある済美島への旅行を計画しています。そして，2 人は済美島にある平成ホテルに集合することにしました。

以下の 2 人の会話を読み，次の **1** ～ **3** の問いに答えなさい。**（解答用紙に計算も書きなさい。）**

A さん：私は，8 時に出港する船で向かうね。船は 42 分で島の南にある港に着くよ。そこから歩いて平成ホテルに行くね。
B さん：私は，8 時 15 分に出港する船に乗る予定だよ。船は 35 分で島の西にある港に着くよ。そこからホテルに向かう方法を考えているんだ。港から歩いて向かってもいいし，手続きに 5 分かかるけど，港からホテルと反対方向に歩いて 6 分の場所にある，レンタサイクル店で自転車を借りて向かうこともできるみたいだからね。
A さん：そうなんだ。決まったら連絡してね。会えるのを楽しみにしているね。

1　A さんは，港から分速 56m の速さで歩くと，9 時 20 分に平成ホテルに着きます。9 時 10 分に着くためには，分速何 m の速さで歩けばよいですか。

2　B さんは，自転車を借りて時速 15km の速さで平成ホテルに向かうことにした場合，9 時 10 分に着く予定です。レンタサイクル店から平成ホテルまでの距離《きょり》は何 km ですか。

3　A さんは，9 時 10 分に平成ホテルに着きましたが，B さんの船は予定よりおくれ，港へ着くまで 45 分かかりました。B さんの歩く速さが分速 75m，自転車の速さが時速 15km のとき，A さんは短くて何分，長くて何分待つことになりますか。

令和５年度　済美平成中等教育学校入学試験問題　理　科

解答は，すべて別紙解答用紙の指定されたところに書き入れること。

（40分）

（一）　次の**１**～**８**の問いに答えなさい。

１　次のうち，モンシロチョウの幼虫のえさとして最も適当なものはどれですか。次のア～エから選び，記号で答えなさい。
ア　ミカンの葉　　イ　パンジーの葉　　ウ　シロツメクサの葉　　エ　ダイコンの葉

２　空気中を進んできた光が水中に入るとき，どのように進みますか。最も適当なものを図１のア～ウから選び，記号で答えなさい。

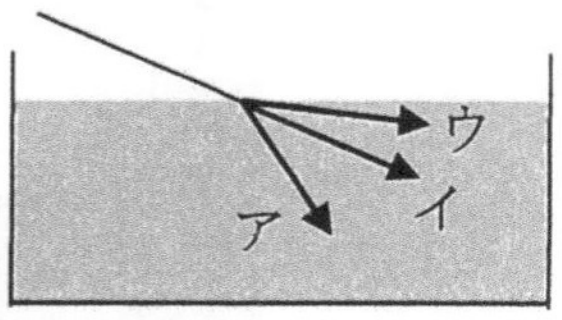

図１

３　図２のように，ビーカーに液体のろうが入っています。このろうが冷えて固まっていくと，液面はどのようになりますか。最も適当なものを次のア～エから選び，記号で答えなさい。点線はすべてとけているときのろうの液面とします。

ア　イ　ウ　エ

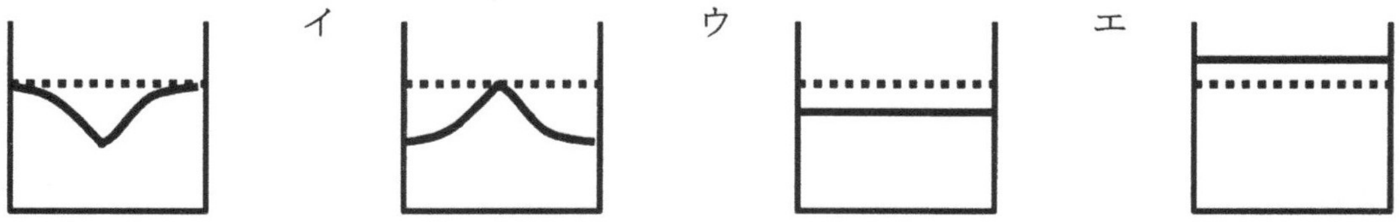

図２

４　月では物体の重さが，地球の６分の１になります。60 g のビー玉を月で測定したとすると，どのようになりますか。次のア～エから正しいものを１つ選び，記号で答えなさい。ただし，使うものはすべて地球から持って行くものとします。
ア　ビー玉を上皿てんびんではかると 60 g の分銅とつりあい，ばねばかりではかると 60 g の値を示す。
イ　ビー玉を上皿てんびんではかると 60 g の分銅とつりあい，ばねばかりではかると 10 g の値を示す。
ウ　ビー玉を上皿てんびんではかると 10 g の分銅とつりあい，ばねばかりではかると 60 g の値を示す。
エ　ビー玉を上皿てんびんではかると 10 g の分銅とつりあい，ばねばかりではかると 10 g の値を示す。

５　夕方から咲《さ》いて，次の日の午前中には花を閉じる植物はどれですか。次のア～エから１つ選び，記号で答えなさい。
ア　アサガオ　　イ　タンポポ　　ウ　オシロイバナ　　エ　カタバミ

６　100 g の水をビーカーに入れ，食塩を 10 g ずつ加えていきました。加えた食塩の重さ a（g）とビーカー全体の重さ b（g）の関係を表しているグラフはどれですか。最も適当なものを次のア～エから選び，記号で答えなさい。

ア　イ　ウ　エ

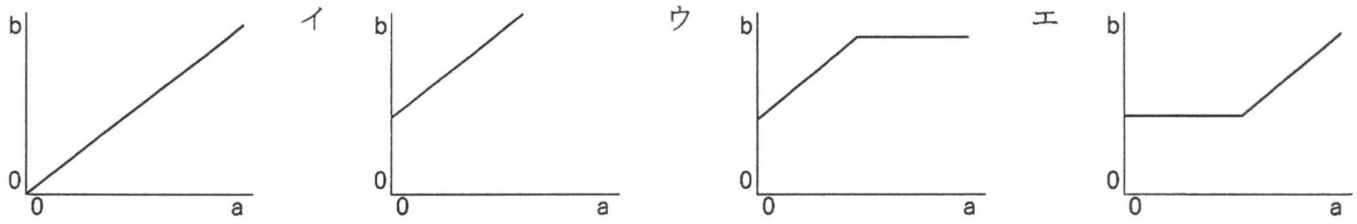

７　北極星《はっきょくせい》の見え方について正しく述べているものを，次のア～カから２つ選び，記号で答えなさい。
ア　位置をほとんど変えない。
イ　夕方東の空からのぼり，朝，西の空にしずむ。
ウ　夕方北の空からのぼり，朝，再び北の空にしずむ。
エ　日本からは一年中見える。
オ　日本からは見ることのできない季節がある。
カ　地球上のどこからでも見える。

８　川の上流，中流，下流で河原の石をいくつか拾ってきました。それぞれの石の様子は次のア～ウの通りでした。上流，中流，下流となるように左から順に並べ，記号で答えなさい。
ア　角が少なく，丸いものが多い。
イ　角ばっており，角がするどいものが多い。
ウ　角ばっているが，するどくはない。

2023(R5) 済美平成中等教育学校
教英出版　理5の1

（二）　気温と太陽高度についての文章を読み，次の**1**～**6**の問いに答えなさい。

図 1 は気温や湿《しつ》度を測る装置が入ったものです。ある夏の晴れの日に，1 時間ごとの気温と太陽の高度を測って，気温と太陽の高度をグラフ（図 2）にしました。グラフの実線が気温，点線が太陽高度を表しています。

図 1

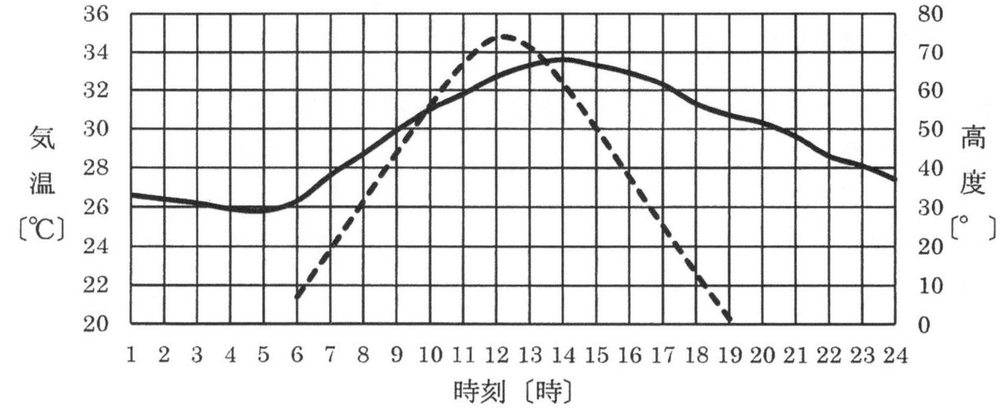

図 2

1　図 1 の名前を漢字で答えなさい。

2　図 1 を説明する文として正しいものを，次のア～エからすべて選び，記号で答えなさい。

ア　風通しを良くするように，すき間をあけている。

イ　地面からの照りかえしを防ぐような場所に設置している。

ウ　熱を吸収しやすいように表面を黒くしている。

エ　地面の熱をさけるために地面から 2m 以上の高さに設置している。

3　気温を知る方法として，図 1 の装置を調べる以外に地域気象観測システムを用いることができます。このシステムをカタカナ 4 文字で何というか答えなさい。

4　同じ実験を 6 ヶ月後の晴れた日に行いました。図 2 と比べて，①日の出の時刻，②太陽が真南に来たときの高さ，③太陽が真南に来たときの時刻，はどのようになりますか。最も適当なものを次のア～オからそれぞれ選び，記号で答えなさい。

ア　高くなる　　イ　低くなる　　ウ　ほとんど変わらない

エ　早くなる　　オ　遅《おそ》くなる

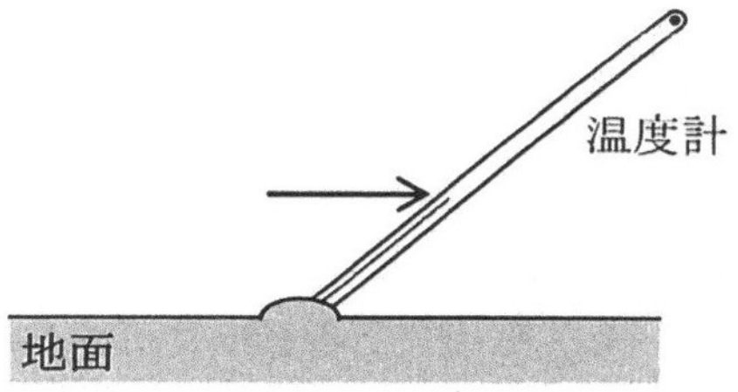

5　右図は地温の測り方を示したものです。日なたでの地温の測り方として誤りのある部分を 2 つ説明しなさい。ただし，矢印は温度計の目盛りを読む方向を示しています。

6　この日の気温のグラフに日なたでの地温のグラフを重ねると，どのようになりますか。次のア～エから最も適当なものを選び，記号で答えなさい。各グラフの実線が気温，点線が地温とします。また，それを選んだ理由を「太陽の熱・地面・空気・最高温度」の言葉を入れて説明しなさい。

ア

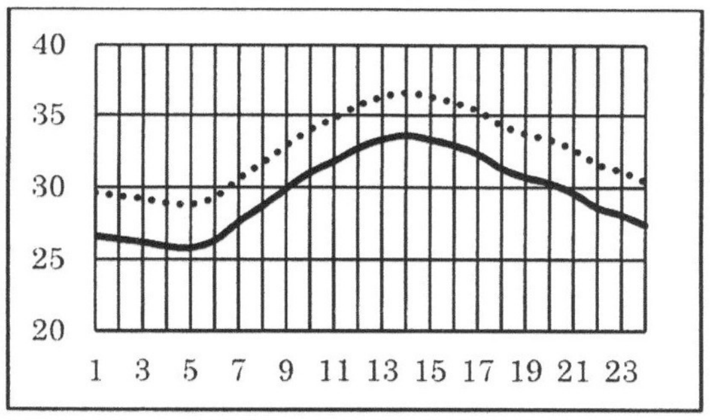

イ

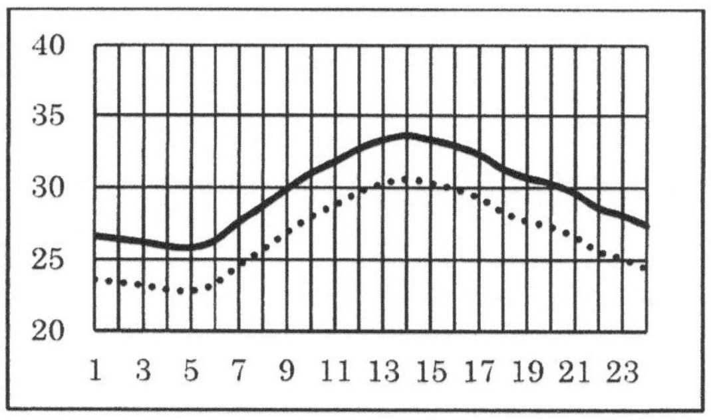

ウ

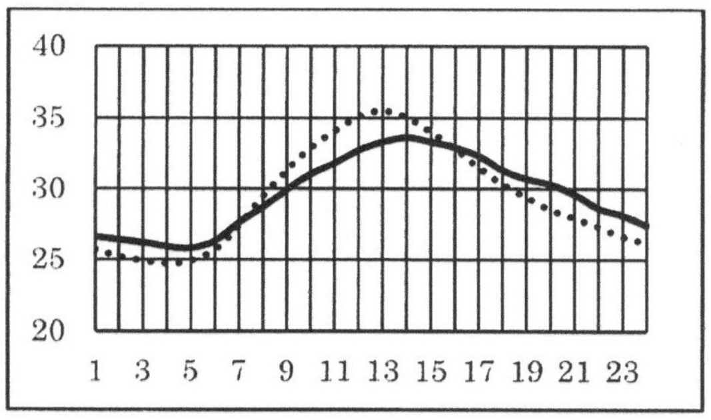

エ

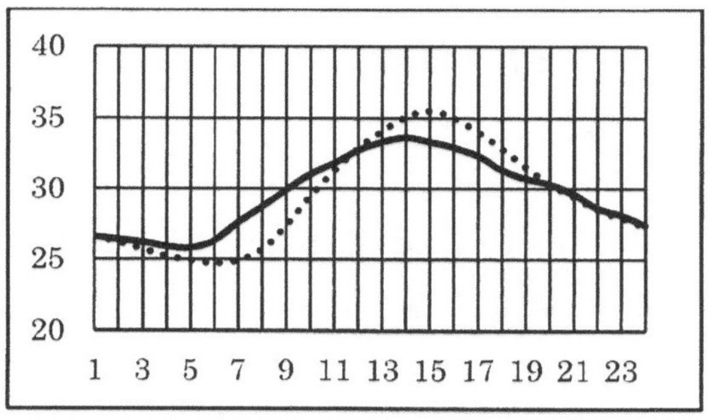

(三)　ヒトの誕生についての文章を読み，次の**1**～**5**の問いに答えなさい。

ヒトの受精卵は母親の体内の（　1　）の中で成長し，たい児になります。（　1　）の中で，たい児のまわりは（　2　）という液体でみたされています。たい児は，へそのおと（　3　）を通して母親の体と物質のやりとりをしています。このとき，母親の血液がたい児の体内に直接流れ込むわけではありません。下の図1のように，たい児の血管が母親の血液のプールの中につかっているようなつくりになっており，血管の壁《かべ》を通して物質のうけわたしをしています。酸素を運んでいるのは，血液の中の赤血球という成分です。赤血球と酸素がくっついたりはなれたりすることによって，酸素を多いところから少ないところへと運んでいます。赤血球は直径が大きいため血管の壁を通りぬけることができませんが，酸素は血管の壁を通ることができます。図2は赤血球によって酸素が運ばれるようすを模式的に表したものです。

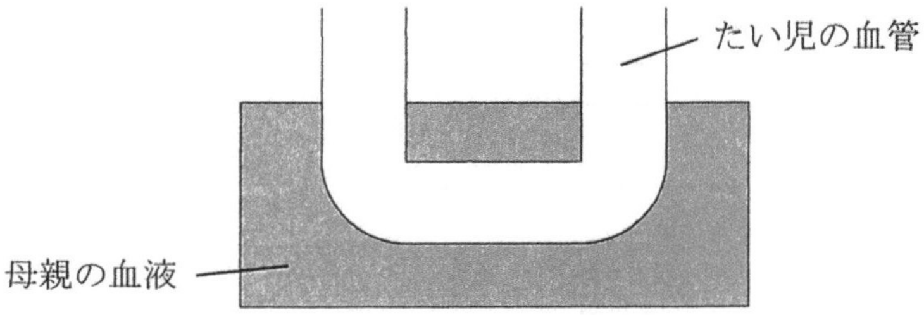

図1

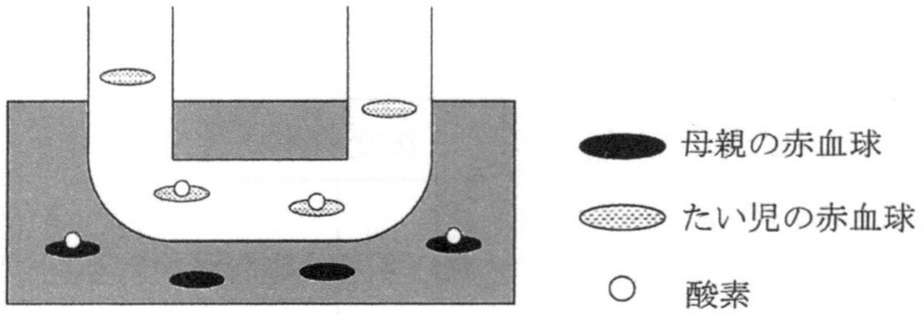

図2

1　文中の（　1　）～（　3　）に適する言葉を答えなさい。

2　ヒトのたい児は母親の中で約何日間育てられますか。最も適当なものを次のア～オから選び，記号で答えなさい。
ア　70　　イ　120　　ウ　270　　エ　370　　オ　720

3　次のア～エを大きい方から順に並べかえなさい。
ア　ヒトの受精卵　　イ　メダカの卵　　ウ　サケの卵　　エ　ニワトリの卵

4　右の表は，いろいろな動物のメス1匹が1回に産む卵（または子）のおおよその数を示しています。表の中でブリは1回の産卵数がもっとも多いですが，親まで育つものの割合はブリよりもツバメやウシの方が高いことがわかっています。ツバメやウシはブリと比べて，子の成長のしかたにどのようなちがいが見られますか。説明しなさい。

動物	1回の産卵（子の）数
ブリ	100万～150万
ツバメ	3～7
ウシ	1

5　母親の赤血球とたい児の赤血球について述べた次のア～エの文章のうち，最も適当なものを選び，記号で答えなさい。
ア　母親の赤血球はたい児の赤血球よりも酸素とくっつきやすく，酸素を十分に得ることができるので，たい児に酸素を渡すことができる。
イ　母親の赤血球はたい児の赤血球よりも酸素とくっつきやすいため，たい児から酸素を受け取ることができる。
ウ　たい児の赤血球は母親の赤血球よりも酸素とくっつきやすいため，母親から酸素を受け取ることができる。
エ　たい児の赤血球は母親の赤血球よりも酸素とくっつきやすいため，母親へ酸素を渡すことができる。

6　血液をとおして母親の食べたものがたい児に届くため，母親は食べるものに気をつけなければなりません。その1つが魚です。魚は健康に良いとされる栄養素が多くふくまれますが，自然の中にわずかに存在するメチル水銀（体に害をおよぼす物質）を体の中にためこみやすいという性質があります。これは小魚がプランクトンを食べ，さらに大型の魚が小魚を食べるというつながりの中でメチル水銀の濃《のう》度が高くなっていくからです。この現象について述べた次の文の空らん①，②にあてはまる言葉を選びなさい。また，③に入る数を求めなさい。

> メチル水銀のように生物の体の中でだんだんと濃度が高くなっていく物質には，体の中で分解され（① やすく・にくく），体の外へ出され（② やすい・にくい）という性質があります。
> 1kgのプランクトンの中に100mgの水銀が含まれるとして，このプランクトン20kgを200匹の小魚が食べ，さらにその小魚すべてが1匹の大型の魚に食べられたとします。このとき，小魚と大型の魚は食べたものにふくまれるメチル水銀のうち，80%をそれぞれ体の中にためこんだとすると，大型の魚1匹にためこまれるメチル水銀は（　③　）mgと考えることができます。

(四)　食塩，鉄，アルミニウム，銅の各粉末を 10 g ずつ混ぜた混合物があります。これに次のような操作を行いました。次の **1** ～ **5** の問いに答えなさい。

[操作 1]　混合物 40 g に水 200 g を加えて，溶《と》けるものは溶かした後，ろ過して沈《ちん》でん物（溶けずに残ったもの）A 30 g と，ろ液（ろ紙を通して下のビーカーにたまった液）B に分けました。

[操作 2]　沈でん物 A に対して，気体 E の発生が終わるまで水溶液《すいようえき》X を加えた後，ろ過して沈でん物 C とろ液 D に分けました。

[操作 3]　沈でん物 C に対して，気体 H の発生が終わるまで水溶液 Y を加えた後，ろ過して沈でん物 F と，ろ液 G に分けました。

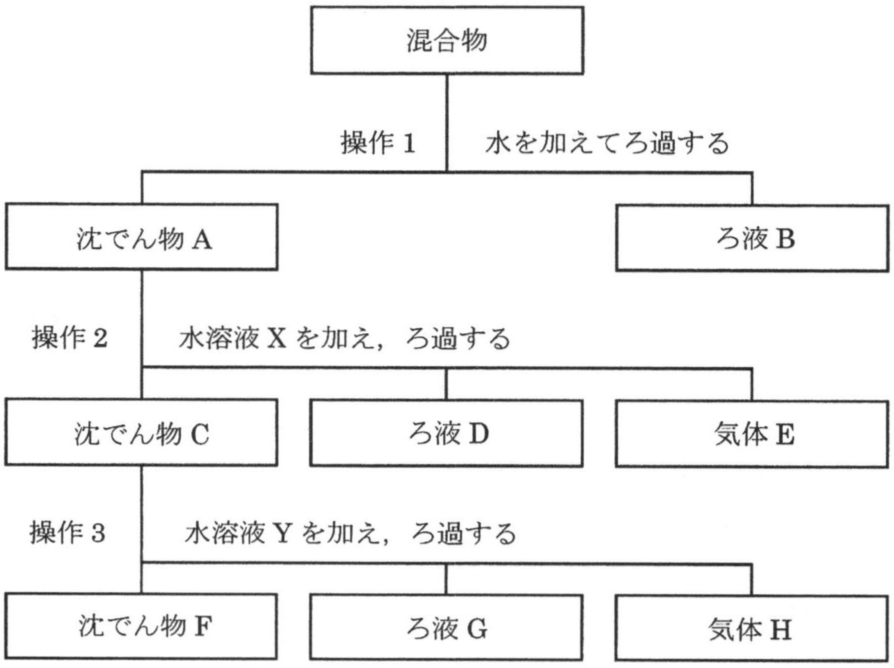

図 1

1　リトマス紙にろ液 B をつけました。色の変化はどうなりますか。

2　ろ液 B の濃度は何％ですか，小数第 2 位を四捨五入して答えなさい。

3　操作 2，操作 3 に用いた水溶液 X，水溶液 Y は何ですか。正しい組み合わせを次のア～カから 1 つ選び，記号で答えなさい。

	水溶液 X	水溶液 Y
ア	うすい塩酸	過酸化水素水
イ	うすい塩酸	水酸化ナトリウム水溶液
ウ	過酸化水素水	水酸化ナトリウム水溶液
エ	水酸化ナトリウム水溶液	過酸化水素水
オ	水酸化ナトリウム水溶液	うすい塩酸
カ	過酸化水素水	うすい塩酸

4　操作 3 で発生する気体 H について，次の問いに答えなさい。

（1）気体 H の特徴《ちょう》にあてはまるものを，次のア～キから 1 つ選び，記号で答えなさい。

ア　無色で，水に溶けやすい。BTB 溶液の色を変えない。
イ　空気よりも重く，においはない。BTB 溶液の色を変えない。
ウ　無色で，空気よりも軽い。においはない。
エ　空気よりも重く，水に溶けにくい。BTB 溶液の色を変える。
オ　空気よりも軽く，水に溶けやすい。においはない。
カ　無色で，空気よりも軽い。水に溶けやすい。
キ　無色で，においはない。BTB 溶液の色を変える。

（2）操作 3 で用いる水溶液 Y の濃度を 2 倍にすると，気体 H の体積はどのようになりますか。

5　沈でん物 F を乾燥《かんそう》させずに空気中に放置しておくと，青緑のさびが生じました。沈でん物 F の主な成分は何ですか。名前を答えなさい。

（五）　ばねとおもりの関係についての文章を読み，次の**1**～**6**の問いに答えなさい。

［Ⅰ］力を加えていないときの長さが等しいばねA，Bがいくつかあります。図1のように，ばねA，Bそれぞれにおもりをつけて，ばねの長さとおもりの重さを測っていったところ，図2のようになりました。

図1

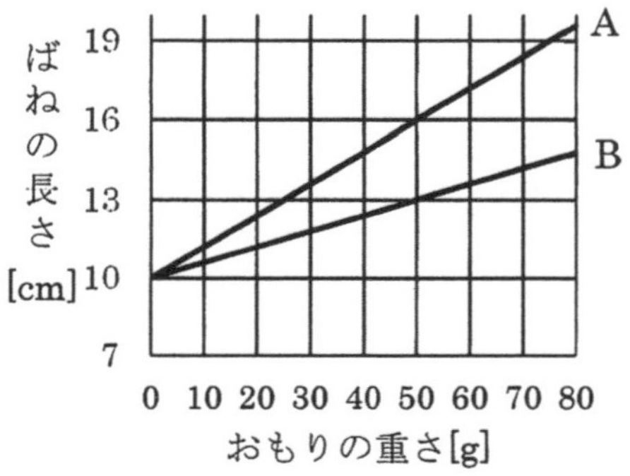

図2

1　おもりの重さを2倍，3倍としていくと，ばねののびはどのようになりますか。図2を参考に，次のア～エから最も適当なものを選び，記号で答えなさい。

ア　ばねののびは，常に同じ長さで変わらない。
イ　ばねののびは，1/2倍，1/3倍と少なくなっていく。
ウ　ばねののびは，2倍，3倍と増えていく。
エ　ばねののびは，4倍，9倍と増えていく。

2　図1のように，ばねBにある重さのおもりをつけたところ，ばねの長さが17.2cmになりました。つけたおもりの重さは何gですか。

3　次のように，ばねとおもりをおいたとき，①～④のばねの長さはそれぞれいくらになりますか。ただし，棒の重さやばねの重さは無視できるものとし，また，真ん中の図のばねBは2つとも同じのびになったとします。

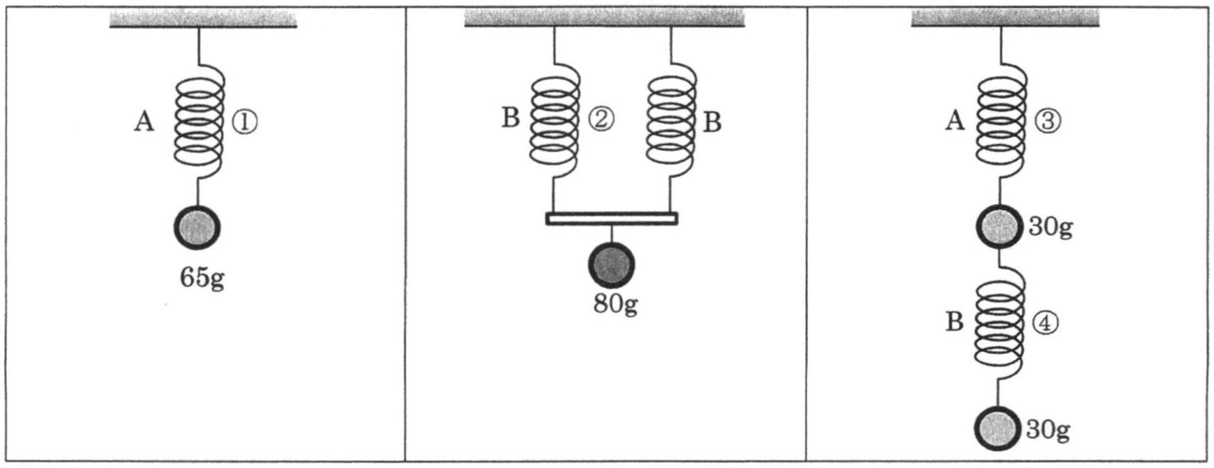

［Ⅱ］ばねAの一方に棒をつけ，反対側に10gのおもりを5個つけてつるしました。図3のように一番下のおもりから順に水に入るように動かし，ばねの長さを測ると，次の表のようになりました。また，同じ実験をばねBでも行い，その結果も表にしました。ただし，おもりの大きさはすべて同じであるとします。

水に入ったおもりの数	1個	2個	3個	4個	5個
ばねAの長さ(cm)	15.4	14.8	14.2	13.6	13
ばねBの長さ(cm)	12.7	12.4	12.1	11.8	11.5

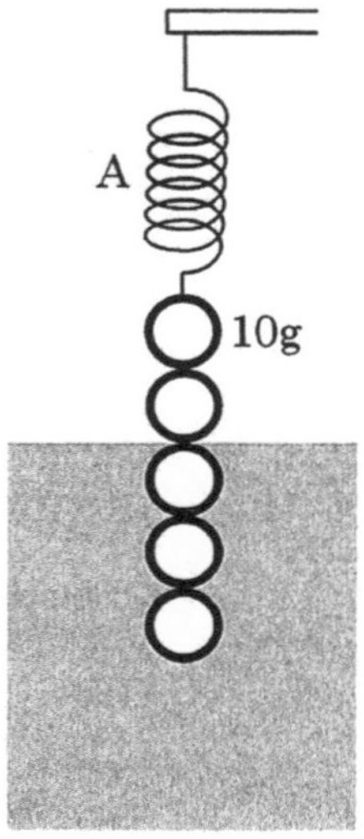

図3

4　ばねAに10gのおもりを7個つけ，そのうち4個が水に入るようにしました。ばねののびはいくらになりますか。

5　ばねBに10gのおもりをいくつかつけ，そのうちのいくつかを水に入れたところ，ばねの長さは13.3cmになりました。つけたおもりの数と水に入っているおもりの数はどのような組み合わせが考えられますか。考えられる組み合わせの例を2つ，解答らんにあわせて答えなさい。

6　図4のようにばねAとばねBをたてにつなぎました。**5**のように10gのおもりをいくつかつけ，そのうちいくつかを水に入れたところ，ばね全体の長さは28.1cmとなりました。つけたおもりの数と水に入っているおもりの数はどのような組み合わせが考えられますか。考えられる組み合わせから，2番目に多くおもりをつけた組み合わせを解答らんにあわせて答えなさい。ただし，おもりをつけていないときの2つつないだばねの長さは20cmで，ばねの重さは無視できるものとします。

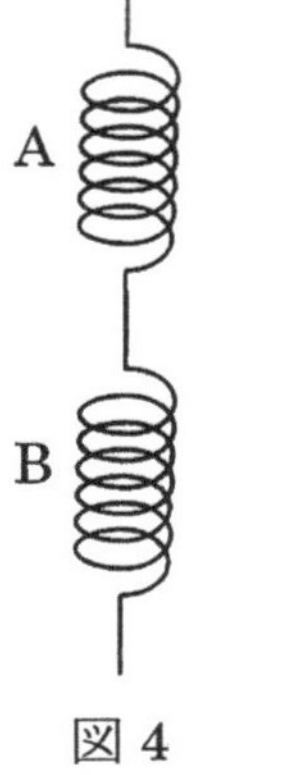

図4

令和5年度　済美平成中等教育学校入学試験問題　社　会

解答は，すべて別紙解答用紙の指定されたところに書き入れること。

(40分)

(一)　2023年は，うさぎ年です。干支《えと》となっている動物についてまとめた下のカードA～Dを読み，次の**1**～**7**の問いに答えなさい。

A　馬

（　1　）時代の権力者のひつぎから，用いていた馬具が発見されているので，５世紀ごろには日本にいたと考えられる。①農作業に用いられており，農業の機械化が進むまでは，農家でよくかわれていた。

B　（　2　）

日本では主に毛を利用するために育てられているが，②北海道の「ジンギスカンなべ」などで食用にも利用されている。らくだとともに，人間が育てた最初の③かちくであるといわれている。

C　さる

徳川家光が建て直した日光（　3　）には「見ざる，言わざる，聞かざる」の「三ざる」のほりものがある。1987年に④カセットテープ再生機のコマーシャルに出演した，目を閉じて音楽を楽しむさるは有名になった。

D　犬

⑤愛媛県の上黒岩岩陰《いわかげ》遺跡《いせき》からは，犬をとむらったあとが発見されている。徳川綱吉《つなよし》が保護しようとしたことも有名だが，野犬から人々を守り，⑥動物愛護の心がけを広めるためだったとする説が有力である。

1　空らん（　1　）～（　3　）に当てはまる適切な語句を答えなさい。

2　下線部①に関して，農作業に馬がよく用いられていたのはいつごろまでですか。次のア～オから最も適切なものを選び，記号で答えなさい。

ア　江戸《えど》時代　　イ　明治時代　　ウ　大正時代　　エ　昭和時代　　オ　平成時代

3　下線部②に関して，北海道について説明した次のア～エから，誤っているものを１つ選び，記号で答えなさい。

ア　ここ40年ほどの間に，多くの鉄道路線が廃止《はいし》され，札幌市《さっぽろし》に人口が集中するようになった。

イ　現在，2027年の冬季オリンピックの開さい地として立候補し，活動を行っている。

ウ　農業がさかんであり，農家１戸あたりの平均耕地面積は都道府県の中で最も広い。

エ　江戸時代には藩《はん》が置かれたが，その支配に対しアイヌ民族がていこうしたこともある。

4　下線部③に関して，現在，かちくをかうことや育てることに関する政策を担当している省は何ですか。

5　下線部④に関して，カセットテープについて説明した次のア～エから，最も適切なものを選び，記号で答えなさい。

ア　通信で音声や音楽データをやりとりできるため，手もとにテープを置いておく必要がない。

イ　コンパクトディスクという別名をもち，手軽に音を再生できることが話題となった。

ウ　音を手軽に記録できるが，再生をくりかえすとテープがのびて音が悪くなることがある。

エ　発売された平成初期には売り上げをのばしたが，最近ではあまり売り上げがのびていない。

6　下線部⑤に関して，次のア～オのうち，最も愛媛県の近くにあるものを選び，記号で答えなさい。

ア　鶴岡八幡宮《つるがおかはちまんぐう》　　イ　根釧《こんせん》台地　　ウ　濃尾《のうび》平野　　エ　三内丸山遺跡　　オ　安土城跡《あづちじょうあと》

7　下線部⑥に関して，日本では，「動物の愛護及《およ》び管理に関する法律」が，動物愛護に反することを取りしまっています。次のア～エから，この法律にいはんする内容について説明したものを１つ選び，記号で答えなさい。

ア　ペットショップが，動物の注意点やあぶない点を，買っていく人へ事前に説明した。

イ　動物園を開こうとした人が，所在地の裁判所の許可をとっていなかった。

ウ　近所ののらねこやのら犬にえさを十分にあたえず，いちじるしく弱らせた。

エ　病気で死んだ犬を発見し，都道府県に知らせたが，引き取ってくれなかった。

(二)　つよしさんは，日本のいくつかの地方についてまとめました。これを読み，次の**1**～**9**の問いに答えなさい。

A地方

（　1　）県の①庄内《しょうない》平野では，気候の特色をいかして，米づくりがさかんである。青森県から（　2　）県にかけて広がる白神山地は，ぶなの天然林で知られており，世界自然遺産にも登録され，多くの観光客が訪《おとず》れている。

B地方

岐阜県海津市《かいづし》など，②木曽川《きそがわ》，長良川《ながらがわ》，揖斐川《いびがわ》がまざり合い，こう水が起きやすい地形だった輪中地帯では，水害からくらしを守る取組みを進めてきた。（　3　）県豊田市では③自動車をつくる工業が，（　4　）県焼津市《やいづし》では④かんづめなどの食料品をつくる工業が，（　5　）県輪島市では昔から伝わるしっきなどの工業生産がさかんである。

C地方

（　6　）県倉敷市《くらしきし》水島では，⑤石油化学工業や製鉄業がさかんである。海に面した場所につくられた石油化学コンビナートや製鉄所では，大型の船が原料や燃料などを積みおろしている。（　7　）県呉市《くれし》では船，愛媛県今治市ではタオルの生産がさかんである。

D地方

一年をとおしてあたたかい⑥沖縄県では，さとうきびやパイナップルなどの作物をつくっている。美しい自然が多く残っているので，観光産業もさかんである。⑦長崎県では，沖合漁業や養しょくなど，水産業がさかんである。

1　空らん（　1　）～（　7　）に入る県名を答えなさい。

2　下線部①に関して，庄内平野で「宝の風」とよばれている夏の季節風について説明した次のア～エから，最も適切なものを選び，記号で答えなさい。

ア　北西からふいてくる，あたたかくかわいた風　　イ　北西からふいてくる，つめたくしめった風
ウ　南東からふいてくる，あたたかくかわいた風　　エ　南東からふいてくる，つめたくしめった風

3　下線部②に関して，アマゾン川などの世界の川と比べたとき，木曽川などの日本の川はどのような特徴《とくちょう》がありますか。次のア～エから，最も適切なものを選び，記号で答えなさい。

ア　高いところから流れており，流れが急である。　　イ　高いところから流れており，流れがゆるやかである。
ウ　低いところから流れており，流れが急である。　　エ　低いところから流れており，流れがゆるやかである。

4　下線部③に関して，近年，地球環境《かんきょう》にやさしい自動車がつくられています。こうした自動車のひとつである燃料電池自動車が，走る時に使っているものとして，次のア～エから適切なものをすべて選び，記号で答えなさい。

ア　酸素　　イ　太陽光　　ウ　水素　　エ　二酸化炭素

5　下線部④に関して，保存性と安全性にすぐれるかんづめは，災害が起きたときの非常食としても注目されています。毎日の生活で使う食料品を多く買っておき，使った分を買い足しながら非常食として備ちくしておく方法を何といいますか。

6　下線部⑤に関して，下の表は，日本が輸入している原油，石炭，鉄鉱石の輸入相手国と割合を示しています。表の（　a　）と（　d　）に入る国名について，次のア～エから最も適切な組み合わせを選び，記号で答えなさい。

品目	輸入額（億円）	輸入相手国および金額による割合（%）									
原油	46466	（　a　）	39.5	アラブ首長国連邦	31.5	クウェート	8.9	カタール	8.6	（　b　）	4.1
石炭	17043	（　c　）	60.2	インドネシア	13.3	（　b　）	11.4	（　d　）	6.7	アメリカ	6.4
鉄鉱石	10308	（　c　）	52.2	ブラジル	29.6	（　d　）	7.2	南アフリカ	3.6	インド	2.0

（2020年，『データブック オブ・ザ・ワールド』より作成）

ア　（a）サウジアラビア　（d）ロシア　　イ　（a）サウジアラビア　（d）カナダ
ウ　（a）オーストラリア　（d）ロシア　　エ　（a）オーストラリア　（d）カナダ

7　下線部⑥に関して，沖縄県にふくまれる，日本で最も西のはしにある島の名前を答えなさい。

8　下線部⑦に関して，長崎県の沖を流れる暖流の名前を答えなさい。

9　A～Dの地方のうち，ふくまれている県の数が同じものの組み合わせを答えなさい。

2023(R5) 済美平成中等教育学校
K 教英出版　社4の2

（三）　下のＡ～Ｅは，歴史上のさまざまな手紙を，現代語に改めて要点を記したものです。これを読んで，次の**1**～**12**の問いに答えなさい。

Ａ　①堺《さかい》の町はとても広く，大商人も多数いる。この町はベニスのように，政務をとりおこなう人によって治められている。日本国中，この町より安全なところはなく，他の国々で②戦争があっても，この町にはなく，やって来て住めばみな平和に生活し，仲良くして他人に害をはたらこうとする者はいない。

Ｂ　昨年，唐《とう》の商人らは，唐がおとろえたことをつぶさに記録しております。③わたくしがつつしんでお願いしますのは，④遣唐使《けんとうし》の廃止について，具体的に話し合って決定することです。

Ｃ　この間，日本の柔術《じゅうじゅつ》使いと西洋のすもうとりの勝負があって，出かけて見てきた。この勝負がお流れになったので，スイスのチャンピオンと⑤イギリスのチャンピオンの勝負を見た。西洋のすもうなんて間のぬけたものだよ。両《りょう》かたがピタリと土俵の上へついて，しかも一，二と行司が数を数える間，このピタリを保っていなければ負けでない。

Ｄ　この⑥式目の内容は朝廷《ちょうてい》の決まりとは少し異なっているが，多くの人々のため，武家の人々のために定めた。これで朝廷の法令は少しも変えられるようなものではない。

Ｅ　⑦太陽がのぼる国の天子が，⑧太陽がしずむ国の天子に書を送ります。お変わりありませんでしょうか。

1　下線部①に関して，この手紙が書かれたころの堺では，ヨーロッパの国々との貿易が行われていました。こうした貿易を何と呼びますか。

2　下線部②に関して，この手紙が書かれたころ，「他の国々」で起こった「戦争」として，最も適切なものを次のア～オから選び，記号で答えなさい。

ア　承久《じょうきゅう》の乱　　イ　桶狭間《おけはざま》の戦い　　ウ　西南戦争　　エ　保元《ほうげん》の乱　　オ　壇《だん》ノ浦《うら》の戦い

3　下線部③に関して，この「わたくし」とはだれですか。最も適切な人名を漢字で答えなさい。

4　下線部④に関して，遣唐使について説明した次のア～エから，誤っているものを１つ選び，記号で答えなさい。

ア　遣唐使は唐の都・長安へ向かったが，行き帰りには大変なきけんがともなっていたといわれる。
イ　唐から伝えられた知識は，留学生を通じて日本に伝えられ，大化の改新にえいきょうをあたえた。
ウ　唐から持ち帰られたものの一部は，正倉院におさめられ，びわやコップが現代に残っている。
エ　遣唐使ののち，中国の王朝と日本は，使者を送り合って正式な国交をもつことはなかった。

5　下線部⑤に関して，1894年，日本と結んだ新たな条約でイギリスはある権利を失いました。この権利を何と呼びますか。

6　下線部⑥に関して，この「式目」の名前を答えなさい。

7　下線部⑦に関して，この国で当時，政治を行っていた人物の名を答えなさい。

8　下線部⑧に関して，この説明が示す王朝の名を答えなさい。

9　Ａの手紙を書いたのは，イタリアのローマを中心とするキリスト教の宣教師です。イタリアと日本が同盟を結んで戦った戦争の名を答えなさい。

10　Ｃの手紙について，次の（１），（２）の問いに答えなさい。

（１）この手紙は，当時イギリスに留学していた人物が，友人だった正岡子規にあてたものです。のちに作家として知られるようになる，この人物はだれですか。

（２）この手紙が書かれたころの日本のようすとして，適切なものを次のア～カから２つ選び，記号で答えなさい。

ア　テレビが発売された　　イ　蘭学《らんがく》を学ぶ人が増えた　　ウ　ほとんどの子どもが小学校へ通っていた
エ　女性の国会議員があらわれた　　オ　綿花の輸入が増えた　　カ　国民総生産が世界第２位となった

11　Ｄの手紙が書かれた後のできごととして最も適切なものを，次のア～オから選び，記号で答えなさい。

ア　応仁《おうにん》の乱　　イ　「源氏物語」の成立　　ウ　守護の設置　　エ　平治の乱　　オ　藤原京《ふじわらきょう》の成立

12　Ａ～Ｅの手紙を，書かれた順に正しくならべかえなさい。

2023(R5) 済美平成中等教育学校
K 教英出版　社4の3

(四)　次の**1**～**4**の問いに答えなさい。

1　下の文を読み，次の（1）～（4）の問いに答えなさい。

①日本国憲法では，国会，内閣，裁判所は，おたがいが権力をおさえあい，つりあいを保たなければならないとする三権分立を採用しています。

国会は，②衆議院と参議院の③二院制です。二つの議院で国の政治の方向を多数決で決めます。④内閣は，内閣総理大臣とその他の国務大臣で組織され，国会に対して連帯して責任を負っています。

裁判所は，最高裁判所と下級裁判所に分かれて，裁判を行っています。

（1）下線部①に関して，現在の憲法記念日について説明した次のア～エから，最も適切なものを選び，記号で答えなさい。

ア　憲法記念日は，日本国憲法が施行《しこう》された５月３日である。
イ　憲法記念日は，日本国憲法が公布された11月３日である。
ウ　憲法記念日は，日本国憲法が施行《しこう》された11月３日である。
エ　憲法記念日は，日本国憲法が公布された５月３日である。

（2）下線部②に関して，衆議院と参議院を比べて説明した次のア～エから，最も適切なものを選び，記号で答えなさい。

ア　参議院議員のほうが，より低い年れいで立候補できる。　イ　参議院議員のほうが，議員数が多い。
ウ　参議院議員のほうが，給料が多い。　エ　参議院議員のほうが，任期が長い。

（3）下線部③に関して，国の議会制度で二院制を採用している国として，最も適切なものを次のア～エから選び，記号で答えなさい。

ア　アメリカ　　イ　中国　　ウ　韓国《かんこく》　　エ　スウェーデン

（4）下線部④に関して，内閣が行う仕事として，適切なものを次のア～オから２つ選び，記号で答えなさい。

ア　弾劾《だんがい》裁判を行う。　イ　国政調査権を行使する。　ウ　最高裁判所長官を指名する。
エ　法律を公布する。　オ　条約を結ぶ。

2　近年，食の安全性や環境問題への対応から，地元でとれた農産物や水産物を地元で消費する考え方が重視されています。このことを何といいますか。漢字４字で答えなさい。

3　地球規模の気候変動は，人間社会にえいきょうをもたらします。次の自然の変化Ａ～Ｃが進むことで，予想できる人間社会へのえいきょうとして，最も適切なものをア～オからそれぞれ１つずつ選び，記号で答えなさい。

Ａ　乾《かん》そう地域で干ばつが増える。
Ｂ　南極の陸地にある氷河が解けて海面が上昇《じょうしょう》する。
Ｃ　工場からのけむりなどが原因で酸性雨が降る。

ア　一部の島国が海にしずむおそれが強まる。
イ　化学物質で汚染《おせん》された食品により病気になる人が増える。
ウ　森林がかれたり，石造の建物がとけたりする。
エ　水源をめぐって，地域や国家間の対立や緊張《きんちょう》が高まる。
オ　紫外線《しがいせん》によって皮ふがんや白内障の患者《かんじゃ》が増える。

4　地域どうしの対立について説明した次のア～エから，最も適切なものを選び，記号で答えなさい。

ア　フランスとEUは「EUからの離脱《りだつ》」をめぐる問題で対立している。
イ　日本とロシアは「北方領土」をめぐる問題で対立している。
ウ　アメリカとカナダは「国境にかべをつくるか」をめぐる問題で対立している。
エ　ドイツとロシアは「国境」をめぐる問題で対立している。

受験番号

番

小学校

氏名

令和五年度　国語　解答用紙

(一)

1

①　②　③　④　⑤（した）

⑥　⑦　⑧　⑨　⑩

2

①　②　③　④　⑤

3

①　②　③　④　⑤

4

①

② A

B

③ C

④ ↓ ↓ ↓ ↓ ↓

(二)

1

2

3

4

5

人々が苦しんでいるということ。

6

7

8

(三)

1

ⓐ

ⓑ

ⓒ

2

シャンデリヤ

燈籠

3

(1)

(2)

4

5

6

(一)	
(二)	
(三)	
合計	

※100点満点
（配点非公表）

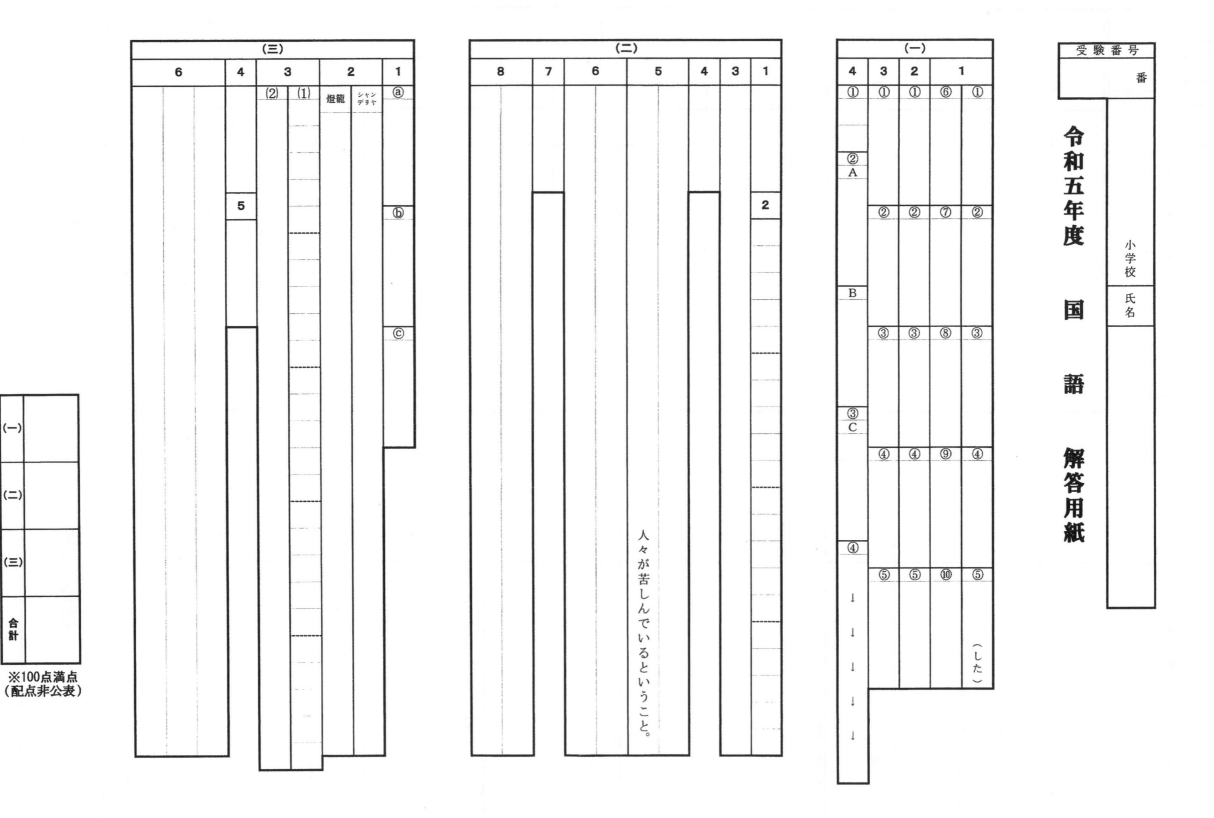

受験番号	番	小学校	氏名	

令和5年度　算　数　解答用紙

(一)	1	(1)	(2)
		(3)	(4)
	2	(1)　と	(2)　と
	3	(1)	
		(2)	
		(3)	
	4	答　%	
	5	(1)	(2)　点
	6	(1) 答　とおり	
		(2) 答　とおり	
	7	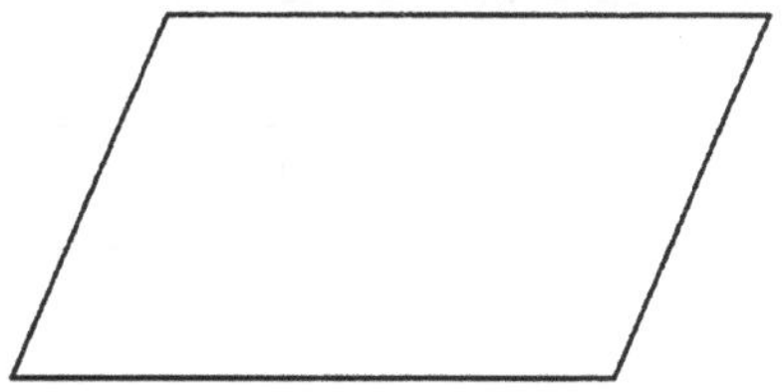	
	8	答　日目	
	9	答　年後	
	10	(1)	(2)
		(3)	

(二)	1	答　cm^2	
	2	答　cm^3	
	3	(1)	本
		(2)	%
	4	答　ひもの長さ　cm,面積　cm^2	
(三)	1	答　店で　パック	
	2	答	
(四)	1	答 分速　m	
	2	答　km	
	3	答　短くて　分，長くて　分待つ	

(一)	(二)	(三)	(四)	合計
				※100点満点（配点非公表）

受験番号	番	小学校	氏名	

令和5年度　理　科　解答用紙

(一)	1	
	2	
	3	
	4	
	5	
	6	
	7	
	8	→ →

(二)	1						
	2						
	3						
	4	①		②		③	
	5						
	6	グラフ					
		理由					

(三)	1	(1)	
		(2)	
		(3)	
	2		
	3	→ → →	
	4		
	5		
	6	①	②
		③	

(四)	1		
	2		%
	3		
	4	(1)	
		(2)	
	5		

(五)	1		
	2		g
	3	①	cm
		②	cm
		③	cm
		④	cm
	4		cm
	5	おもり　個つけて，　個水に入れる	
		おもり　個つけて，　個水に入れる	
	6	おもり　個つけて，　個水に入れる	

(一)	(二)	(三)	(四)	(五)	合計
					※50点満点 (配点非公表)

受験番号	番	小学校	氏名	

令和5年度　社　会　解答用紙

(一)	1	(1)	
		(2)	
		(3)	
	2		
	3		
	4		
	5		
	6		
	7		

(二)	1	(1)	
		(2)	
		(3)	
		(4)	
		(5)	
		(6)	
		(7)	
	2		
	3		
	4		
	5		
	6		
	7		
	8		
	9		と

(三)	1		
	2		
	3		
	4		
	5		
	6		
	7		
	8		
	9		
	10	(1)	
		(2)	
	11		
	12		→ → → →

(四)	1	(1)	
		(2)	
		(3)	
		(4)	
	2		
	3	A	
		B	
		C	
	4		

(一)	(二)	(三)	(四)	合計
				※50点満点 (配点非公表)

令和六年度　済美平成中等教育学校入学試験問題　国　語　(60分)

解答は、すべて別紙解答用紙の指定されたところに書き入れること。

(一)　次の1～3の問いに答えなさい。

1　次の①と②の傍線部《ぼうせんぶ》の漢字はひらがなに、③～⑤の傍線部のカタカナは漢字にそれぞれ直しなさい。また、送り仮名《がな》が必要な場合は補いなさい。

①　元気の源は子どもたちの笑顔《えがお》だ。

②　雑木林でカブトムシを探す。

③　保健室でフショウ者の手当てをする。

④　データをパソコンにホゾンする。

⑤　部下をシタガエテ出張に行く。

2　次の①～⑤の文で誤っている漢字を指摘《してき》し、正しく書き換《か》えなさい。

例　今回のテストの成積は、努力したので満足のいく結果となった。
　誤…積　→　正…績

①　ゴミを拾ったら、ほめられておこづかいまでもらえたので一石二丁だ。

②　内蔵の調子があまり思わしくないので、病院に行くことに決めた。

③　百貨店に行くと、専問家の先生の講演会が行われていた。

④　その映画は全員が異句同音に「楽しかった」という内容だった。

⑤　二人三脚《ににんさんきゃく》は、二人が一身同体になって走る種目だ。

3　次の詩を読んで、①～③の問いに答えなさい。

騙《だま》されるな　　ビートたけし

①　傍線部「こんな言葉」とありますが、これはどこからどこまでを指しますか。最初の四字と最後の四字を抜《ぬ》き出しなさい。

②　[Ｉ]に入る言葉として最も適当なものを次の選択肢《せんたくし》から一つ選び、記号で答えなさい。

ア　何も無くて　　イ　何かあれば　　ウ　楽しめば　　エ　あきらめて　　オ　やる気を出して

③　この詩を読んでＡさんとＢさんが会話をしています。この会話に関して(1)～(5)の問いに答えなさい。

Ａ　私は一つ誇れる長所があって、それは「石の上にも三年」。何事も頑張《がんば》りぬく力があると「〇〇」しているよ。

Ｂ　そうなのね。私は何も見つかっていないから「人に優しくすること」を心がけて生きているわ。でもこの詩はそういうことを伝えるだけではなく、「[Ⅱ]」ということを伝えたいのよね。「これだけでたいしたもんだ」の部分に作者の気持ちが出ていると思うわ。

Ａ　「騙されるな」という題にも作者の気持ちが出ているね。聞こえのいい言葉に騙されてはいけないという強い気持ちが伝わるよ。

Ｂ　ビートたけしさんはテレビ番組にもよく登場するお笑い芸人だよね。いろんな名言も残している人物だよ。

(1) 〇〇には、「自分の能力などに自信を持ち、誇りを持つこと」という意味の熟語が入ります。その熟語を漢字二字で答えなさい。

(2) Aさんが「石の上にも三年」と話していますが、「石の上にも三年」と似た意味で使われる言葉を次の選択肢から一つ選び、記号で答えなさい。

ア 塵《ちり》も積もれば山となる　イ 一生懸命《いっしょうけんめい》　ウ 急がばまわれ
エ 雨降って地固まる　オ 一日千秋

(3) Bさんが「人に優しくすること」と話していますが、次の俳句、川柳《せんりゅう》の中で、描《えが》かれている人物の優しさが伝わるものはどれですか。次の選択肢から一つ選び、記号で答えなさい。

ア 清盛の医者は裸《はだか》で脈をとり　イ 雪とけて村いっぱいのこどもかな
ウ 寝《ね》ていても団扇《うちわ》の動く親心　エ 遠くを見るたのしさ夏の来たりけり
オ 秋深き隣《となり》は何をする人ぞ

(4) [Ⅱ]に入る言葉として最も適当なものを次の選択肢から一つ選び、記号で答えなさい。

ア 何でもいいから生きる上で大切にすることを持って欲しい。
イ とてもかっこいい言葉に騙されずに生き続けることが大切だ。
ウ 生きることはもちろん、生まれ、死ぬことも立派なことだ。
エ 人がこの地球に存在していることこそが奇跡《きせき》である。
オ 何も無くてもすごいことだということを胸に刻んで生きて欲しい。

(5) 会話の最後にBさんは、この詩の作者のビートたけしさんについて述べています。次の文章はビートたけしさんが書いた本の一部分です。前後の文章を踏《ふ》まえ、[Ⅲ]・[Ⅳ]に入る漢字をそれぞれ一字で考えて答えなさい。
また、[Ⅴ]に入る言葉として最も適当なものを次の選択肢から一つ選び、記号で答えなさい。

ア 未知数　イ 不思議　ウ 大冒険《だいぼうけん》　エ 熟考　オ 不安

お詫び
著作権上の都合により、文章は掲載しておりません。
ご不便をおかけし、誠に申し訳ございません。
教英出版

（ビートたけしの文章による）

(二)

次の文章を読んで、後の1～7の問いに答えなさい。

お詫び
著作権上の都合により、文章は掲載しておりません。
ご不便をおかけし、誠に申し訳ございません。
教英出版

お詫び
著作権上の都合により、文章は掲載しておりません。
ご不便をおかけし、誠に申し訳ございません。
教英出版

（池田晶子《あきこ》『言葉を生きる―考えるってどういうこと？』による）

1 Ⅰ～Ⅲに入る言葉として最も適当なものを次の選択肢《せんたくし》から一つずつ選び、記号で答えなさい。

ア　つまり　　イ　ところが　　ウ　だからこそ　　エ　そうすると

2 Aに入る言葉として最も適当なものを次の選択肢から一つ選び、記号で答えなさい。

ア　万物《ばんぶつ》を創造する　　イ　法則を選定する　　ウ　信じる人を救う　　エ　希望を創り出す

3 傍線部《ぼうせんぶ》①「この想像」とありますが、どのような想像ですか。「～という想像。」に続く形で、本文中から二十五字以上三十字以内で抜き出しなさい。

4 傍線部②『神』だなんて、現代のわたしたちには、どうもうまく考えられない」とありますが、なぜ現代のわたしたちは「神」についてうまく考えられないのですか。最も適当なものを次の選択肢から一つ選び、記号で答えなさい。

ア　言葉はコミュニケーションの道具にすぎず、神聖な「神」ではなく、あくまで人間が作ったものだと考えているから。
イ　言葉は生まれたときから周囲に当たり前に存在しており、言葉の不思議さや神秘を追究しようとは思えないから。
ウ　日常で常に言葉に触《ふ》れているため、言葉の意味を深く考えたことがなく、「神」という言い方が大げさだと感じるから。
エ　自分たちの知能に全幅《ぜんぷく》の信頼《しんらい》をおいており、物理的にも科学的にも解明できないことがあることを受け入れられないから。
オ　科学が発展した現代においてはわかることがまだまだ少ないため、「神」の存在そのものに疑問をもって研究しているから。

5 傍線部③「言霊」の考え方が表れた例として最も適当なものを次の選択肢から一つ選び、記号で答えなさい。

ア　正式な書類では、自分の名字と名前を、正しい漢字とかなづかいで書く。
イ　公的な場面や目上の人と関わる場面ではふさわしい言葉づかいをする。
ウ　怪談《かいだん》や霊的《れいてき》な話をしていると、幽霊《ゆうれい》が現れるからあまりしない方がいい。
エ　授業中、先生のことを間違《まちが》えて「お母さん」と呼んでしまうことがあった。

6 傍線部④「先の聖書の言葉」にはどのようなことが述べられていましたか。「人間」「創造」という二つの語を必ず使って、説明しなさい。

7 傍線部⑤「人間が言葉を話しているのではない。言葉が人間によって話しているのだ。」には筆者の「言葉」に対する考えを読み取ることができます。現代人の「言葉」のとらえ方を踏《ふ》まえて、「言葉」に対してどういう態度をとるべきだと考えているのか、説明しなさい。

(三) 次の文章を読んで、後の1〜7の問いに答えなさい。

〈これまでのあらすじ〉

二年前の大晦日《おおみそか》、朔《さく》（兄）と新《あき》（弟）は高速バスの事故に巻き込まれ、朔は視力を失った。新は長距離《ちょうきょり》走者として期待される存在だったが、事故の後、陸上から離《はな》れていた。そんな中、盲学校《もうがっこう》の寄宿舎から一年ぶりに自宅に戻《もど》った朔は、ブラインドマラソンを始めることを決意し、新に伴走者《ばんそうしゃ》になることを頼《たの》む。最初は強く拒《こば》んだ新だったが、自分が日程を変更《へんこう》したことで事故に遭《あ》ったという自責の念もあり、引き受けざるを得なかった。

次は、ある大会のスタート直前、朔が本心を語り始めた場面である。

「オレがブラインドマラソンを始めたのは、おまえを走らせようと思ったからだよ」

「そんなことわかってたよ。朔はオレのために」

「違《ちが》う」ことばを断《た》ち、もう一度「違う」と朔はくり返した。

「そう思わせただけ。ただの(注1)欺瞞《ぎまん》だ」

新の目が□。

「オレは、新が思ってるようないい兄貴でもないし、人のことを思いやったりできる人間でもない。嫉妬《しっと》も後悔《こうかい》もするし、恨《うら》んだりもする。新のことだって」

「いいよ！　いいよ、そんなこと言わなくて。ていうかなんで言うんだよ、しかもいまってなんだよ」

「いまだから」

いまじゃなかったらオレは話せていない。

また気づかないふりをしてしまう。逃《に》げてしまう――。

「意味わかんねんだけど」

新の声がかすれた。

「おまえに伴走《ばんそう》を頼んだのは、オレのそばにいて、オレと一緒《いっしょ》に走ることで、新が苦しむことがわかっていたからだ」

新を傷つけてやりたかった。失明したのは新のせいじゃない。事故だった。ただ運が悪かっただけだ。頭ではわかっていたつもりだった。それでも、病院のベッドの上でも家を離れてからも、もしもと同じことが頭をよぎった。

新のせいにするなんてどうかしている。そんなことを思うなんて、頭がおかしくなったんじゃないかと自分を疑った。でも、頭ではわかっているはずなのに、気持ちがついていかなかった。どうしても、もしもと考え、それをあわてて掻き消して、また同じことを繰《く》り返した。

時間とともに、身のまわりのことがひとつひとつできるようになり、視力に頼《たよ》らず暮らしていくすべを覚えていった。もしも、ということばがⓐ頭をもたげることもほとんどなくなった。これなら家に戻っても、家族の荷物にならず生活できる。新と会っても感情が揺《ゆ》れることはない。そう思って帰ったのに、(注2)梓《あずさ》から新が陸上をやめたことを聞いたとき、①時計の針が逆回転した。

あのとき、新がやめた理由を梓に問いながら、朔には察しがついていた。

オレが視力を失った代わりに、新は陸上をやめた――。

そういうことを考えるやつだとわかっていた。だけどそれは、裏を返せば単に楽になろうとしているだけのことではないのか？　大切なものを手放し、失うことで、同じ痛みを負ったつもりになっている。

そんな弟を、あのとき激しく嫌悪《けんお》した。

新を走らせる。走らせて、走ることへの渇望《かつぼう》をⓑ煽《あお》ってやりたい。失うことの、奪《うば》われることの苦しさはそんなものではない。それを味わわせたい――。

だけど、わかっていなかったのはオレだ。

オレは、新の苦しみをわかっていなかった。わかろうとしなかった。

「おしまいにする」

「はっ？」

「もう新とは走らない」

「なに言ってんの？」

「……勝手なこと言ってるのはわかってる。けど、ごめん。これ以上、自分に幻滅《げんめつ》したくない」

新は朔が手にしているロープを握《にぎ》った。

「きっかけなんて、どうでもいいじゃん。神様じゃないんだ、人間なんだからいろいろ思うだろ。オレが朔なら、どうなってたかわかんないよ。まわりに当たり散らして、壊《こわ》して、傷つけて、自分の中にこもって、なにもできなかったんじゃないかって思う。朔が思ったことはあたりまえのことだよ」

一気に言うと、新は大きく息をついた。

「それに、朔、それずっと続かなかっただろ」

朔の顔がぴくりと動いた。

「わかるよ、毎日一緒に走ってきたんだから。伴走頼まれたとき、オレ、マジでいやだった。でもいまはよかったと思ってる。朔が言ってくれなかったら、オレはいまだってきっと、朔からも走ることからも逃げてたと思う」

「だからそれは」

ううん、と新は首を振《ふ》った。

「伴走引き受けてからも、ずっと朔のために走ってるんだって自分に言い訳して、ごまかしてた。それで納得《なっとく》しようとしてた。でも、たぶん違った。②伴走者としては間違ってるし、オレは失格かもしれないけど、やっぱりオレは、オレのために走ってた。朔と走ることは朔のためじゃなくてオレのためだった」

新はロープを握《にぎ》り直した。走ることは、孤独《こどく》だ。どんなに苦しくても、辛《つら》くても、誰《だれ》かに助けてもらえるものではない。走れなくなったらその場に立ち止まり、倒《たお》れ込むだけだ。それはブラインドマラソンも同じだ。ふたりで走っていても、伴走者が支えるわけじゃない。手を引くわけでも、背中を押《お》すわけでも、代わりに走るわけでもない。

ふたりで走っていても、それは変わらない。

走ることはやっぱり孤独だ。

孤独で、自由だ。

「行こう」

「オレは」

「最後ならそれでもいいよ。だけど、ここで棄権《きけん》するとか言うなよな」

新は朔の腕《うで》をつかんで、スタートゲートへ足を向けた。

にぎやかな音楽が響《ひび》いている。曇天《どんてん》の下、ゲート前は数百人のランナーたちがひしめき、からだを動かしたり談笑《だんしょう》したりしながらスタートを待っている。

朔の背中に手を当ててインコース側に立つと、何列か前に(注3)内村の姿が見えた。その背中を新はじっと見た。あの人も一度は走ることをやめた人だ。あきらめて、自分で断《た》ち切ったのに、それでもまた走っている。オレも同じだ。

「オレ、やっぱり走ることが好きだ」

黙《だま》ったまま朔は小さく頷《うなず》いた。

頰《ほお》に日差しがあたり、朔は空を見上げた。

「前に朔、言っただろ、『新はいろんなものを見せてくれる』って。あれ嬉《うれ》しかった。オレ、ずっと朔の役に立ちたかったから」

新のことばを聞きながら、朔はそっと目を閉じた。

白く靄《もや》のかかったような薄曇《うすぐも》りの空から、一筋光がこぼれる。

「③だけど、逆だよ」

朔はぴくりと肩《かた》を揺らした。

「オレが見えなくなってたものを、朔が見せてくれた」

驚《おどろ》いたように朔は新のほうに顔を向けた。

「オレ、走りたい。走るよ、逃げないで走る。で、強くなる」

――三十秒前です。

マイクの音が響いた。話し声や笑い声でにぎわっていたグラウンドが静かになった。

「強くなって、また朔とも走る。走りたい」

朔はこみ上げてきたものをこらえるように、もう一度空を見上げた。

重たい雲をこじあけるようにして、空が青く広がる。

見えるわけではない。

でも、たしかにその光景が朔の中に広がっていく。

④大きく息をつき、一度頷いて朔は正面を向いた。

ロープを軽く握り直す。

――イチニツイテ

一瞬《いっしゅん》の静寂《せいじゃく》のあと号砲《ごうほう》が鳴った。

(いとうみく『朔と新』による)

(注) 1 欺瞞……人をあざむき、だますこと。

2 梓 ……朔のガールフレンド。

3 内村……ブラインドマラソンの練習会で知り合った四十代半ばのベテラン伴走者。

1　［　　］に当てはまる表現として最も適当なものを次の選択肢《せんたくし》から一つ選び、記号で答えなさい。

ア　さっと伏《ふ》せられた　イ　ぐるぐる回った　ウ　ふっと細められた　エ　くっと見開いた

2　二重傍線部ⓐ「頭をもたげる」・ⓑ「煽って」は本文中ではどのような意味で使われていますか。それぞれ最も適当なものを次の選択肢から一つ選び、記号で答えなさい。

ⓐ　ア　浮《う》かび上がってくる　イ　力で支配する　ウ　完全になくなる　エ　何度も繰り返される

ⓑ　ア　押しつけて　イ　取り去って　ウ　駆《か》り立てて　エ　見せつけて

3　傍線部①「時計の針が逆回転した」とありますが、これはどういうことですか。最も適当なものを次の選択肢から一つ選び、記号で答えなさい。

ア　新を憎《にく》む気持ちは消えたと考えていたが、陸上をやめたと聞いたことで、いい人ぶって周りによく思われようとしている新に対する嫌悪感が戻ったということ。

イ　新とまた元通りに暮らせると考えていたが、陸上をやめたと聞いたことで、厳しい練習から逃げて楽になろうとしている新への怒《いか》りの気持ちが戻ったということ。

ウ　新を傷つけてやりたいという気持ちが消えなかったが、陸上をやめたと聞いたことで、同じ苦しみを味わおうとする新への同情の気持ちが戻ったということ。

エ　新への疑いの気持ちが残り続けていたが、陸上をやめたと聞いたことで、同じ痛みを分かち合おうとする新を信じようとする気持ちが戻ったということ。

オ　新と普通《ふつう》に接することができると考えていたが、陸上をやめたと聞いたことで、苦痛を分かち合っているつもりでいる新に対する憎しみの気持ちが戻ったということ。

4　傍線部②「伴走者としては間違ってる」とありますが、「新」はどのような点を「間違ってる」と考えているのですか。二十五字以内で説明しなさい。

5　傍線部③「だけど、逆だよ」とありますが、「新」は「朔」にどのようなことを伝えようとしているのですか。「朔」が「新」のことをどう思っているかを踏まえて、具体的に説明しなさい。

6　傍線部④「大きく息をつき、一度頷いて朔は正面を向いた」とありますが、ここでの「朔」について説明した次の文の［　　］に入れるのに適当な表現を三十字以内で考え、書きなさい。

自分に嫌気《いやけ》がさし、新と走ることをおわりにしようと考えていたが、新のまっすぐな気持ちを聞き、［　　　　　　　　］としている。

7　Aさんたちは、この文章を読んだ後、授業の中で意見を述べ合いました。次はその一部です。文章の内容や表現を理解していない人物は次のA～Eのうち誰ですか。一人選び、アルファベットで答えなさい。

A　「一瞬の静寂のあと号砲が鳴った」という最後の一文は、このあとの展開を想像させるものですね。「朔」と「新」兄弟が、相手のため、そして、自分のためにゴールを目指す姿が目に浮かびます。

B　私は、空の描写《びょうしゃ》も印象に残りました。「一筋光がこぼれる」「重たい雲をこじあけるようにして、空が青く広がる」などの描写は、「朔」の気持ちの変化を描《えが》き出していると感じます。

C　会話文の間に情景描写を入れることで、登場人物の気持ちを表す効果があるんですね。私は、短めの会話が重ねられることで、二人の息づかいがより伝わるようにも思いました。

D　たしかに。最後まで言い切らないセリフもあって、だからこそ臨場感があります。「朔」と「新」の視点がたびたび切り替《か》わることで、読者はどちらにも感情移入しやすくなっていますね。

E　二人の気持ちが一つになっていく過程がよくわかります。二人をつなぐものとして、「ロープ」が果たす役割も大きいですね。ブラインドマラソンについて調べてみようと思いました。

令和６年度　済美平成中等教育学校入学試験問題　算　数

解答は，すべて別紙解答用紙の指定されたところに書き入れること。

(60分)

(一)　次の１～10の問いに答えなさい。

（解答用紙に１，４，８，10は答えのみを，２，３，５～７，９は計算も書きなさい。）

1　次の計算をしなさい。

（１）　$54 + 15 \times 7 \div 5$

（２）　$3 \div (25 - 15) \times 5$

（３）　$\frac{1}{2} + 2\frac{2}{7} - \frac{6}{5}$

（４）　$(2.25 \times 8 + 2.75 \times 16) \div 31$

（５）　$25 \times 33 + 125 \times 18 - 75 \times 24$

（６）　$7 - \left(3\frac{1}{5} - \frac{21}{25} \times \frac{2}{3}\right) \times 2\frac{1}{3}$

2　24km離《はな》れた２地点を，行きは時速6km，帰りは時速4kmの速さで往復したとき，平均の速さは時速何kmか求めなさい。

3　底面の半径が2cm，高さが10cmの円柱を図のように切断したところ，大小２つの立体に分かれました。
このとき，小さい方の立体の体積を求めなさい。
ただし，円周率は3.14とします。

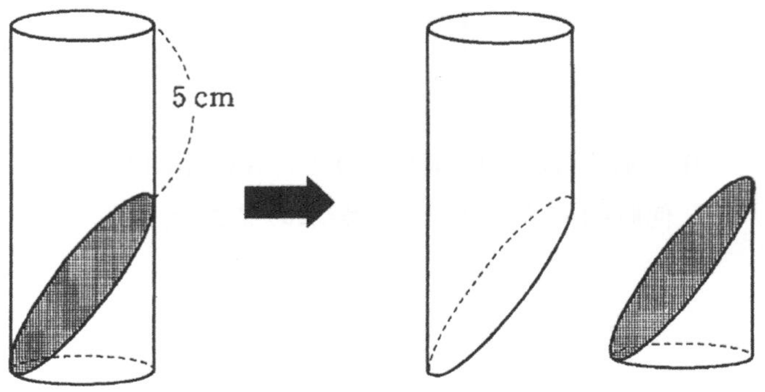

4　図のように長方形を２回折ったとき，アの角度を答えなさい。

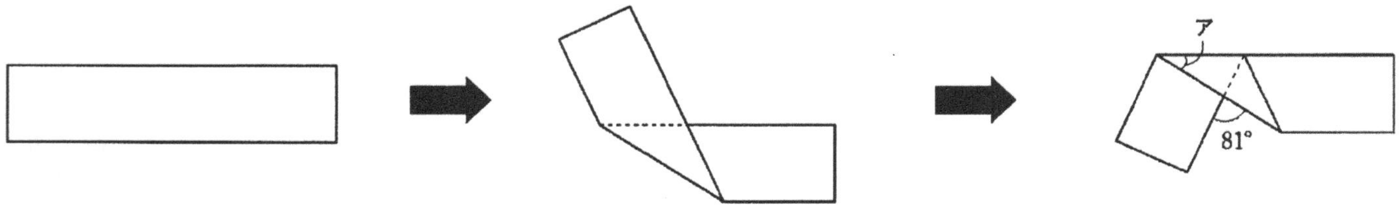

5　4%の食塩水200gを蒸発させて，10%の食塩水にするには，水を何g蒸発させればよいか求めなさい。

6　母と姉の年齢《れい》の和は53歳《さい》，母と妹の年齢の和は47歳，姉と妹の年齢の和は26歳のとき，母の年齢は何歳か求めなさい。

7　34人クラスで，通学方法を調査したところ，電車を利用している人は22人，バスを利用している人は31人でした。両方を利用している人は何人以上何人以下か求めなさい。

8　次の表はある学校の5年生5人と6年生5人の1日の家庭学習の時間を調べたものです。

5年生　時間(分)				
40	45	0	55	30

6年生　時間(分)				
60	45	10	60	50

この表から分かることを述べた次の文のうち，適当でないものを，次のア～エから1つ選び，記号で答えなさい。

ア　5年生より6年生の方が平均値が大きい。
イ　5年生より6年生の方が中央値が大きい。
ウ　5年生より6年生の方が最小値が大きい。
エ　5年生より6年生の方がちらばりの範囲が大きい。

9　ある資料の印刷を行うと，Aの印刷機では7時間，Bの印刷機では5時間で完成します。A，Bの印刷機を同時に使うと何時間何分で完成するか求めなさい。

10　次の三角柱の展開図を解答欄《らん》に合うようにかきなさい。
ただし，1マスは1cmとします。

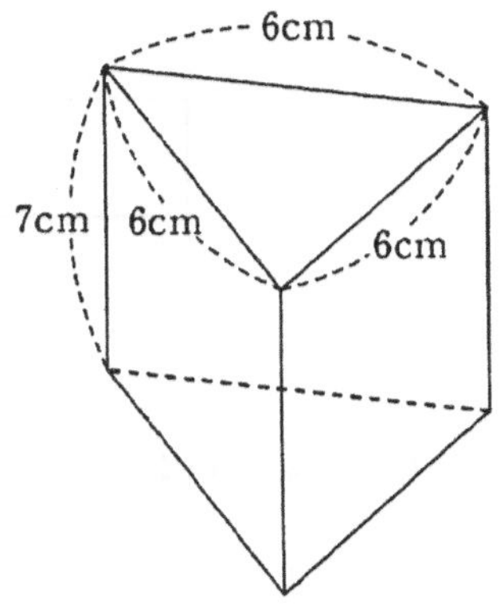

（二）　立体①～③に関する次の１，２の問いに答えなさい。**（解答用紙に答えのみを書きなさい。）**

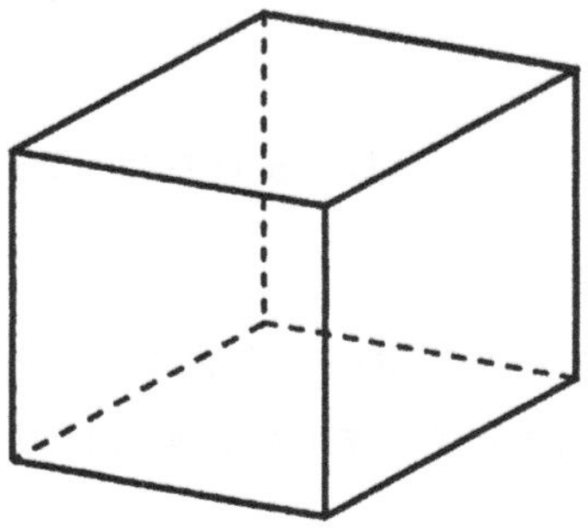

立体①

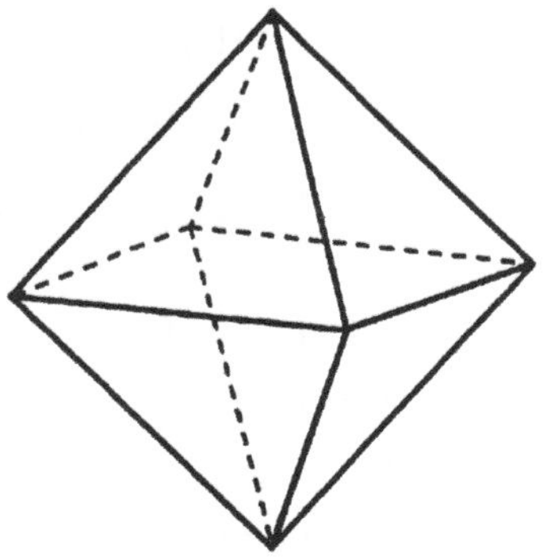

立体②

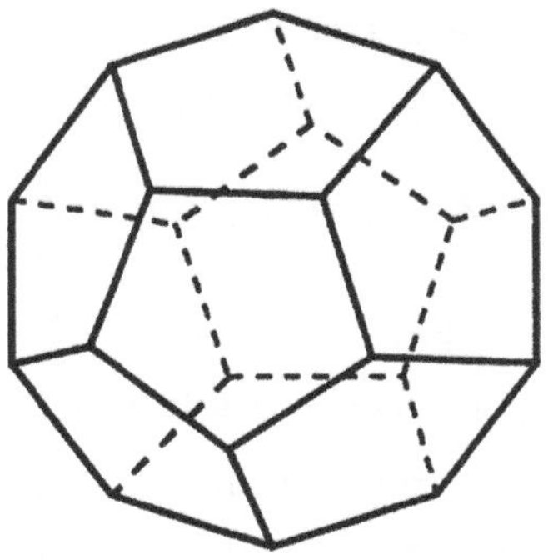

立体③

1　頂点，辺，面の数をそれぞれ答えなさい。

2　頂点の数をＡ，辺の数をＢ，面の数をＣとして，ＡとＢとＣの関係を式に表しなさい。

（三）　ある中等教育学校では土曜日に４時間の授業が実施《じっし》されています。
今回，土曜日４時間の時間割を考えることになりました。授業は，国語，数学，英語，道徳の４つの教科のうちのどれかを実施します。このとき，次の１～４の問いに答えなさい。**（解答用紙に計算も書きなさい。）**

1　４つの教科をそれぞれ１度のみ実施する場合，時間割の組み方は何通りあるか求めなさい。

2　４つの教科をそれぞれ何度も実施してよい場合，時間割の組み方は何通りあるか求めなさい。

3　４つの教科のうち，２つの教科を選んで組む場合，時間割の組み方は何通りあるか求めなさい。

4　４つの教科のうち，３つの教科を選んで組む場合，時間割の組み方は何通りあるか求めなさい。

（四）　Aさん，Bさん，Cさんに１か月（31日）の間で，「指定された本を読み，レポートを書く」という課題が出ました。ただし，レポートには必要な最低文字数が設定されています。

Aさんは，本を１日85ページずつ読み，読み終えた翌日から，レポートを１日400字ずつ書いたところ，しめ切り最終日にレポートに必要な最低文字数にちょうど到達《とうたつ》することができました。

Bさんは，本を１日目に全体の$\frac{1}{4}$，２日目に残りの$\frac{1}{3}$，３日目は148ページ，４日目，５日目は，255ページずつ読み，ちょうど読み終えました。６日目からは，レポートを１日500字ずつ書きました。

Cさんは，最初の３日間は本を読むだけにし，４日目以降は，本を読むこととレポートを書くことを同時に行ったところ，Bさんよりも７日早くレポートに必要な最低文字数に到達し，同じ日に本も読み終えました。４日目以降の本を読む量は，最初の３日間の平均の半分となり，本を読み終えた日には56ページだけとなりました。

このとき，次の**１～４**の問いに答えなさい。**（解答用紙に計算も書きなさい。）**

1　指定された本の総ページ数は何ページか求めなさい。

2　レポートに必要な最低文字数は何字か求めなさい。

3　Bさんが，レポートに必要な最低文字数に到達したのは何日目か求めなさい。

4　Cさんが，最初の３日間に読んだ本のページ数の１日平均は，何ページか求めなさい。

令和6年度　済美平成中等教育学校入学試験問題　理　科

解答は，すべて別紙解答用紙の指定されたところに書き入れること。

(40分)

（一）　次の**1**～**8**の問いに答えなさい。

1　生物はいろいろな気体を取り込《こ》んで生活しています。取り込んだ気体が血液に取り入れられるときにはたらく器官が肺ではない生物を，次のア～エから1つ選び，記号で答えなさい。

ア　シュモクザメ　　イ　コウテイペンギン　　ウ　シロナガスクジラ　　エ　アカウミガメ

2　持続可能な社会をつくるために，私たちが生活の中でしていくとよいこととして最も適当なものを，次のア～エから1つ選び，記号で答えなさい。

ア　水槽《すいそう》で飼っていた金魚の多くが死んでしまい，残り1匹《ぴき》になってかわいそうなので近所の川に逃《に》がす。

イ　絶滅《ぜつめつ》が心配される生物が残る地域について知ってもらうため，人の出入りをどんどん増やし観光地として発展させる。

ウ　多くの種類の植物があふれるような自然環境《かんきょう》をつくるため，その地域には元々生えていない多種多様な木を植林する。

エ　耕作をやめた田に，再び人の手を加え，元からその地域にいる生物がすめる環境をつくる。

3　食塩水の入ったビーカーにふたをし，水溶液《すいようえき》の温度が変わらない場所で一週間置きました。一週間後，スポイトで①の部分と②の部分と③の部分から水溶液をとり，スライドガラスの上にそれぞれ1滴《てき》のせ，水を自然に蒸発させました。その結果，スライドガラス上に残った食塩の量の関係として最も適当なものを，次のア～エから1つ選び，記号で答えなさい。

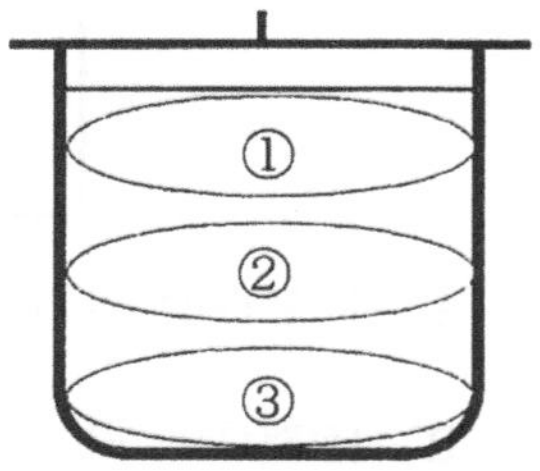

ア　③の部分，②の部分，①の部分の順に多い　　イ　①の部分，②の部分，③の部分の順に多い

ウ　②の部分が一番多く，①と③の部分は同じぐらい　　エ　①，②，③の部分は同じぐらい

4　私たちの身の回りには，数多くのプラスチック製品があふれています。プラスチックの主な原料として最も適当なものを，次のア～エから1つ選び，記号で答えなさい。

ア　植物から出る樹液　　イ　石油　　ウ　鉄鉱石　　エ　鉄以外の金属

5　磁石には物を引き付ける力があります。そこで，どのような物が磁石に引き付けられるか実験しました。実験に使ったものは，一円玉，五円玉，十円玉です。実験結果として最も適当なものを，次のア～エから1つ選び，記号で答えなさい。

ア　一円玉のみ引き付けられた　　イ　五円玉のみ引き付けられた

ウ　十円玉のみ引き付けられた　　エ　どれも引き付けられなかった

6　A，Bの二人が，右図のような一直線上を動いています。Bは右向きに秒速6mの速さで進んでいます。BからAを見ると，1秒間に3mずつ近づいてくるように見えました。Aはどちら向きに秒速何mの速さで進んでいますか。最も適当なものを，次のア～エから1つ選び，記号で答えなさい。

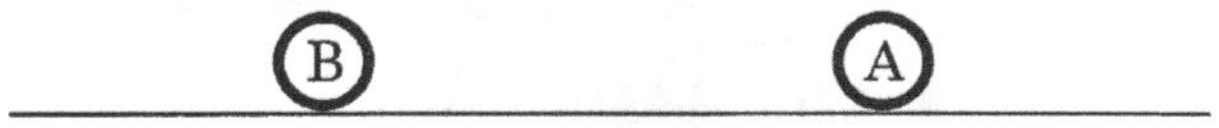

ア　右向きに秒速3m　　イ　右向きに秒速9m　　ウ　左向きに秒速3m　　エ　左向きに秒速9m

7　次の図①～④は，日本付近における9月の天気の様子を24時間おきに写した気象衛星の雲画像です。天気の移り変わりとして正しく図①～④を並べかえたものを，次のア～エから1つ選び，記号で答えなさい。

①　②　③　④

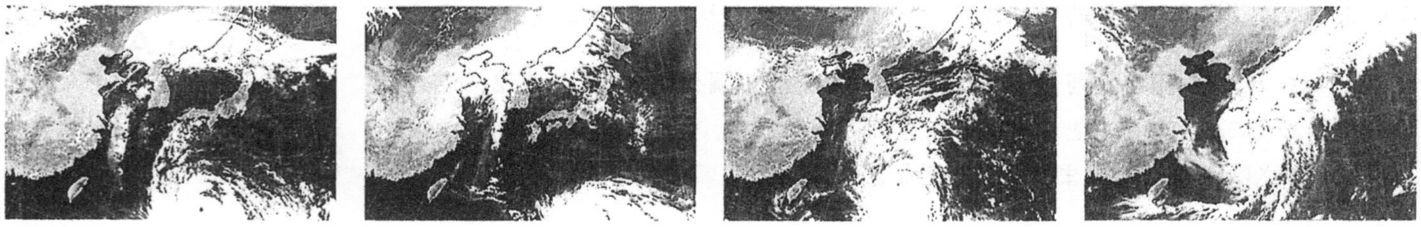

ア　①→②→③→④　　イ　④→③→②→①　　ウ　②→①→③→④　　エ　④→③→①→②

8　近年，日本の各地では，毎年のように集中豪雨《ごうう》の被害《ひがい》が発生しています。今年度も秋田県で道路などが冠水《かんすい》し，床上浸水《ゆかうえしんすい》の被害が出ました。集中豪雨の時に，山腹や川底の土砂や岩石が大量の水とともに下流へおし流されることを何といいますか。最も適当なものを，次のア～エから1つ選び，記号で答えなさい。

ア　離岸流　　イ　土石流　　ウ　土砂洪水《こうずい》　　エ　土砂崩《くず》れ

（二）　電気に関する実験を２つ行いました。文章を読んで，次の**１**～**６**の問いに答えなさい。ただし，実験で使う道具はすべて同じ種類で新しいものを使用することとします。

はじめに，スイッチ１個と，乾電池《かんでんち》と豆電球，乾電池ボックスをそれぞれ２個ずつ用意して，下の回路①～⑥をつくり，豆電球がどのように光るか調べることにしました。

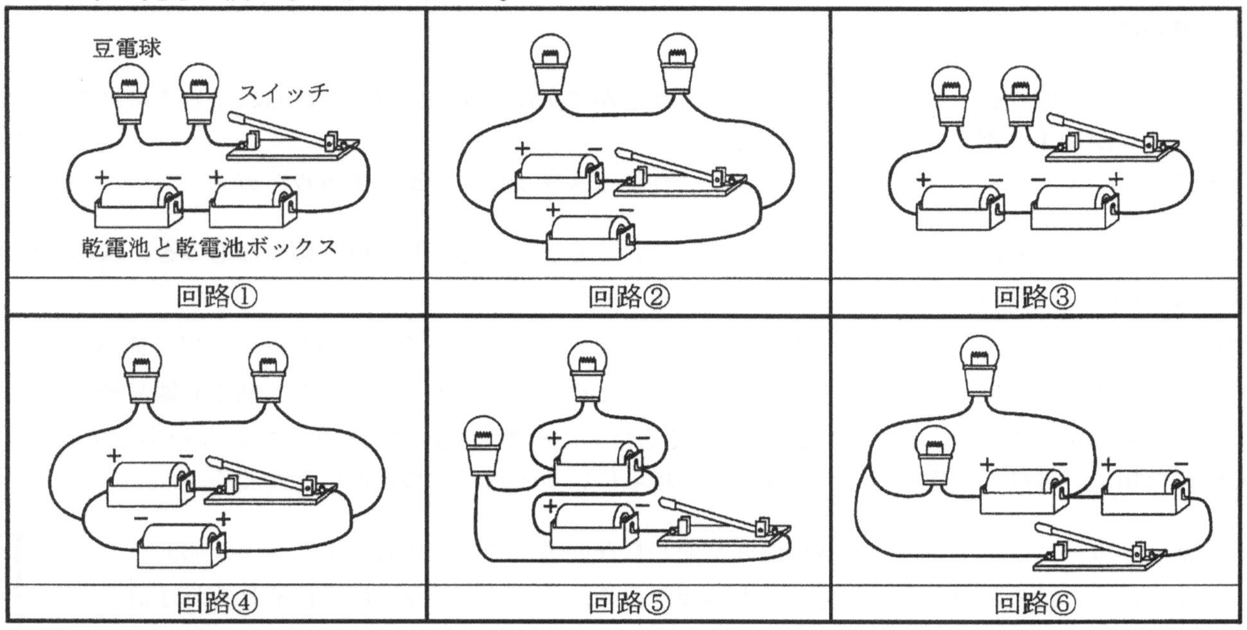

回路①　回路②　回路③
回路④　回路⑤　回路⑥

１　回路①について，回路図記号を用いて回路図をかきなさい。ただし，スイッチは開いている状態でかくものとします。

２　回路①～⑥の中には，危険なのでこのままスイッチを入れてはいけないものがあります。それはどれですか。①～⑥から１つ選び，番号で答えなさい。

３　回路①～⑥について，２個ある乾電池のうち，乾電池ボックスから乾電池を１個はずした状態で，スイッチを入れることにします。このとき，どちらの電池を外しても豆電球が２個とも光るものがあります。それはどれですか。適当なものを，①～⑥から**すべて**選び，番号で答えなさい。

次に，３つの異なる電熱線a，電熱線b，電熱線cを用意し，図１の回路を作りました。つなぐ乾電池の個数を変えながら，それぞれの電熱線に流れる電流を調べたところ，表１の結果となりました。なお，図の［　　　］の部分には乾電池が入り，乾電池は全て直列つなぎでつなぐものとします。

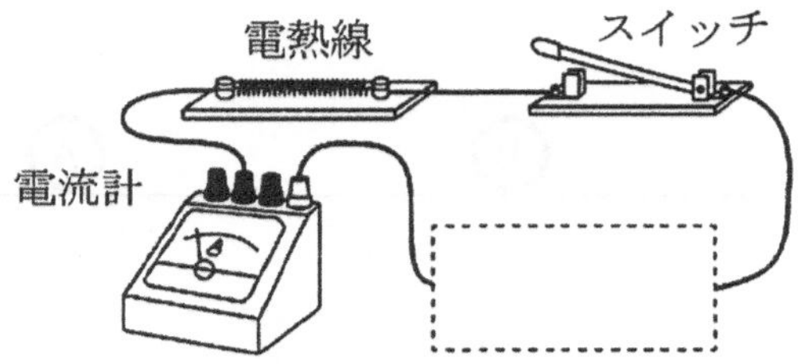

図１

表１

	乾電池の数	0個	2個	4個	6個
電流の大きさ[A]	電熱線a	0	1.5	3	4.5
	電熱線b	0	0.75	1.5	2.25
	電熱線c	0	1	2	3

４　電流計の読み方について，500mAの－端子《たんし》につないだとき，電流計の針は図２のようになりました。このとき流れている電流は何Aですか。答えなさい。

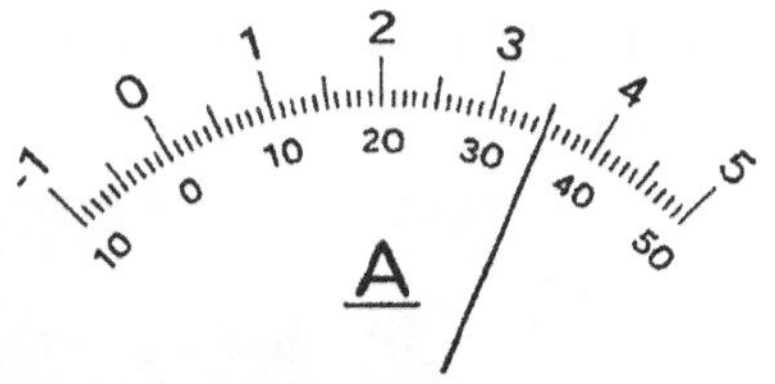

図２

５　乾電池７個をつないだ場合，電熱線aに流れる電流は何Aになりますか。答えなさい。

６　図３のように，２つの電熱線を並列つなぎして，流れる電流を調べたところ，表２の結果になりました。同じように，電熱線aと電熱線bを並列つなぎして，乾電池を２個つないだ場合に流れる電流の大きさは何Aになりますか。答えなさい。

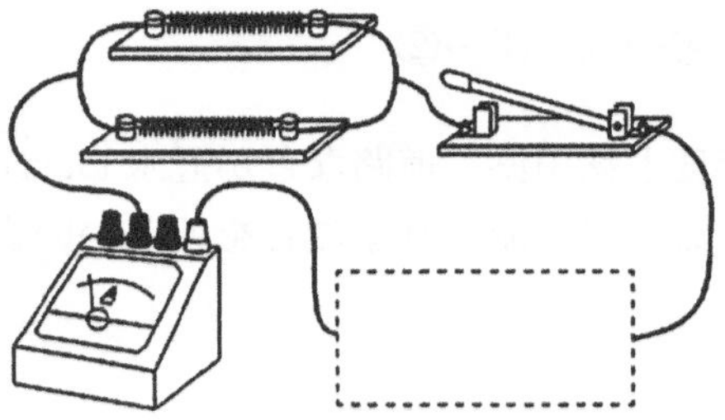
図３

表２

	乾電池の数	0個	2個	4個	6個
電流の大きさ[A]	電熱線aとc	0	2.5	5	7.5
	電熱線bとc	0	1.75	3.5	5.25

（三）　次の文は平成さんと済美さんが顕微鏡《けんびきょう》を用いて，さまざまなものを観察する実験を行ったときの会話です。次の**1**～**6**の問いに答えなさい。

平成さん：まず，今日の実験の手順を整理しておこうよ。
済美さん：うん。顕微鏡観察の操作手順を**A**～**F**の順で書いてきたよ。

> A　反射鏡を動かして，見ている部分の全体が明るく見えるようにする。
> B　ステージの上にプレパラートをのせ，クリップでおさえる。
> C　のぞきながら少しずつ調節ねじを回して，対物レンズとプレパラートの間をはなしていき，はっきり見えるところで止める。
> D　低倍率の対物レンズを使い，横から見ながら，調節ねじを回し，対物レンズとプレパラートの間をできるだけ近づける。
> E　観察するものが見えている部分の中心になるようにプレパラートを動かす。
> F　レボルバーを回して対物レンズの倍率をかえ，ピントを合わせる。

平成さん：あれ，［　①　］
済美さん：そうだね。ありがとう。
平成さん：ではまず，10倍の接眼レンズと4倍の対物レンズを取りつけて，顕微鏡の倍率を［　②　］倍にしてから，③ミドリムシを観察してみよう。
済美さん：ミドリムシが少し小さくて見にくいね。対物レンズを4倍のものから20倍のものにかえて観察してみよう。顕微鏡の倍率は，［　④　］に対するものなので，面積でいうと，さっき，［　②　］倍の倍率で観察していたミドリムシの［　⑤　］倍になって観察できるようになったね。
平成さん：本当だ。ミドリムシって体にある毛を使って動くんだね。⑥光合成もするし….。⑦動物と植物の特徴《とくちょう》をどちらも持っているなんて，なんて不思議な生き物なんだろう。

1　上の会話文中の［　①　］に入る平成さんの指摘《してき》として最も適当なものを，次のア～エから1つ選び，記号で答えなさい。
ア　Aの操作では，明るくするために直接光が当たる場所で観察しなければいけないよ。
イ　Cの操作とDの操作の順序は逆にしないといけないよ。
ウ　Dの操作については，はじめから高倍率で操作しないといけないよ。
エ　Fの操作のときには，片手で回すために，対物レンズをつかむと，てこの原理で簡単に回るよ。

2　上の会話文中の［　②　］に入る数字を答えなさい。

3　下線部③について，ミドリムシとして最も適当なものを，次のア～エから1つ選び，記号で答えなさい。

ア
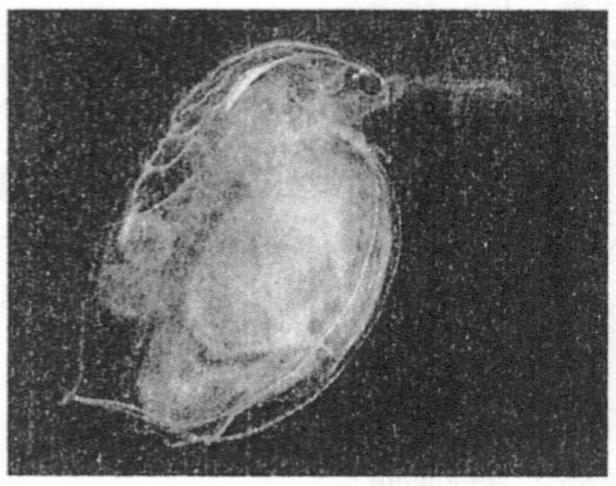

イ
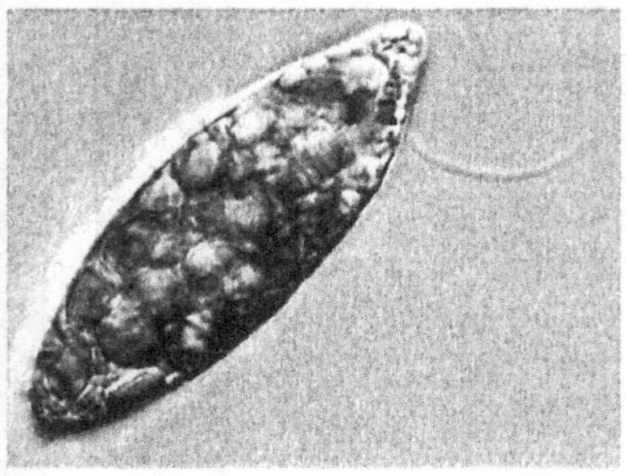

ウ
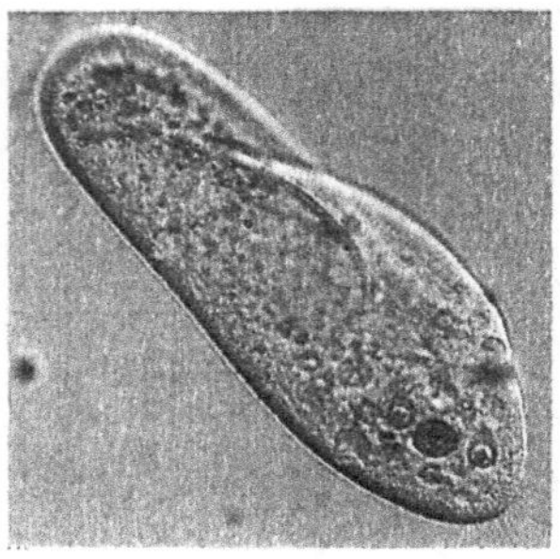

エ
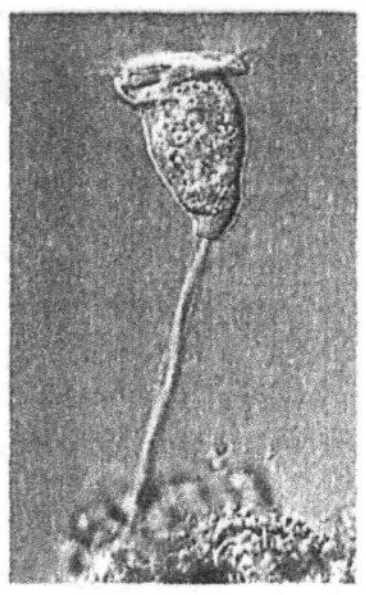

『ずかん　プランクトン』より作成

4　上の会話文中の［　④　］，［　⑤　］に入る語句および数値として最も適当なものを，次の語群から1つ選び，答えなさい。
（　長さ　　面積　　体積　　5　　25　　200　）

5　下線部⑥について，光合成の反応を表した次の式中の［　W　］と［　Y　］に入る語句の組み合わせとして最も適当なものを，次のア～カから1つ選び，記号で答えなさい。

［　W　］　＋　［　X　］　→　［　Y　］　＋　［　Z　］

ア　W 酸素　Y 二酸化炭素　　イ　W 二酸化炭素　Y ちっ素　　ウ　W でんぷん　Y 酸素
エ　W 酸素　Y でんぷん　　オ　W でんぷん　Y 二酸化炭素　　カ　W 二酸化炭素　Y でんぷん

2024(R6) 済美平成中等教育学校
教英出版　理5の3

6　下線部⑦について，平成さんと済美さんは，動物や植物が行う呼吸が，何の影響《えいきょう》を受けるのか確かめることにしました。そこで，下の表のように処理A～Cを，a～hのような組み合わせで行い，生き物を育てました。このとき，呼吸が，酸素の割合と温度の影響をそれぞれ受けることを確かめるために，比べるべき条件の組み合わせとして最も適当なものを，次のア～コから1つ選び，記号で答えなさい。

	a	b	c	d	e	f	g	h
A　温度を低下させる	○	○	○	×	○	×	×	×
B　酸素の割合を低下させる	○	○	×	○	×	○	×	×
C　栄養分を減らす	○	×	○	○	×	×	○	×

○：処理を行う，×：処理を行わない

ア　a・b　　イ　b・h　　ウ　a・b・c　　エ　a・c・d　　オ　a・e・f
カ　b・c・d　　キ　c・d・h　　ク　e・f・g　　ケ　e・f・h　　コ　f・g・h

(四) 大地のつくりと変化について，次の**1**～**5**の問いに答えなさい。

1　愛媛県西予市をはじめ，日本各地には地球科学における重要な価値を持つ地理的領域があり「大地の公園」とも呼ばれます。これを何パークというか，カタカナで答えなさい。

2　今現在活動している火山を活火山といいます。活火山がある都道府県に当てはまるものを，次のア～オから**すべて**選び，記号で答えなさい。

ア　北海道　　イ　長野県　　ウ　和歌山県　　エ　香川県　　オ　鹿児島県

3　右の図は，火山Aが噴火《ふんか》した直後に発表された12時間後までの火山灰が降り積もる地域の予測です。この地域では噴火した時刻の12時間後まで風は（　①　）の方角から吹《ふ》くと予想されています。この風が秒速10 mであるとすると，B市で火山灰が降り始めるのは，噴火してから約（　②　）時間後と予測できます。①②の組み合わせとして当てはまるものを，次のア～エから1つ選び，記号で答えなさい。

ア　①南東　②3　　イ　①南東　②10
ウ　①北西　②3　　エ　①北西　②10

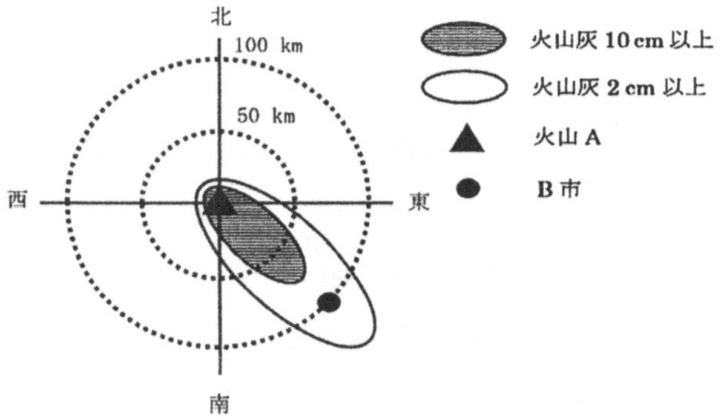

4　図1はある地域の地形を等高線で示した図で，図2のア～オは地点a～eにおけるボーリング試料のいずれかです。地点dのボーリング試料として最も適当なものを，図2のア～オから1つ選び，記号で答えなさい。ただし，この地域では断層などは見られず，それぞれの地層は水平にたい積して広がっていることとします。

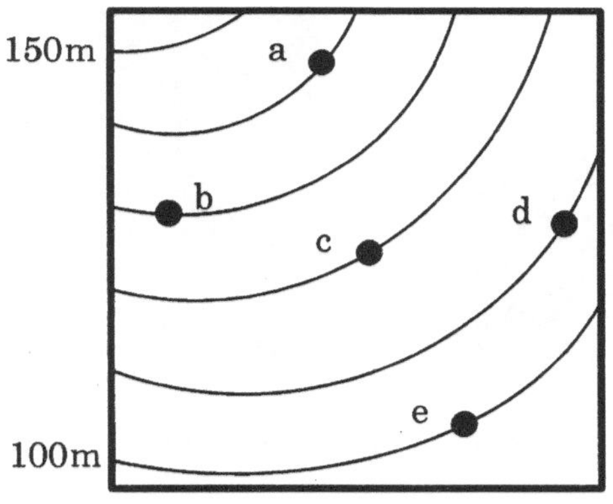

図1

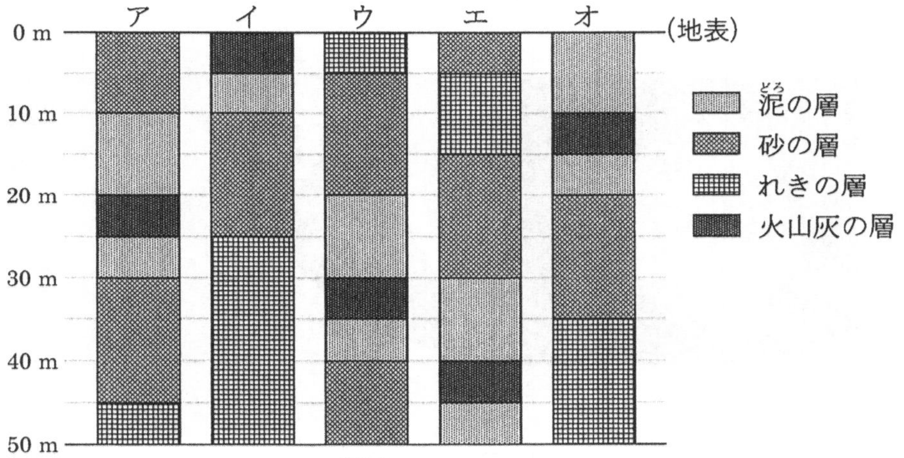

図2

5　右の図は，ある地点(以下C地点とします)に設置された地震《じしん》計の記録です。地震が起きると小さな振動《しんどう》と大きな振動が同時に発生し，地中を伝わっていきます。地震の発生した場所からそれぞれの振動は秒速7 km，秒速4 kmの一定の速さでC地点に届きました。C地点は地震の発生した場所から何kmはなれていますか。

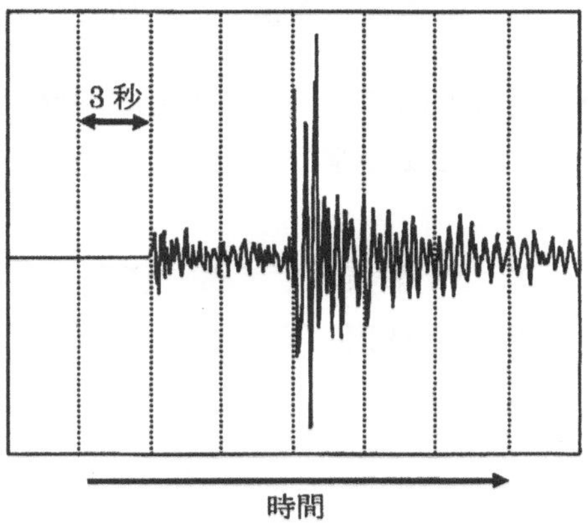

（五） 次の文章を読み，**1**～**5**の問いに答えなさい。

8つのビーカーの中には，7種類の無色透明《むしょくとうめい》の水溶液《すいようえき》と水が入っています。7種類の水溶液は，砂糖水，うすい食酢《しょくす》，炭酸水，食塩水，うすい水酸化ナトリウム水溶液，うすいアンモニア水，うすい塩酸のいずれかです。表1の4つの方法で，それぞれの液体の性質を調べました。その結果は表2のとおりです。

表1

方法	性質	かかる時間(分)	同時に調べられる溶液の種類
①：取り出した少量の液体にBTB溶液を入れ，色の変化をみる	酸性・中性・アルカリ性	1.5	1～2
②：（　　A　　），においをかぐ	ある・ない	1	1
③：取り出した少量の液体に少量のアルミニウム片を入れて，観察する。	とける・とけない	3	1～4
④：取り出した少量の液体を加熱して，固体が残るかどうか確認する	残る・残らない	2	1

表2

液体の種類	方法①	方法②	方法③	方法④
砂糖水	中性	ない	とけない	残る
うすい食酢	酸性	ある	とけない	残らない
炭酸水	酸性	ない	とけない	残らない
水	中性	ない	（　C　）	残らない
食塩水	中性	ない	とけない	残る
うすい水酸化ナトリウム水溶液	（　B　）	ない	とける	残る
うすいアンモニア水	アルカリ性	ある	とけない	（　E　）
うすい塩酸	酸性	ある	（　D　）	残らない

ここで，3種類の水溶液【砂糖水・うすい食酢・炭酸水】から，【炭酸水】を分ける手順について考えてみます。

この3種類の水溶液を「方法①→方法②」の順番で分けていく場合，方法①では【砂糖水・うすい食酢・炭酸水】から【砂糖水】と【うすい食酢・炭酸水】に分けられます。このとき，方法①は同時に2種類までしか調べられないので，3種類の液体を調べるためには方法①を2回行う必要があります。そのため3分かかりました。

続けて方法②では【うすい食酢・炭酸水】から【うすい食酢】と【炭酸水】に分けられます。このとき，方法②は同時に1種類しか調べられないので，2種類の液体を調べるためには方法②を2回行う必要があります。そのため2分かかりました。よって，「方法①→方法②」の順番で【炭酸水】を分けるには，合計5分かかります。ただし，一部の結果がわかると，残りの結果も推測できますが，調査する液体は最後まで確かめるものとします。

また，「方法②→方法①」の順で行っても，この3種類の水溶液から【炭酸水】を分けることはできますが，かかる時間は同じとは限りません。このように，何かを実行する順番については，計画を立てて考える必要があるのです。

1 方法①でうすい食酢は何色に変わりましたか。

2 空らんAにあてはまる，においをかぐときの注意点を答えなさい。

3 表2の空らんB～Eにあてはまる語句をそれぞれ答えなさい。

4 下線部について，次の文章の空らんF～Gにあてはまる数値を答えなさい。

3種類の水溶液【砂糖水・うすい食酢・炭酸水】から【炭酸水】を分けるとき，方法②では【砂糖水・炭酸水】と【うすい食酢】に分けられて，かかった時間は（　F　）分です。続けて方法①では【砂糖水・炭酸水】から【砂糖水】と【炭酸水】に分けられたので，かかった時間は合計（　G　）分となりました。

5 【水・食塩水・うすい水酸化ナトリウム水溶液・うすいアンモニア水・うすい塩酸】の5種類から【うすい水酸化ナトリウム水溶液】を分けるとき，かかった時間が最も少なくなる順番を表1の①～④を2つ使って解答欄に合わせて答えなさい。また，その時間も答えなさい。

令和6年度 済美平成中等教育学校入学試験問題　社　会

解答は，すべて別紙解答用紙の指定されたところに書き入れること。

(40分)

(一)　あるパン屋さんが，2024年２月からパンの値上げにふみきり，お客さんに知らせるため，下の文章を書きました。これを読み，次の**１**～**８**の問いに答えなさい。

> 2022年以降，①パンの原料である（　X　）の世界的な価格上昇が止まらず，また②石油の値段も高くなってまいりました。店内だけでなく，③行商でパンを売るなど，努力して参りましたが，このたび，④あんパン，⑤ジャムパンの⑥値段をそれぞれ５円ずつ上げさせていただきます。どうかよろしくお願いします。

1　空らん（　X　）に当てはまる最も適切な語句を，次のア～オから選び，記号で答えなさい。

ア　牛乳　　イ　小麦　　ウ　米　　エ　牛肉　　オ　砂糖

2　下線部①に関して，縄文《じょうもん》時代の日本列島では，木の実を利用してパンのようなものを作り，食べていたとされます。同じころに，まじないの道具として使われていた人形を何といいますか。

3　下線部②に関して，石油について述べた次のア～エから，最も適切なものを選び，記号で答えなさい。

ア　日本の海沿いの工業地帯には，石油を地下からほりだすための精油所が各地で見られる。
イ　2008年のリーマンショックで石油価格が上がり，日本のバブル景気は終わりをむかえた。
ウ　太平洋戦争で日本が敗れた理由のひとつに，アメリカ合衆国に比べ，石油保有量が少なかったことがある。
エ　石油からつくられるガソリンは，現在，日本では１リットルあたり90円くらいで売られている。

4　下線部③に関して，行商とは，商品を持って各地を売り歩くことです。昭和のなかばごろまで全国各地でみられましたが，それ以降，大きくその数を減らしているといわれています。減少した理由と最も関係が深いと思われるものを，次のア～オから選び，記号で答えなさい。

ア　新幹線　　イ　高速道路　　ウ　成田空港　　エ　インターネット　　オ　電報

5　下線部④に関して，あんパンは，1874年に考えられたとされます。その年の日本にいた人物として，最も適切な人名を次のア～オから選び，記号で答えなさい。

ア　大塩平八郎　　イ　小泉純一郎　　ウ　東郷平八郎　　エ　坂本龍馬　　オ　本居宣長

6　下線部⑤に関して，下の写真A，Bは，ジャムの原料となる農産物を作る畑です。それぞれが撮影《さつえい》された場所について，正しいものの組み合わせを次のア～カから選び，記号で答えなさい。

A

B

ア　A－愛媛県　B－沖縄県
イ　A－青森県　B－長野県
ウ　A－島根県　B－高知県
エ　A－愛媛県　B－長野県
オ　A－青森県　B－高知県
カ　A－島根県　B－沖縄県

7　下線部⑥に関して，パンの値段の変化について説明した次のア～エから，最も適切なものを選び，記号で答えなさい。

ア　外国産の原料を使っている場合，日本の原料よりも価格が高いため，パンは高くなる。
イ　日本産の原料を使っている場合，農家を助ける補助金が引かれ，パンは安くなる。
ウ　店内のテーブルで食べると，外食あつかいで消費税が８％となり，パンは高くなる。
エ　家へ持ち帰る場合，食料品あつかいで消費税が８％となり，パンは安くなる。

8　商店は，さまざまなお願いを知らせることがあります。右のおしらせは，2011年に高知県のあるおもちゃ屋さんの店先のはり紙に書かれていたものです。このおもちゃ屋さんが閉店した理由は，「高齢化《こうれいか》とともに，地方で（　１　）化と（　２　）化がすすんだため」だと考えられます。空らんに当てはまる語句をそれぞれ答えなさい。

> お客様各位
> 地方のおもちゃ屋の時代は終わったと感じますので，先代より40年にわたるおもちゃ屋を，これにて幕引きといたします。長らくごひいきいただきましたお客様に感謝いたしますとともにご多幸をお祈り申し上げます。　店主敬白

（二）　たろうさんは，富山県の自然やくらしに興味をもち，調べました。これについて，次の**1**～**6**の問いに答えなさい。

1　富山県に接していない県を，次のア～エから１つ選び，記号で答えなさい。

ア　岐阜県　　イ　長野県　　ウ　福井県　　エ　新潟県

2　**表１**は，富山県南砺市《なんとし》，群馬県前橋市，福島県福島市，兵庫県神戸市について，それぞれの１月，７月における，平均気温と太陽が出ている時間を示したものです。富山県南砺市を示す最も適切なものを，**表１**のア～エから選び，記号で答えなさい。

	1月		7月	
	平均気温	太陽が出ている時間	平均気温	太陽が出ている時間
ア	1.9℃	52.9時間	24.6℃	132.6時間
イ	3.7℃	213.1時間	25.8℃	146.3時間
ウ	1.9℃	132.2時間	24.3℃	125.2時間
エ	6.2℃	145.8時間	27.1℃	189.4時間

表１　　気象庁ウェブサイトより作成

3　たろうさんは北陸の農業について調べました。これについて，次の（１），（２）の問いに答えなさい。

（１）**図１**は，関東，北陸，中国・四国，九州の農業生産額の割合（2018年）を示しています。北陸を示すグラフとして最も適切なものを，**図１**のア～エから選び，記号で答えなさい。なお，北陸は新潟県，富山県，石川県，福井県の４県をさします。

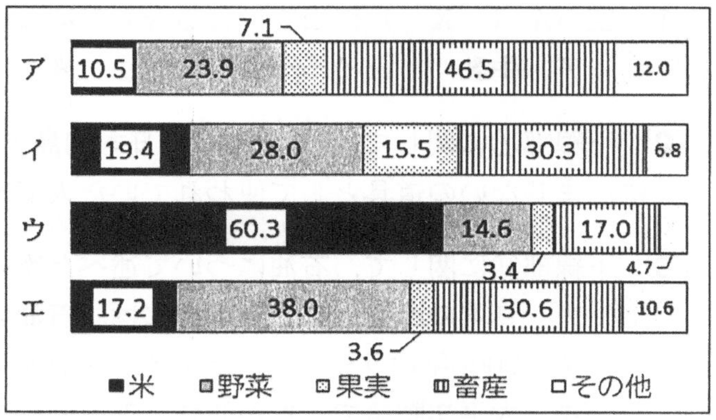

図１　『新詳地理資料COMPLETE』より作成

（２）北陸地方では，農業ができない冬に工芸品を作ったことから，地場産業がさかんです。次のア～エから，工芸品と産地の組み合わせとして，誤っているものを１つ選び，記号で答えなさい。

ア　高岡銅器―富山県　　イ　輪島塗―石川県

ウ　めがね―福井県　　エ　西陣織―新潟県

4　たろうさんは，富山県が電力を受けている北陸電力で，電気代の値上げが発表されたことを知りました。電力について，次の（１）～（３）の問いに答えなさい。

（１）**図２**は富山県の周辺でおもな発電所がある場所をたろうさんが地図にまとめたもので，Ａ～Ｃは，原子力発電所，火力発電所，水力発電所のいずれかを示し，次のア～ウはそのいずれかの説明です。

原子力発電所を示す最も適切なものを，場所は**図２**のＡ～Ｃから，説明はア～ウから，それぞれ選び，記号で答えなさい。

ア　水蒸気で発電機をうごかす。発生する熱を冷やすため，水が必要となる。

イ　高低差を利用し，水が落下するエネルギーで発電機をうごかす。

ウ　水蒸気で発電機をうごかす。燃料を得やすく，電力の消費量が多いところにたてられる。

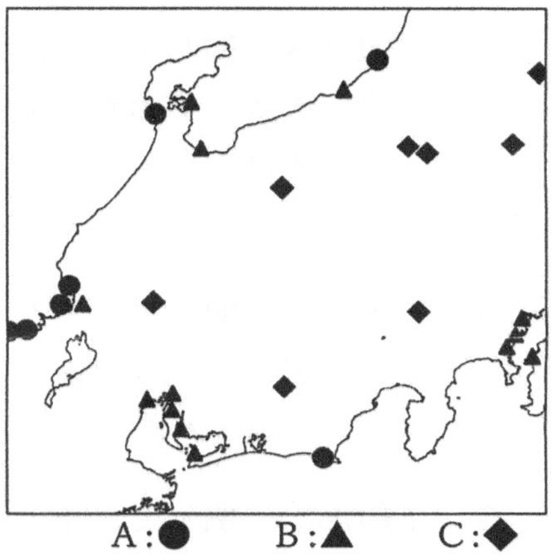

図２　「エレクトリカル・ジャパン」より作成

（２）現在，日本の発電量のうち最も大きな割合をしめているものは何ですか。次のア～オから適切なものを選び，記号で答えなさい。

ア　原子力発電　　イ　火力発電　　ウ　水力発電　　エ　太陽光発電　　オ　風力発電

（３）現在の日本のエネルギー自給率は10%程度です。このことは日本の社会において，どのような問題につながりますか。説明しなさい。

5　たろうさんは富山市内を走る路面電車に興味をもちました。これについて，次の（１），（２）の問いに答えなさい。

（１）たろうさんは富山市の路面電車が2006年に開通したことを知り，開通による効果を調べることにしました。この場合，調べる必要がないことはどれですか。次のア～エから１つ選び，記号で答えなさい。

ア　市街地に住む人口の変化を調べる。　　イ　二酸化炭素の排出量の変化を調べる。

ウ　商店街の店の数の変化を調べる。　　エ　埋め立て地の面積の変化を調べる。

（２）**図３**は，富山市内の鉄道の路線図です。この図をもとに考えられることとして，最も適切なものを次のア～エから選び，記号で答えなさい。

ア　富山駅にはいろいろな路線が集まっていて，ほかの県ともつながっている。

イ　富山市の市街地で南北を行き来するには，路面電車以外の鉄道が便利である。

ウ　富山駅の北側には路面電車の環状線《かんじょうせん》が走っており，富山市の市街地の中心である。

エ　神通川が交通のさまたげになっていて，鉄道も道路も神通川を横断していない。

図３
『新しい社会　6　政治・国際編』より

6　たろうさんは，富山県の内陸にある砺波市《となみし》をおとずれ，町や家に興味をもちました。**図４**は，たろうさんがおとずれた場所の地形図です。これを見て，次の（１）～（３）の問いに答えなさい。

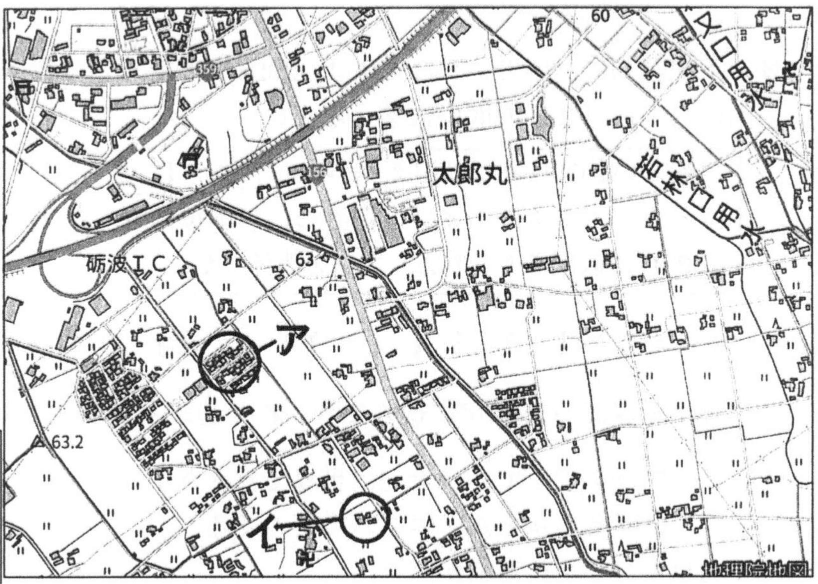

図４　　地理院地図より作成

（１）**図４**中の**ア**，**イ**の地域で，より古い時期に家が建てられたと考えられる場所はどちらか，記号で答えなさい。また，そのように考えた理由を，地形図から説明しなさい。

（２）右の絵は，たろうさんがえがいたこの地域の伝統的な家です。家が樹木に囲まれている理由を説明した次のア～エから，誤っているものを１つ選び，記号で答えなさい。

ア　冬の季節風による雪から家を守るため。
イ　食事の準備や，ふろのたきつけに木を使うため。
ウ　海岸からとんでくる砂から果樹園を守るため。
エ　夏の強い日ざしをさけ，気温を下げるため。

（３）たろうさんが**図４**の地域をおとずれたときに分かったことを説明した次のア～エから，最も適切なものを選び，記号で答えなさい。

ア　高低差が大きく，北から南に流れる急な川がある。
イ　水の入手のため，農業用の水路が引かれている。
ウ　水が入手しにくいため，畑作がさかんである。
エ　高速道路への乗り口がなく，交通の便が良くない。

（三）　下の会話文を読み，次の１～10の問いに答えなさい。

A：この①お金を見て。2000円札だよ。
B：②お札にえがかれているこの絵は何？門のように見えるけれど。
A：これは③16世紀に建てられた【　あ　】県の守礼門だよ。当時のものは④太平洋戦争中の【　い　】年に焼けたんだ。
B：【　あ　】島にアメリカ軍が上陸し，攻撃《こうげき》が始まった年だね。うら面のこれは何？⑤平安時代のものに見えるけれど…。
A：ご名答。これは【　う　】が書いた『源氏物語』を絵巻物にしたものの一部だよ。
B：絵巻物がお札に描いてあるなんて，めずらしいね。ちなみにこのお札はいつ発行されたの？
A：⑥2000年の⑦九州・【　あ　】サミットの時だよ。サミットは⑧オイルショック以降の1975年から開かれているよ。
B：色々な国が話し合いをすることで，⑨世界平和を実現しようという願いがこめられているのだね。

1　空らん【　あ　】～【　う　】に当てはまる語句，年代をそれぞれ答えなさい。

2　下線部①に関して，下の文章は711年に出されたお金に関する命令の一部です。これを読み，この命令やこの時代の様子について述べたａ～ｄについて，正しいものの組み合わせを次のア～エから選び，記号で答えなさい。

711年，天皇が命令を下しておっしゃることには，「そもそもお金というものの役割は品物をこうかんすることにある。しかし多くの人々は古い慣習に従ったままで，まだその意味を理解していない。お金を売買に使う者もいるが，なおいまだこれをたくわえるものはいない。そこでお金をたくわえた量に応じて位をあたえることにする。」

ａ　この命令は，天智天皇が藤原京で出したものである。
ｂ　この命令が出されたころ，『古事記』の編集が進んでいた。
ｃ　史料から，当時の人々はお金を売買であまり使用せず，たくわえる人はいなかったことがわかる。
ｄ　史料から，天皇は人々にお金をたくわえさせることで，自然災害やききんに備えようとしていたことがわかる。

ア　ａ，ｃ　　イ　ａ，ｄ　　ウ　ｂ，ｃ　　エ　ｂ，ｄ

3　下線部②について，下の文章は，2024年に新しく発行されるお札に興味をもったＢさんがまとめたレポートです。これを読み，次の（１），（２）の問いに答えなさい。

> 新しい1000円札に顔がえがかれる予定の【　え　】は，東京医学校で学び，「医者の使命は病気の予防にある」と考えるようになった。その後，ドイツへ留学し，帰国後は慶応《けいおう》義《ぎ》塾《じゅく》を創設した【　お　】の助けを受けて私立の伝染病《でんせんびょう》研究所をつくり，1890年に破傷風のちりょう方法を開発した。

（１）空らん【　え　】，【　お　】に当てはまる人名をそれぞれ答えなさい。

（２）下線部の1890年に初めて行われた選挙と，現在の選挙を比べ，仕組みとして異なる点を１つ挙げなさい。

4　下線部③に関して，16世紀に世界で起きた出来事について記した次のア～エから，最も適切なものを選び，記号で答えなさい。

ア　ザビエルらがイエズス会をつくる。　　イ　中国で明がほろび，清王朝ができる。

ウ　フランス革命が起きる。　　エ　コロンブスがアメリカに到達《とうたつ》する。

5　下線部④に関して，太平洋戦争の展開をカードにまとめて整理してみました。次の文ａ～ｄについて，カード１と３に当てはまる文の組み合わせとして，最も適切なものを下のア～エから選び，記号で答えなさい。

カード１	⇨	カード２ 空襲が激しくなる	⇨	カード３

ａ　ソ連が樺太南部，千島列島にせめこむ。

ｂ　サイパン島がアメリカにうばわれる。

ｃ　都市部の小学生が集団疎開を行う。

ｄ　全国民を戦争に動員する法律が制定される。

ア　１－ａ，３－ｃ　　イ　１－ａ，３－ｄ　　ウ　１－ｂ，３－ｃ　　エ　１－ｂ，３－ｄ

6　下線部⑤に関して，平安時代のようすについて説明した次のア～エから，最も適切なものを選び，記号で答えなさい。

ア　藤原氏が権力を強め，外交を担当した藤原道長は唐から鑑真を招いた。

イ　藤原秀衡など奥州藤原氏が拠点とした平泉に平等院鳳凰堂が建てられた。

ウ　朝廷の命令で地方の反乱をしずめた源氏が東日本を中心に勢力を広げた。

エ　保元の乱と平治の乱でかつやくした平清盛が朝廷から征夷大将軍に任命された。

7　下線部⑥に関して，2000年以降に起きた出来事について説明した次のア～エから，最も適切なものを選び，記号で答えなさい。

ア　日本の国民総生産額が世界第２位になった。　　イ　ベルリンの壁《かべ》がこわされ，東西ドイツが統一された。

ウ　日本で初めて冬季オリンピックが開かれた。　　エ　アメリカで同時多発テロが発生し，イラク戦争が起きた。

8　下線部⑦に関して，九州地方の遺跡や歴史的なことがらについて説明した次のア～エから，最も適切なものを選び，記号で答えなさい。

ア　佐賀県吉野ケ里遺跡から，縄文時代のものとみられる，集落のまわりを囲んだほりやさくのあとが発見された。

イ　2001年，元軍との戦いで幕府側の御家人が使用した鉄砲が福岡県の海底から出土した。

ウ　室町幕府は，長崎に城を築いて支配を強化する一方，キリスト教の学校や教会を建てた。

エ　鹿児島県で起こった西南戦争以降，政府に対し武力ではなく言論で主張する時代へと変化した。

9　下線部⑧に関して，オイルショックとは，石油の値段が上がることによって経済が大きく混乱したことを指します。当時の日本政府が国民にすすめたことを記した次のア～エから，誤っているものを１つ選び，記号で答えなさい。

ア　日曜日のドライブをひかえる。　　イ　日用品の買いだめをする。

ウ　高速道路でスピードを出しすぎない。　　エ　クーラーの設定温度を調整する。

10　下線部⑨に関して，右の図は，SDGsの目標16「平和と公正をすべての人に」のアイコンです。この目標16の達成を目指す取り組みについて説明した次のア～エから，最も適切なものを選び，記号で答えなさい。

（国際連合広報センターHPより）

ア　すべての人が，裁判のような法を利用する機会を得られるようにする。

イ　家庭内で，「男性だから仕事を」「女性だから育児を」というような役割分担を決める。

ウ　消費者のために，会社は最低賃金よりも安い給料で働いてくれる人をどんどんやとう。

エ　国民のために，政府はネット上で個人のものもふくめたすべての情報を公開する。

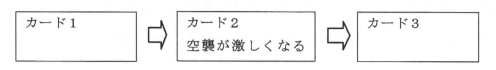

（四） 次の**1**〜**3**の問いに答えなさい。

1　次の（１）〜（３）の問いに答えなさい。

（１）2023年５月，Ｇ７サミットが行われました。「Ｇ７」に当てはまらない国を次のア〜カからすべて選び，記号で答えなさい。

ア　アメリカ合衆国　　イ　イギリス　　ウ　ウクライナ　　エ　イタリア　　オ　ロシア　　カ　韓国

（２）2024年にオリンピックが行われる国について説明した次のア〜エから，最も適切なものを選び，記号で答えなさい。

ア　2023年に新しい国王が即位式《そくいしき》を行った。

イ　ドイツとならび，ヨーロッパ連合の中心的な国である。

ウ　アジアの国で，ロシアとの関係を強化している。

エ　2023年に戦争が発生し，政治が不安定になっている。

（３）2023年に，ある国の人口が中国の人口を上回り，世界最大となったといわれています。その国名を答えなさい。

2　次の文（１）〜（４）の下線部が正しければ○を記し，誤っていれば正しく書き改めなさい。

（１）内閣は，国の予算を決めたり，法律を作ったりする役割がある。

（２）日本国憲法の原則のひとつとして，基本的人権の尊重が定められている。

（３）日本での裁判は，特別な理由がないかぎり，２回まで受けることができる。

（４）文化に関わる仕事を担当する機関である文化庁は，2023年春より，東京から大阪へ移った。

3　交通に関わる下の写真Ａ〜Ｃを見て，次の（１）〜（３）の問いに答えなさい。

A

B

C

（１）Ａは，「跨線橋《こせんきょう》」とよばれ，全国各地の駅や線路上で見られましたが，近年は減っています。かつて跨線橋が多く建設されていたのはなぜですか。最も適切な理由を次のア〜エから選び，記号で答えなさい。

ア　多くの駅のホームは地下にあったため，利用客が移動するために他に方法がなかったから。

イ　工事にかかる費用をおさえるため，線路はできるだけ地面の上にしくようにしていたから。

ウ　バリアフリー化をすすめ，車いすでもかんたんに移動できるようにしていたから。

エ　利用客に親しんでもらうため，ホームへの移動を上り下りして楽しめるようにしていたから。

（２）Ｂは，東京都の隅田川《すみだがわ》にかかる「かちどき橋」です。かつては，橋の中央部分がはねあがり，川を走る船が横切ることができました。「かちどき橋」にそのような機能があったのはなぜですか。最も適切な理由を次のア〜エから選び，記号で答えなさい。

ア　多くの人が船に乗って移動することが多く，橋を利用することは少なかったから。

イ　自動車の数が増えすぎたため，自動車では通れない橋をつくる必要があったから。

ウ　大雨に備えて，川から水があふれだしても船が通れるようにする必要があったから。

エ　貨物船などの大きな船が，川を通って各地に物資をとどけていたから。

（３）Ｃは，鉄道が道路と交差する場所に設けられた「ふみきり」ですが，交通上の理由から，各地で減ってきています。ふみきりが減っているのと同じ理由にもとづく意見として，最も適切なものを次のア〜エから選び，記号で答えなさい。

ア　道路が交わるところでは，できるだけ歩道橋をつくるべきだ。

イ　できるだけ多くの横断歩道に，信号機をつけるべきだ。

ウ　小学生は，むかえに来た親といっしょに下校すべきだ。

エ　日本各地の空港をへらして，鉄道を利用すべきだ。

受験番号	
	番
小学校	
氏名	

令和六年度　国　語　解答用紙

(一)

1		
①		
②		
③		
④		
⑤		

2		
① 誤…	→ 正…	
② 誤…	→ 正…	
③ 誤…	→ 正…	
④ 誤…	→ 正…	
⑤ 誤…	→ 正…	

3		
①	〜	
②		
③ (1)		
③ (2)		
③ (3)		
③ (4)		
③ (5) Ⅲ	Ⅳ	Ⅴ

(二)

1		
Ⅰ	Ⅱ	Ⅲ

2	
3	という想像。
4	
5	
6	
7	

(三)

1	
2	ⓐ　ⓑ
3	
4	
5	
6	
7	

(一)	
(二)	
(三)	
合計	

※100点満点
（配点非公表）

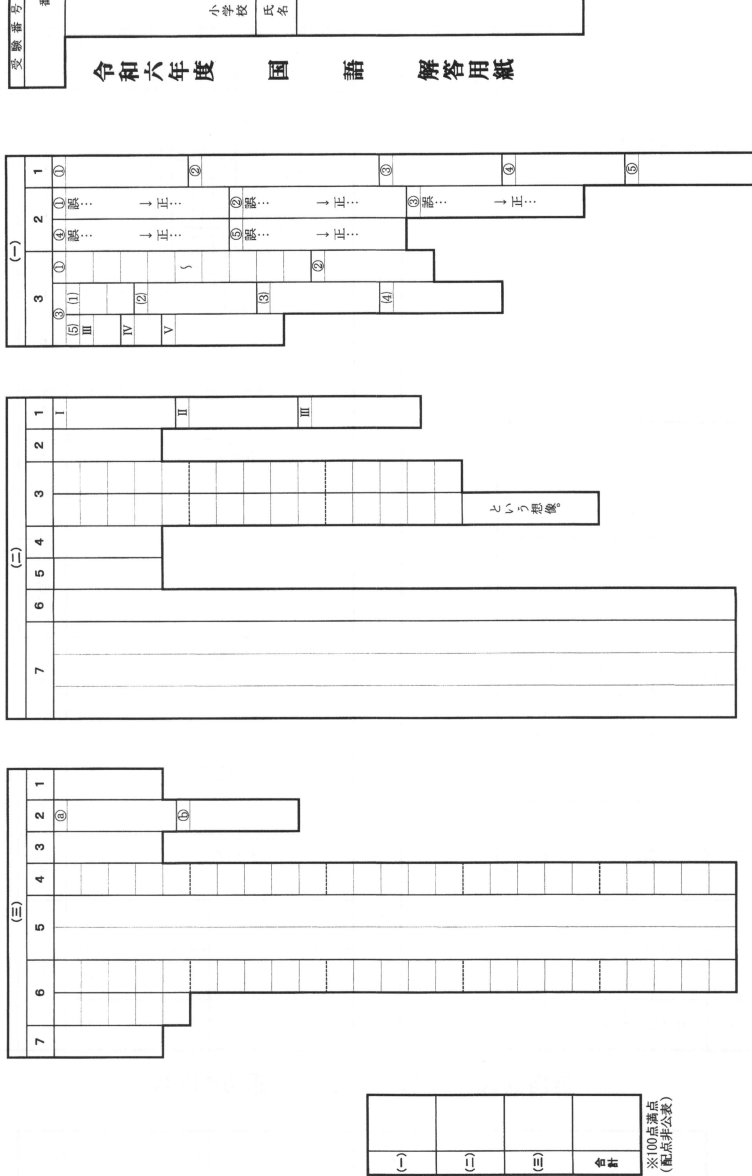

受験番号	番	小学校	氏名	

令和 6年度　算　数　解答用紙

(一)	1	(1)	(2)
		(3)	(4)
		(5)	(6)
	2	答 時速　km	
	3	答　cm^3	
	4	度	
	5	答　g	
	6	答　歳	
	7	答　人以上　人以下	
	8		
	9	答　時間　分	
	10	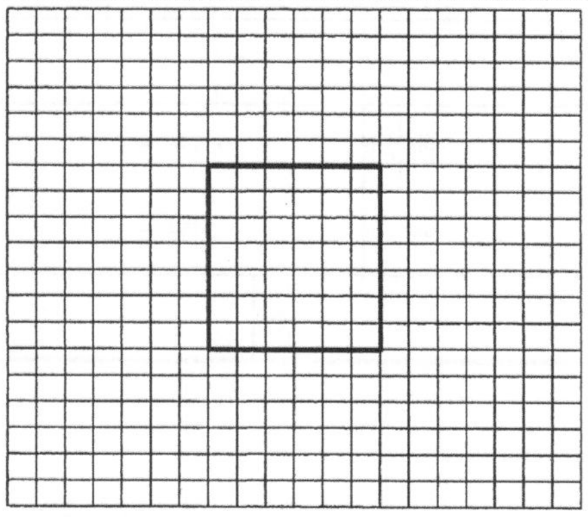	

(一)	(二)	(三)	(四)	合計

※100点満点
（配点非公表）

			頂点の数	辺の数	面の数
(二)	1	立体①			
		立体②			
		立体③			
	2				

(三)	1	答　通り
	2	答　通り
	3	答　通り
	4	答　通り
(四)	1	答　ページ
	2	答　字
	3	答　日目
	4	答　ページ

受験番号	番	小学校	氏名	

令和6年度　理　科　解答用紙

(一)	1	
	2	
	3	
	4	
	5	
	6	
	7	
	8	

(二)	1	
	2	
	3	
	4	A
	5	A
	6	A

(三)	1		
	2		
	3		
	4	④	
		⑤	
	5		
	6		

(四)	1	(パーク)
	2	
	3	
	4	
	5	km

(五)	1		
	2		
	3	B	
		C	
		D	
		E	
	4	F	
		G	
	5	→	分

(一)	(二)	(三)	(四)	(五)	合計

※50点満点
（配点非公表）

受験番号	番	小学校	氏名	

令和6年度　社　会　解答用紙

（一）	1		
	2		
	3		
	4		
	5		
	6		
	7		
	8	（1）	
		（2）	

（二）	1			
	2			
	3	（1）		
		（2）		
	4	（1）	場所	説明
		（2）		
		（3）		
	5	（1）		
		（2）		
	6	（1）	記号	
			説明	
		（2）		
		（3）		

（三）	1	【あ】		
		【い】		
		【う】		
	2			
	3	（1）	【え】	
			【お】	
		（2）		
	4			
	5			
	6			
	7			
	8			
	9			
	10			

（四）	1	（1）	
		（2）	
		（3）	
	2	（1）	
		（2）	
		（3）	
		（4）	
	3	（1）	
		（2）	
		（3）	

（一）	（二）	（三）	（四）	合計

※50点満点
（配点非公表）

福岡県

- ①[国立] 福岡教育大学附属中学校（福岡·小倉·久留米）
- ②[県立] 育徳館中学校／門司学園中学校／宗像中学校／嘉穂高等学校附属中学校／輝翔館中等教育学校
- ③西南学院中学校
- ④上智福岡中学校
- ⑤福岡女学院中学校
- ⑥福岡雙葉中学校
- ⑦照曜館中学校
- ⑧筑紫女学園中学校
- ⑨敬愛中学校
- ⑩久留米大学附設中学校
- ⑪飯塚日新館中学校
- ⑫明治学園中学校
- ⑬小倉日新館中学校
- ⑭久留米信愛中学校
- ⑮中村学園女子中学校
- ⑯福岡大学附属大濠中学校
- ⑰筑陽学園中学校
- ⑱九州国際大学付属中学校
- ⑲博多女子中学校
- ⑳東福岡自彊館中学校
- ㉑八女学院中学校

佐賀県

- ①[県立] 香楠中学校／致遠館中学校／唐津東中学校／武雄青陵中学校
- ②弘学館中学校
- ③東明館中学校
- ④佐賀清和中学校
- ⑤成穎中学校
- ⑥早稲田佐賀中学校

長崎県

- ①[県立] 長崎東中学校／佐世保北中学校／諫早高等学校附属中学校
- ②青雲中学校
- ③長崎南山中学校
- ④長崎日本大学中学校
- ⑤海星中学校

熊本県

- ①[県立] 玉名高等学校附属中学校／宇土中学校／八代中学校
- ②真和中学校
- ③九州学院中学校
- ④ルーテル学院中学校
- ⑤熊本信愛女学院中学校
- ⑥熊本マリスト学園中学校
- ⑦熊本学園大学付属中学校

大分県

- ①[県立]大分豊府中学校
- ②岩田中学校

宮崎県

- ①[県立]五ヶ瀬中等教育学校
- ②[県立] 宮崎西高等学校附属中学校／都城泉ヶ丘高等学校附属中学校
- ③宮崎日本大学中学校
- ④日向学院中学校
- ⑤宮崎第一中学校

鹿児島県

- ①[県立]楠隼中学校
- ②[市立]鹿児島玉龍中学校
- ③鹿児島修学館中学校
- ④ラ・サール中学校
- ⑤志學館中等部

沖縄県

- ①[県立] 与勝緑が丘中学校／開邦中学校／球陽中学校／名護高等学校附属桜中学校

もっと過去問シリーズ

北海道

北嶺中学校
7年分（算数・理科・社会）

静岡県

静岡大学教育学部附属中学校
（静岡·島田·浜松）
10年分（算数）

愛知県

愛知淑徳中学校
7年分（算数・理科・社会）
東海中学校
7年分（算数・理科・社会）
南山中学校男子部
7年分（算数・理科・社会）
南山中学校女子部
7年分（算数・理科・社会）
滝中学校
7年分（算数・理科・社会）
名古屋中学校
7年分（算数・理科・社会）

岡山県

岡山白陵中学校
7年分（算数・理科）

広島県

広島大学附属中学校
7年分（算数・理科・社会）
広島大学附属福山中学校
7年分（算数・理科・社会）
広島学院中学校
7年分（算数・理科・社会）
広島女学院中学校
7年分（算数・理科・社会）
修道中学校
7年分（算数・理科・社会）
ノートルダム清心中学校
7年分（算数・理科・社会）

愛媛県

愛光中学校
7年分（算数・理科・社会）

福岡県

福岡教育大学附属中学校
（福岡·小倉·久留米）
7年分（算数・理科・社会）
西南学院中学校
7年分（算数・理科・社会）
久留米大学附設中学校
7年分（算数・理科・社会）
福岡大学附属大濠中学校
7年分（算数・理科・社会）

佐賀県

早稲田佐賀中学校
7年分（算数・理科・社会）

長崎県

青雲中学校
7年分（算数・理科・社会）

鹿児島県

ラ·サール中学校
7年分（算数・理科・社会）

※もっと過去問シリーズは国語の収録はありません。

教英出版
〒422-8054
静岡県静岡市駿河区南安倍3丁目12－28
TEL 054-288-2131
FAX 054-288-2133
詳しくは教英出版で検索
教英出版 検索
URL https://kyoei-syuppan.net/

④[府立]富田林中学校
⑤[府立]咲くやこの花中学校
⑥[府立]水都国際中学校
⑦清風中学校
⑧高槻中学校（A日程）
⑨高槻中学校（B日程）
⑩明星中学校
⑪大阪女学院中学校
⑫大谷中学校
⑬四天王寺中学校
⑭帝塚山学院中学校
⑮大阪国際中学校
⑯大阪桐蔭中学校
⑰開明中学校
⑱関西大学第一中学校
⑲近畿大学附属中学校
⑳金蘭千里中学校
㉑金光八尾中学校
㉒清風南海中学校
㉓帝塚山学院泉ヶ丘中学校
㉔同志社香里中学校
㉕初芝立命館中学校
㉖関西大学中等部
㉗大阪星光学院中学校

兵庫県

①[国立]神戸大学附属中等教育学校
②[県立]兵庫県立大学附属中学校
③雲雀丘学園中学校
④関西学院中学部
⑤神戸女学院中学部
⑥甲陽学院中学校
⑦甲南中学校
⑧甲南女子中学校
⑨灘中学校
⑩親和中学校
⑪神戸海星女子学院中学校
⑫滝川中学校
⑬啓明学院中学校
⑭三田学園中学校
⑮淳心学院中学校
⑯仁川学院中学校
⑰六甲学院中学校
⑱須磨学園中学校(第1回入試)
⑲須磨学園中学校(第2回入試)
⑳須磨学園中学校(第3回入試)
㉑白陵中学校
㉒夙川中学校

奈良県

①[国立]奈良女子大学附属中等教育学校
②[国立]奈良教育大学附属中学校
③[県立]
国際中学校
青翔中学校
④[市立]一条高等学校附属中学校
⑤帝塚山中学校
⑥東大寺学園中学校
⑦奈良学園中学校
⑧西大和学園中学校

和歌山県

①[県立]
古佐田丘中学校
向陽中学校
桐蔭中学校
日高高等学校附属中学校
田辺中学校
②智辯学園和歌山中学校
③近畿大学附属和歌山中学校
④開智中学校

岡山県

①[県立]岡山操山中学校
②[県立]倉敷天城中学校
③[県立]岡山大安寺中等教育学校
④[県立]津山中学校
⑤岡山中学校
⑥清心中学校
⑦岡山白陵中学校
⑧金光学園中学校
⑨就実中学校
⑩岡山理科大学附属中学校
⑪山陽学園中学校

広島県

①[国立]広島大学附属中学校
②[国立]広島大学附属福山中学校
③[県立]広島中学校
④[県立]三次中学校
⑤[県立]広島叡智学園中学校
⑥[市立]広島中等教育学校
⑦[市立]福山中学校
⑧広島学院中学校
⑨広島女学院中学校
⑩修道中学校
⑪崇徳中学校
⑫比治山女子中学校
⑬福山暁の星女子中学校
⑭安田女子中学校
⑮広島なぎさ中学校
⑯広島城北中学校
⑰近畿大学附属広島中学校福山校
⑱盈進中学校
⑲如水館中学校
⑳ノートルダム清心中学校
㉑銀河学院中学校
㉒近畿大学附属広島中学校東広島校
㉓AICJ中学校
㉔広島国際学院中学校
㉕広島修道大学ひろしま協創中学校

山口県

①[県立]
下関中等教育学校
高森みどり中学校
②野田学園中学校

徳島県

①[県立]
富岡東中学校
川島中学校
城ノ内中等教育学校
②徳島文理中学校

香川県

①大手前丸亀中学校
②香川誠陵中学校

愛媛県

①[県立]
今治東中等教育学校
松山西中等教育学校
②愛光中学校
③済美平成中等教育学校
④新田青雲中等教育学校

高知県

①[県立]
安芸中学校
高知国際中学校
中村中学校

神奈川県

①[県立] 相模原中等教育学校
　　　 平塚中等教育学校
②[市立]南高等学校附属中学校
③[市立]横浜サイエンスフロンティア高等学校附属中学校
④[市立]川崎高等学校附属中学校
✿⑤聖光学院中学校
✿⑥浅野中学校
⑦洗足学園中学校
⑧法政大学第二中学校
⑨逗子開成中学校（1次）
⑩逗子開成中学校（2·3次）
⑪神奈川大学附属中学校（第1回）
⑫神奈川大学附属中学校（第2·3回）
⑬栄光学園中学校
⑭フェリス女学院中学校

新潟県

①[県立] 村上中等教育学校
　　　 柏崎翔洋中等教育学校
　　　 燕中等教育学校
　　　 津南中等教育学校
　　　 直江津中等教育学校
　　　 佐渡中等教育学校
②[市立]高志中等教育学校
③新潟第一中学校
④新潟明訓中学校

石川県

①[県立]金沢錦丘中学校
②星稜中学校

福井県

①[県立]高志中学校

山梨県

①山梨英和中学校
②山梨学院中学校
③駿台甲府中学校

長野県

①[県立] 屋代高等学校附属中学校
　　　 諏訪清陵高等学校附属中学校
②[市立]長野中学校

岐阜県

①岐阜東中学校
②鶯谷中学校
③岐阜聖徳学園大学附属中学校

静岡県

①[国立] 静岡大学教育学部附属中学校
　　　 （静岡·島田·浜松）
② [県立]清水南高等学校中等部
　 [県立]浜松西高等学校中等部
　 [市立]沼津高等学校中等部
③不二聖心女子学院中学校
④日本大学三島中学校
⑤加藤学園暁秀中学校
⑥星陵中学校
⑦東海大学付属静岡翔洋高等学校中等部
⑧静岡サレジオ中学校
⑨静岡英和女学院中学校
⑩静岡雙葉中学校
⑪静岡聖光学院中学校
⑫静岡学園中学校
⑬静岡大成中学校
⑭城南静岡中学校
⑮静岡北中学校
⑯ 常葉大学附属常葉中学校
　 常葉大学附属橘中学校
　 常葉大学附属菊川中学校
⑰藤枝明誠中学校
⑱浜松開誠館中学校
⑲静岡県西遠女子学園中学校
⑳浜松日体中学校
㉑浜松学芸中学校

愛知県

①[国立]愛知教育大学附属名古屋中学校
②愛知淑徳中学校
③ 名古屋経済大学市邨中学校
　 名古屋経済大学高蔵中学校
④金城学院中学校
⑤椙山女学園中学校
⑥東海中学校
⑦南山中学校男子部
⑧南山中学校女子部
⑨聖霊中学校
⑩滝中学校
⑪名古屋中学校
⑫大成中学校
⑬愛知中学校
⑭星城中学校
⑮名古屋葵大学中学校
　（名古屋女子大学中学校）
⑯愛知工業大学名電中学校
⑰海陽中等教育学校（特別給費生）
⑱海陽中等教育学校（I·II）
⑲中部大学春日丘中学校
新刊⑳名古屋国際中学校

三重県

①[国立]三重大学教育学部附属中学校
②暁中学校
③海星中学校
④四日市メリノール学院中学校
⑤高田中学校
⑥セントヨゼフ女子学園中学校
⑦三重中学校
⑧皇學館中学校
⑨鈴鹿中等教育学校
⑩津田学園中学校

滋賀県

①[国立]滋賀大学教育学部附属中学校
②[県立] 河瀬中学校
　　　 守山中学校
　　　 水口東中学校

京都府

①[国立]京都教育大学附属桃山中学校
②[府立]洛北高等学校附属中学校
③[府立]園部高等学校附属中学校
④[府立]福知山高等学校附属中学校
⑤[府立]南陽高等学校附属中学校
⑥[市立]西京高等学校附属中学校
⑦同志社中学校
⑧洛星中学校
⑨洛南高等学校附属中学校
⑩立命館中学校
⑪同志社国際中学校
⑫同志社女子中学校（前期日程）
⑬同志社女子中学校（後期日程）

大阪府

①[国立]大阪教育大学附属天王寺中学校
②[国立]大阪教育大学附属平野中学校
③[国立]大阪教育大学附属池田中学校

教英出版　2025年春受験用　中学入試問題集

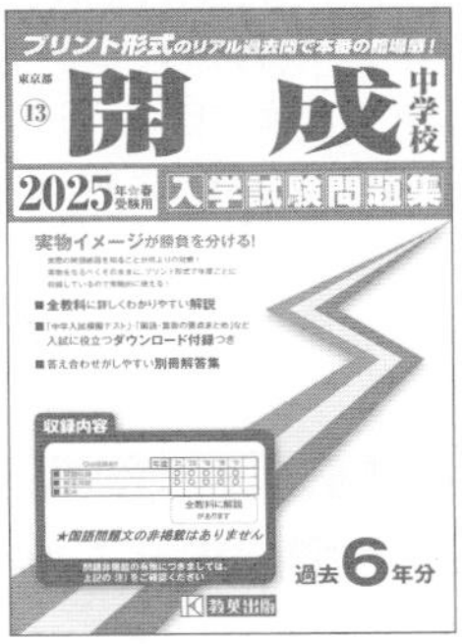

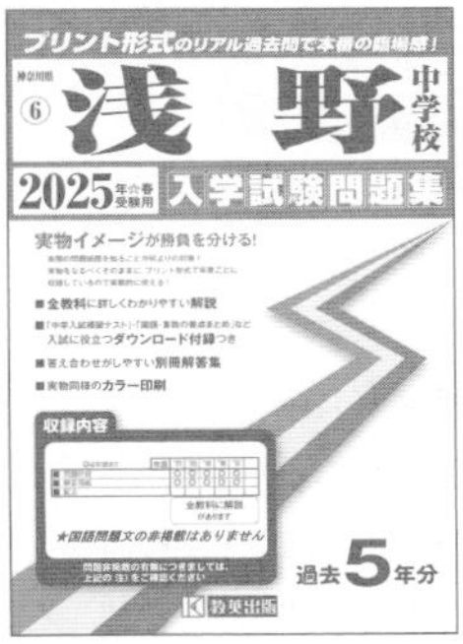

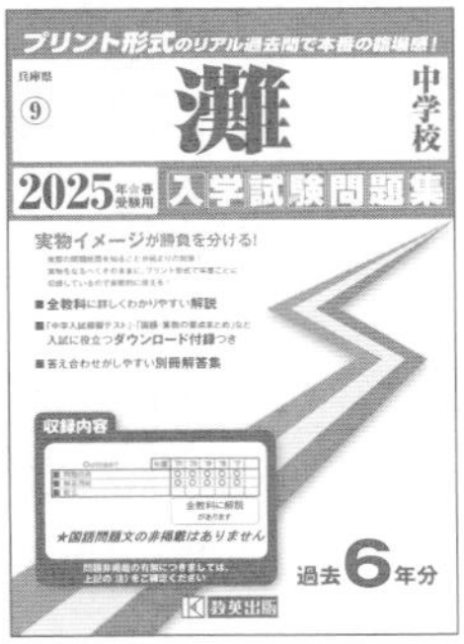

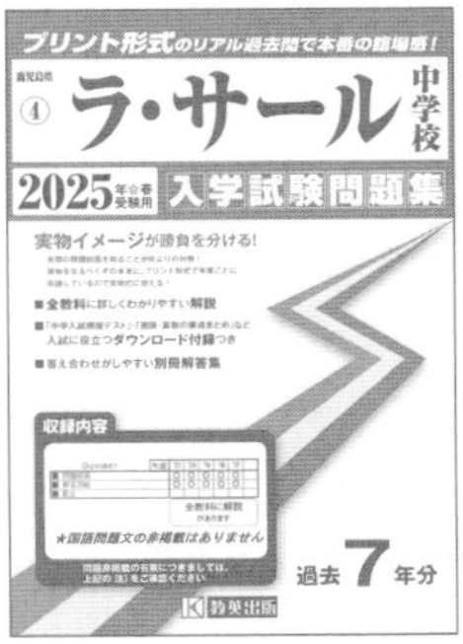

学校別問題集

✿はカラー問題対応

北海道

①[市立]札幌開成中等教育学校
②藤女子中学校
③北嶺中学校
④北星学園女子中学校
⑤札幌大谷中学校
⑥札幌光星中学校
⑦立命館慶祥中学校
⑧函館ラ・サール中学校

青森県

①[県立]三本木高等学校附属中学校

岩手県

①[県立]一関第一高等学校附属中学校

宮城県

①[県立]宮城県古川黎明中学校
②[県立]宮城県仙台二華中学校
③[市立]仙台青陵中等教育学校
④東北学院中学校
⑤仙台白百合学園中学校
⑥聖ウルスラ学院英智中学校
⑦宮城学院中学校
⑧秀光中学校
⑨古川学園中学校

秋田県

①[県立]
- 大館国際情報学院中学校
- 秋田南高等学校中等部
- 横手清陵学院中学校

山形県

①[県立]
- 東桜学館中学校
- 致道館中学校

福島県

①[県立]
- 会津学鳳中学校
- ふたば未来学園中学校

茨城県

①[県立]
- 日立第一高等学校附属中学校
- 太田第一高等学校附属中学校
- 水戸第一高等学校附属中学校
- 鉾田第一高等学校附属中学校
- 鹿島高等学校附属中学校
- 土浦第一高等学校附属中学校
- 竜ヶ崎第一高等学校附属中学校
- 下館第一高等学校附属中学校
- 下妻第一高等学校附属中学校
- 水海道第一高等学校附属中学校
- 勝田中等教育学校
- 並木中等教育学校
- 古河中等教育学校

栃木県

①[県立]
- 宇都宮東高等学校附属中学校
- 佐野高等学校附属中学校
- 矢板東高等学校附属中学校

群馬県

①
- [県立]中央中等教育学校
- [市立]四ツ葉学園中等教育学校
- [市立]太田中学校

埼玉県

①[県立]伊奈学園中学校
②[市立]浦和中学校
③[市立]大宮国際中等教育学校
④[市立]川口市立高等学校附属中学校

千葉県

①[県立]
- 千葉中学校
- 東葛飾中学校

②[市立]稲毛国際中等教育学校

東京都

①[国立]筑波大学附属駒場中学校
②[都立]白鷗高等学校附属中学校
③[都立]桜修館中等教育学校
④[都立]小石川中等教育学校
⑤[都立]両国高等学校附属中学校
⑥[都立]立川国際中等教育学校
⑦[都立]武蔵高等学校附属中学校
⑧[都立]大泉高等学校附属中学校
⑨[都立]富士高等学校附属中学校
⑩[都立]三鷹中等教育学校
⑪[都立]南多摩中等教育学校
⑫[区立]九段中等教育学校
⑬開成中学校
⑭麻布中学校
⑮桜蔭中学校
⑯女子学院中学校
✿⑰豊島岡女子学園中学校
⑱東京都市大学等々力中学校
⑲世田谷学園中学校
✿⑳広尾学園中学校(第2回)
✿㉑広尾学園中学校(医進・サイエンス回)
㉒渋谷教育学園渋谷中学校(第1回)
㉓渋谷教育学園渋谷中学校(第2回)
㉔東京農業大学第一高等学校中等部(2月1日 午後)
㉕東京農業大学第一高等学校中等部(2月2日 午後)

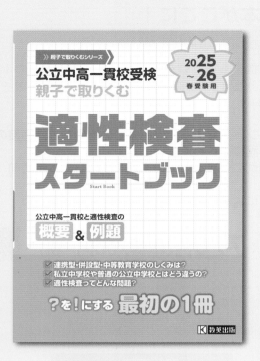

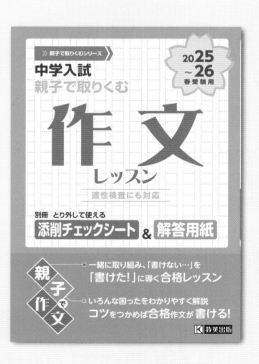

■ ご使用にあたってのお願い・ご注意

（1）問題文等の非掲載

著作権上の都合により，問題文や図表などの一部を掲載できない場合があります。

誠に申し訳ございませんが，ご了承くださいますようお願いいたします。

（2）過去問における時事性

過去問題集は，学習指導要領の改訂や社会状況の変化，新たな発見などにより，現在とは異なる表記や解説になっている場合があります。過去問の特性上，出題当時のままで出版していますので，あらかじめご了承ください。

（3）配点

学校等から配点が公表されている場合は，記載しています。公表されていない場合は，記載していません。

独自の予想配点は，出題者の意図と異なる場合があり，お客様が学習するうえで誤った判断をしてしまう恐れがあるため記載していません。

（4）無断複製等の禁止

購入された個人のお客様が，ご家庭でご自身またはご家族の学習のためにコピーをすることは可能ですが，それ以外の目的でコピー，スキャン，転載（ブログ，ＳＮＳなどでの公開を含みます）などをすることは法律により禁止されています。学校や学習塾などで，児童生徒のためにコピーをして使用することも法律により禁止されています。

ご不明な点や，違法な疑いのある行為を確認された場合は，弊社までご連絡ください。

（5）けがに注意

この問題集は針を外して使用します。針を外すときは，けがをしないように注意してください。また，表紙カバーや問題用紙の端で手指を傷つけないように十分注意してください。

（6）正誤

制作には万全を期しておりますが，万が一誤りなどがございましたら，弊社までご連絡ください。

なお，誤りが判明した場合は，弊社ウェブサイトの「ご購入者様のページ」に掲載しておりますので，そちらもご確認ください。

■ お問い合わせ

解答例，解説，印刷，製本など，問題集発行におけるすべての責任は弊社にあります。

ご不明な点がございましたら，弊社ウェブサイトの「お問い合わせ」フォームよりご連絡ください。迅速に対応いたしますが，営業日の都合で回答に数日を要する場合があります。

ご入力いただいたメールアドレス宛に自動返信メールをお送りしています。自動返信メールが届かない場合は，「よくある質問」の「メールの問い合わせに対し返信がありません。」の項目をご確認ください。

また弊社営業日（平日）は，午前９時から午後５時まで，電話でのお問い合わせも受け付けています。

2025 春

株式会社教英出版
〒422-8054　静岡県静岡市駿河区南安倍３丁目 12-28
TEL　054-288-2131　　FAX　054-288-2133
URL　https://kyoei-syuppan.net/
MAIL siteform@kyoei-syuppan.net